윤리 경영이 경쟁력이다

윤리 경영이 경쟁력이다

초판 1쇄 찍은 날 · 2002년 9월 12일 | 초판 3쇄 펴낸 날 · 2006년 6월 10일

지은이 · 경실련 경제정의연구소 | **펴낸이** · 김승태

편집장 · 김은주 | **편집** · 이덕희, 정은주 | **디자인** · 이훈혜, 노지현 | **제작** · 한정수
영업본부장 · 오상섭 | **영업** · 변미영, 장완철 | **물류** · 조용환, 송승철
드림빌더스 · 고종원, 이민지

등록번호 · 제2-1349호(1992. 3. 31.) | **펴낸 곳** · 예영커뮤니케이션
주소 · (110-616) 서울 광화문우체국 사서함 1661호 | **홈페이지** www.jeyoung.com
출판사업부 · T. (02)766-8931 F. (02)766-8934 e-mail: jeyoungedit@chol.com
출판유통사업부 · T. (02)766-7912 F. (02)766-8934 e-mail: jeyoungsales@chol.com

copyright ⓒ 2006, 경실련 경제정의연구소

ISBN 89-8350-658-X   03320

값 11,000원

■ 잘못 만들어진 책은 언제든지 교환해 드립니다.

윤리 경영이 경쟁력이다

경실련 경제정의연구소 편

예영커뮤니케이션

발간사

세계사에 유례가 드문 고도 성장을 우리 경제가 이룩하면서 기업의 투명한 윤리 경영에 대한 사회적 요구는 점차 커져왔습니다. 그러나 기업 역사가 짧은 우리 나라에서 구체적이고 명확한 잣대로 사회적 공신력을 가지고 기업을 평가한 경우는 거의 없었습니다. 이에 저희 경제정의연구소가 투명 경영과 윤리 경영이 기업의 경쟁력을 강화시키며, 결국 국가 경쟁력도 강화시킨다고 보고, 기업의 경영수지상의 성과만이 아니라, 준법, 윤리, 환경, 사회적 책임 등 경제 정의의 관점에서 기업을 객관적으로 평가하는 '경제정의기업상'의 시상을 한국에서 최초로 시작한 지도 어언 11년이 되었습니다.

이 상은 한국에서만이 아니라 선진국에서도 유례가 적은 뜻깊은 상임을 자부합니다. 최근 미국에서 대기업들의 분식 회계가 여럿 적발되면서 세계 경제가 요동치고 있고, 이에 따라서 기업의 윤리 경영과 투명 경영에 대한 요구가 전 세계로 확산되고 있음을 볼 때에 저희들의 이런 노력이 절실한 시대적 요청을 정확히 반영하고 있다고 하겠습니다. 투명한 윤리 경영이 시장 경제의 번영과 발전의 토대임을 새삼 깨닫지 않을 수 없습니다.

투명한 윤리 경영을 위해서는 경영진 개인들의 의지도 필요합니다. 그러나 최근의 미국 기업들의 분식 회계의 예에서도 알 수 있는 바와 같이, 기업은 속성상 기본적으로 이윤 추구를 우선시합니다. 따라서 기업의 자발적 의지에만 맡겨서는 기업의 윤리 경영을 기대하기 힘든 것이 현실입니다. 기업 윤리에 대한 사회적 평가와 감시는 항상 필요합니다.

저희 연구소가 '경제정의기업상'을 시상한 지 11년이 지났습니다. 이제 그간의 우리 작업을 스스로 평가하여 개선하고자 여러 각도에서 분석하고, 또한 10개 기업의 경영 사례를 분석·평가하여 타 기업들이 타산지석의 교훈을 얻을 수 있도록 해 보았습니다. 이 열 개의 기업들은 반드시 한국의 대표 기업들이라고 말하기는 곤란하겠습니다만, 지난 11회에 걸쳐 본 상을 수상하였던 70여 개의 기업들 가운데에서 저희들 나름대로 공정한 토의를 거쳐 선정한 기업들이므로, 우리 나라에서 기업 윤리를 모범적으로 실천하여 온 기업들을 대표한다고 하여도 과언이 아닐 것입니다. 이 책자가 앞으로 우리 기업들의 윤리 경영에 참고가 될 수 있을 것으로 기대합니다.

지금까지 본 연구소와 본 기업상의 작업을 물심 양면으로 도와 주신 여러분들에게 이 자리를 빌어 진심으로 감사의 말씀을 드립니다. 그리고 이『윤리 경영이 경쟁력이다』의 발간을 위한 원고 집필과 자료 수집 등의 어려운 작업을 맡아 애써 주신 이혜영 위원장 이하 본 연구소 기업평가위원회의 여러 위원 및 집필진들과 연구소 사무국 직원 여러분의 노고에 깊이 감사드립니다.

2002년 9월
경제정의실천시민연합 부설 경제정의연구소
이사장 이근식(서울시립대 경제학부)

서 문

　지난해 봄 제10회 '경제정의기업상' 시상식을 마친 후, 지난 10년 간의 시상 제도 운영을 되돌아보고 앞으로의 개선 방안을 논의하고자 기업평가위원회 워크숍(Workshop)을 가졌습니다. 이 자리에서 현재 상장 제조 기업을 대상으로 하고 있는 평가 대상 기업 확대 문제, 평가 객관성을 제고시킬 수 있는 평가 기법 개선 문제 등 내부적인 문제에서부터 홍보와 인식 부족에 따른 '경제정의기업상'의 향후 위상 재정립 문제, 한국적 기업 환경 하에서 평가 대상 기업이 받는 부담감 해소 문제 등 외부 환경 개선 문제에 이르기까지 광범위한 토론이 있었습니다.

　국가별 부패 지수 순위가 하위권을 맴돌고, 전직 대통령들과 전현직 대통령의 아들들이 뇌물수수죄로 교도소를 드나드는 우리 나라의 환경에서 건전하고 공정한 기업 활동을 통하여 존경받는 기업을 선정하여 시상하는 것이 명분상으로 대단히 의미 있는 일이기는 하나, 현실적으로 수상 기업을 선정하는 평가 실무 작업은 해변가 백사장에서 진주조개를 찾는 것만큼이나 어려운 일입니다. 그럼에도 불구하고 경제정의연구소가 이미 10년 전부터 이 상을 제정하고 지속적으로 보완 발전시키며 운영하고 있는 것은 기업이 단순한 영리 단체이기 이전에 주주, 종업원, 금융 기관, 거래처 및 최종 소비자와 연계되는 경제 순환 과정의 한 주체이기 때문입니다. 따라서 모든 기업은 건전성과 공정성에 바탕을 두고 모든 이해 당사자들에게 투명한 경영을 하여야 사회적 책임을 다할 수 있다는 점을 분명히 하고자 하는 것이 근본 목적이기 때문입니다.

이러한 정신을 계승 발전시키기 위하여 경제정의연구소에서는 역대 수상 기업을 대상으로 경영 모범 사례집을 발간하여 모든 기업들의 귀감이 되도록 하기로 결정하였습니다. 그러나 인력, 예산, 원고 협조 등 모든 조건이 열악한 시민 단체의 사업이고 또한 사례집 발간과 더불어 지난 10년 간의 평가 관련 자료를 모아서 책자로 발간하는 것이 향후 평가제도 발전에 도움이 된다고 판단하여 다소 의욕을 내다보니, 이미 지난 연초에 시행한 제 11회 시상식까지 넘긴 지금에야 발간하게 된 점을 대단히 송구스럽게 생각합니다.

이 책자의 제1권 『새로운 경쟁력, 기업의 사회적 성과』는 지난 11회까지의 시상과 관련된 평가 실무 작업의 이론적 배경과 발전 과정, 평가 지표와 그 변천 과정, 일부 지표에 대한 추세 분석과 매년 상위 기업에 대한 평가자료 및 결과 등을 묶어 편집하였고, 제2권 『윤리 경영이 경쟁력이다』는 역대 수상 기업 중 10대 기업을 선정하여 대학 교수 및 관계 전문가로 구성한 집필진의 시각에 의한 윤리 경영 모범 사례집으로 구성하였습니다. 부디 이 책자가 한국 기업의 투명 경영과 사회적 책임의식 고취에 다소나마 기여하기를 기대합니다.

끝으로 참여하여 주신 모든 집필진에게 진심으로 감사 드립니다. 특히 본인들의 원고 집필 이외에도 제 1권의 편집을 전담하신 천안대 김헌 교수, 제2권의 편집을 전담하신 한양대 한홍렬 교수, 그리고 전반적 편집 의견을 주신 천안대 홍길표 교수를 위시한 편집위원과 사무국 직원 여러분들의 노고에 대하여 지면으로 다시 한 번 감사 드립니다. 아울러 출판을 맡아 주신 예영커뮤니케이션 김승태 사장님 이하 임직원 여러분께도 감사 드립니다.

2002년 9월

경제정의연구소 기업평가위원장

이혜영

차 례 ○ CONTENTS

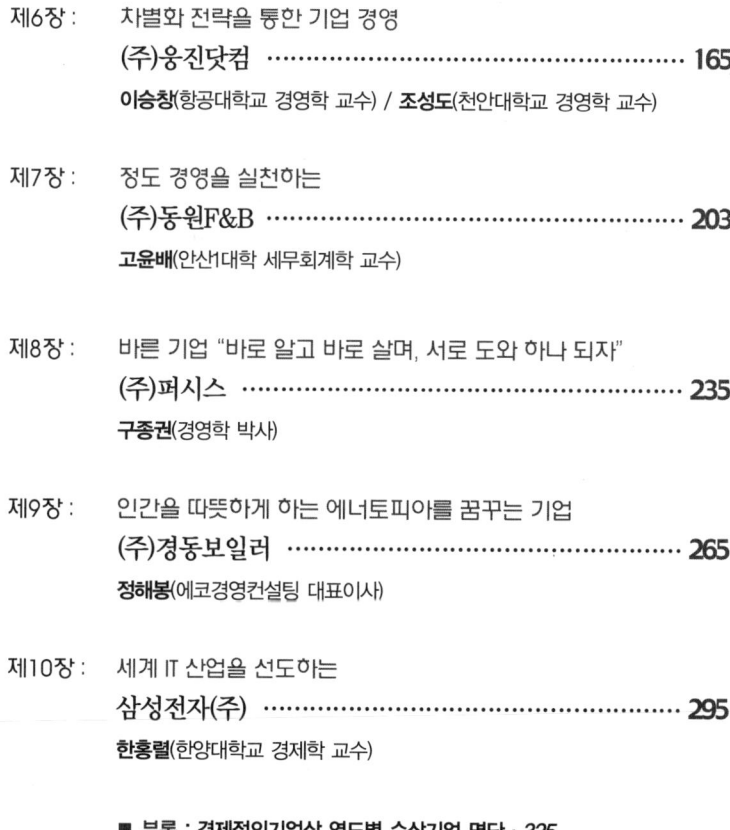

총 론

한홍렬(한양대학교 디지털 경제학부 교수)

기업은 자본주의적 질서를 탄생시킨 씨앗이며 또한 결과물이다. 오늘날 세상만사를 이해하는데 자본주의적 질서를 결코 떠날 수 없으며, 그 핵심에는 기업이 존재한다. 기업은 이윤을 극대화하는 과정에서 생산과 고용을 창출하며, 따라서 사회 또는 국가의 번영뿐만 아니라 최소한의 생존에 필요한 요소이다. 그럼에도 불구하고 기업의 사회적 책임에 관한 논의는 항상 지속되어 왔다. 특히, 우리 나라의 경우 정부 주도하에 경제성장을 이루는 과정에서 국민의 부담을 기초로 일부 기업에 대한 지원이 중요한 역할을 하였으므로 기업이 의당 부담해야 할 사회적 책임이 적지 않다. 반면에 기업에 대한 과도한 책임 부과는 결과적으로 기업의 효율성을 저하시킴으로써 경제의 성장 원동력 자체에 문제를 가져올 수 있다는 견해 역시 매우 존중되어야 할 것이다.

본서의 목적은 이상과 같은 논의를 연장하자는 것이 아니다. 오히려 기업의 이윤 추구와 사회적 책임이라는 외형상의 상호 모순을 잘 해결해 나가고 있는 기업의 사례를 제시하는 데 있다. 이러한 사례들은 경제정의연구소(KEJI)에 의하여 창설된 '경제정의기업상'의 수상 기업들 중에서 선택된 것이다. 본서에서는 이러한 사례를 소개함으로써 경제적 효율성과 사회적 정당성이라는 문제가 이율배반적인 것이 아니며 상호 조화를 통하여 진정한 경제 사회 발전을 기할 수 있음을 강조하고자 하는 것이다. 특히 이 문제에 관한 논자의 입장들은 수렴이 어려운 특성을 갖고 있기 때문에 논의가 생산적 결론으로 유도되는 경우가 많지 않다. 따라서 기업의 사례를 직접적으로 검토함으로써 기업의 두 측면이 상호 조화를 이룰 수 있다는 가능성을 확인하고자 하는 것이 가장 큰 소망이라고 해야 할 것이다.

1990년에 시작된 '경제정의기업상'은 이와 같은 기업의 이중적 측면을 보다 적극적으로 통합하려는 중요한 시도라 하지 않을 수 없다. 이전에는 오직 투자자에 대한 정보 제공을 목적으로 기업을 평가하거나 시상하는 제도가 있어 왔을 뿐이다. 따라서 기업의 성과와 사회적 책임 수행 정도를 종합적으로 볼 수 있는 '존경받을 수 있는 기업 평가 모형'을 창출하고 또 현재까지 중단 없이 시상해 온 것은 한국의 자본주의 역사에 있어서 중요한 의미를 갖는다. 무엇보다도 '경제정의기업상'의 가장 큰 목표는 한국 경제 사회의 건전한 발전을 위하여 국민으로부터 진정한 사랑을 받는 기업을 발견하여 사회에 알리고 이를 통하여 바람직한 기업상을 정립하는 것이다.

'경세성의기업상'의 무여에 적용되는 기준은 대체로 다음과 같이 분류될 수 있다. 첫째, 기업의 건전성과 공정성과 관련한 기준이다. 이러한 기준으로는 기업주의 소유 집중 정도, 경영의 전문화 현황, 공정 거래 질서와 기업 관련 법규의 준수 여부 등을 들 수 있다. 둘째, 기업의 경제 발전 기여도 관련 기준이다. 이러한 기준으로는 생산성 향상의 도모와 건전한 재무 구조의 유지, 창의력과 기업가 정신으로 기술 혁신의 강화, 효율적

고용 증대와 세계화로 경제 발전에 기여 등이 속한다. 마지막으로 기업의 사회적 책임과 관련한 기준을 적용하고 있다. 사회적 책임을 훌륭하게 수행하는 기업은 다음과 같이 열거할 수 있다; 종업원 능력 개발, 복지 증진과 산재를 방지하며 노사 화합을 이루는 기업, 산업 공해 예방과 환경 오염을 개선하는 기업, 재테크와 불건전 지출을 지양하며 본업에 충실하는 기업, 기업 정보를 성실히 공개하며 고객 만족에 힘쓰는 기업, 사회 복지·문화·지역 사회 발전 등 사회 공동체 역할을 성실히 수행하는 기업 등이다.

구체적인 기업 평가의 과정을 소개하자면, 첫째, 정부의 기업 관련 정보와 감사 보고서, 언론 등의 공적 자료를 이용하여 정량적(Quantitative)으로 분석을 실시하며, 평가 대상은 건설업을 포함한 제조업으로 하되 작업의 한계상 상장 회사로 한정하고 있다. 둘째, 정량적 평가를 기초로 다양한 전문가 그룹에 대한 설문 조사에 의한 정성적(Qualitative) 분석 방법을 추가하여 기업평가위원회에서 최종 결정을 내리고 있다.

본서의 부록에 나타나 있듯이 '경제정의기업상'은 매년 한 개의 기업이 대상으로 선정되며, 주요 산업 분야별로 구분하여 분야별 시상을 동시에 하고 있다. 본서는 역대 수상 기업 중에서 10개의 사례를 연구의 대상으로 선정하였다. 수상 순서를 기준으로 사례로 선정된 기업을 소개하면 다음과 같다; 동화약품공업주식회사, 유한양행, 대덕전자(주), (주)태평양, (주)풀무원, (주)웅진닷컴, (주)동원F&B, (주)퍼시스, (주)경동보일러, 삼성전자주식회사. 물론 수많은 역대 수상 기업들 중에서 위의 기업을 최종 사례 연구 대상으로 선정하기까지에는 경제정의연구소 내부에서 긴밀한 논의를 거쳐야만 했다. 특히 선정 기업의 수상 이유는 기업에 따라 다양한 분야를 나타내고 있는데, 가능한 다양한 수상 배경을 가진 기업들이 골고루 포함될 수 있도록 노력하였다. 이하에서는 본서에 담겨 있는 각 사례를 간략히 소개해 본다.

제1장에서는 최재윤 박사가 105년의 역사를 자랑하는 국내 최고(最古)의 제조 회사이자, 국내 최초(最初)의 제약 기업인 동화약품공업의 사례를 다루고 있다. 일반적으로 기업의 수명이 30년 정도로 추정됨에도 불구하고 한국의 짧은 자본주의사에서 이렇게 오랜 역사를 지닌 기업이 존재할 수 있었던 배경을 기업의 태생적(胎生的) 정신적 가치에서 찾고 있다. 또한 오늘날에도 "그 정신적 가치와 이념이 어떻게 온고지신(溫故知新)으로 승화되어 새로운 기업 성장을 위한 밑거름으로 잘 활용되고 있는지"를 강조하고 있다.

제2장에서는 조성도 교수가 독립운동가이자 사회사업가인 유일한 박사가 세운 유한양행을 소개하고 있다. 유한양행이 내세우고 있는 기업 이념이 '가장 좋은 상품의 생산, 성실한 납세, 기업 이윤의 사회 환원'인 것을 보면 왜 이 기업이 국민의 사랑을 받아왔는지 알 수 있게 한다. 필자는 유한양행의 기업 이념인 '기업이 국가에 대한 책임을 다하겠다'는 말에는 성실한 납세가 포함되어 있다고 지적하고 있다. 또한 기업이 획득한 이익은 그 기업을 키워 준 사회에 되돌려져야 한다는 기업 이념을 통하여 기업의 진정한 소유주는 사회이고 단지 그 관리만을 기업인이 할 뿐이라는 창업자의 신념이 반영되어 있다. 이처럼 유한양행은 창업 이래 기업을 통한 사회 봉사 정신을 바탕으로 성장·발전해 왔다고 필자는 평가하고 있다.

제3장에서는 노부호 교수와 전병화 실장이 '지역 사회의 평판과 봉사 활동, 열린 경영 및 노사 화합' 등으로 두 차례나 대상을 수상하기도 한 대덕전자에 대한 사례 평가를 다루고 있다. 인쇄회로기판(PCB) 사업으로

기술과 상품을 혁신하고, 고객 가치를 중시하며 다양한 봉사 활동으로 승부를 거는 데 필자는 주안점을 두었다. 경영의 도전과 혁신으로 노력하며 때로는 세계적 불경기와 싸우며 글로벌 기업으로 자리잡아 가는 모습까지 다루고 있다. 또한 필자는 '인간과 기술 중심의 경영'을 통하여 기업의 사회적 책임을 조화롭게 이룩하는 회사로 평하고 있다.

제4장에서는 전상길 교수의 태평양에 대한 사례 평가를 담고 있다. 전 교수는 태평양을 "환경이 기업에 요구하는 수많은 다양성과 불확실성을 능동적으로 흡수하고 이를 새로운 기회와 가치를 창조하는 데 적극적으로 활용함으로써 기업을 둘러싼 이해 집단과 아름답게 공존하는 룰(rule)을 세상에 선보였다"는 사실을 높이 평가하고 있다. 그리고 총체적인 관리의 질(TMQ: Total Management Quality)이 우리 사회의 정의의 질(Quality of Social Justice)을 한 단계 높이는 데 공헌할 수 있음을 지적하고 있다.

제5장에서는 백윤정 교수가 풀무원을 "이상을 현실에 실현해 가기 위해 끊임없이 노력하는 기업"이라고 평가하고 있다. 필자는 한 사회운동가의 이상적인 생각이 시장을 형성하고 결국 기업 수익의 원천이 됨을 눈으로 확인하였다고 피력하고 있다. 이는 곧 이상적인 원칙이 지극히 현실적인 기업의 수익 원천이 될 수 있음을 반증한다고 주장하면서, 풀무원의 가치를 결국 사회적 성과가 경제적 성과와 결코 분리될 수 없으며, 상호 보완 관계가 있음을 보여 주었다는 데에서 찾고 있다.

제6장에서는 웅진닷컴의 경영 이념인 '기업 인간주의, 기업 도덕주의, 기업 합리주의'와 그 성과를 이승창 교수와 조성도 교수가 소개하고 있다. 특히 이 중에서도 웅진닷컴이 성공할 수 있었던 것은 '사람 중심의 경영 이념'을 가지고 '고객이 요구하는 제품'을 제작했을 뿐 아니라 '고객

접점의 종업원'을 중요시하여 적절히 활용한 데 기인한다고 필자는 지적하고 있다. 웅진닷컴이 자본력보다는 인적 자원에 의해 운영되는 회사라는 특성을 갖고 있다는 점에서 무엇보다도 영업 직군 인력들이 열심히 일할 수 있도록 여건을 조성함으로써 직원이 주인 의식을 갖고 업무에 나설 수 있도록 한 것이 가장 큰 성공의 비결이라고 평가하고 있다.

제7장에서는 고윤배 교수가 동원 F&B의 사례를 소개하고 있다. 필자는 동원 F&B를 '성실한 사회 구성원으로서의 역할'을 다하고 있는 기업으로 평가하고 있다. 특히 창업 이념인 '성실한 기업 활동으로 사회 정의의 실현'을 추구하는 정도 경영을 통해 사회적 책임을 다하고 있는 사례를 소개하고 있다. 예를 들어, 창업자의 성실한 납세 의식과 건강식품 공급에 대한 소명 의식, 종업원 만족 중심의 조직 문화, 소비자 보호, 환경 보호와 기업 이익의 사회 환원 등 다양한 분야에 있어서 정도 경영을 실천하고 있는 모습을 상세히 묘사하고 있다.

제8장에서는 구종권 박사가 퍼시스를 '바로 알고 바로 살며 서로 도와 하나 되자'는 매우 간결하면서도 명쾌한 경영 철학과 이의 실천을 성공 요인으로 제시하고 있다. 예를 들어, 현재의 사업 영역에서 전문성을 높이는 업종 전문화를 추구하고 있다. 또한 기업이 직면하고 있는 수많은 이해 관계자 집단(주주, 경영자, 종업원, 고객 등)간의 원만한 관계 형성과 신뢰 구축을 성장의 가장 중요한 기초로 간주하고 있나고 한다. 이러한 철학과 실천 노력은 궁극적으로 각종 이해 당사자간의 협력에 따른 시너지 효과를 가져옴으로써 성공적인 기업 성과로 이어질 수 있었다고 필자는 평가하고 있다.

제9장에서는 정해봉 대표가 경동보일러 사례를 소개하고 있다. 필자는 "윤리와 도덕의 숭상", "전 사원의 공존 공영", "기업을 통한 사회 봉사"라

는 세 가지의 창업 정신이 지난 23년 간의 기업의 발자취 속에 고스란히 담겨 있으며 기업의 성공에 밑거름이 되었다고 평가하고 있다.

제10장에서는 한홍렬 교수의 삼성전자가 한국 경제의 발전 과정에서 갖는 역할에 대한 평가를 담고 있다. 필자는 한국 경제의 산업 구조 고도화에 있어서의 기여를 강조한다. 삼성전자는 신기술의 개발, 수출 구조의 선진화 등을 통하여 한국 경제의 선진화에 첨단의 역할을 담당하였다. 특히 90년대 이후 한국의 비교 우위 구조를 바꾸는 데 결정적인 역할을 하였으며, 향후 삼성전자의 제품이 Korea Brand의 이미지를 향상시킴으로써 궁극적으로 여타 국내 기업의 수출에도 매우 긍정적인 외부 효과를 발휘할 가능성이 큰 것으로 평가하고 있다. 이와 함께, 정보화 사회에서 정보 격차 문제를 해소하기 위한 사회 봉사 활동도 소개하고 있다.

이상에서 간략히 살펴본 바와 같이 본서는 매우 다양한 사업 분야에 종사하고 있는 기업의 사례를 정리하고 있다. 무엇보다도 본서의 목적은 기업의 경제적 효율성과 사회적 책임 또는 정당성이 결코 양립할 수 없는 가치가 아니라는 것을 사례를 통하여 보여 주고자 하는 것이었다. 이러한 목적은 당연히 분석 대상으로 선정된 기업에 대하여 긍정적인 시각을 갖게 만들었으며, 아마도 이러한 시각이 대체로 각 사례 분석에 반영되었을 것으로 보인다. 더구나 사례의 집필이 각 수상 기업의 수상 분야를 중심으로 이루어졌으므로 당연히 긍정적인 평가가 주를 이루게 되었다. 마지막으로 수상 분야가 아닌 여타 분야나 또는 필자들이 미처 생각하지 못한 측면에서 기업의 부정적 측면이 나타날 수도 있다고 생각한다. 물론 이러한 가능성을 최대한 피하기 위하여 경제정의연구소 측에서 검증 작업을 매우 열심히 해 준 것에 대해여 감사드린다. 그럼에도 불구하고 각 사례에 대한 평가는 전적으로 집필자의 책임 아래 이루어졌다.

제1장

민족을 생각하는 창업 이념으로 한국의
기업 역사에 새로운 지평을 연 한국 최고(最古)의 생명 기업

동화약품공업(주)

최재윤(경영학 박사)

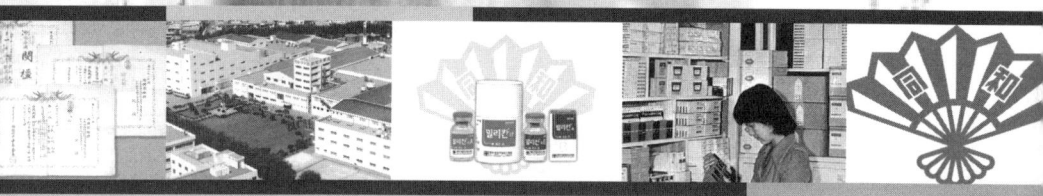

이 곳은 서울 시청과 비슷한 대한민국 임시정부 직할의 서울 연통부(聯通府)가 자리잡고 있었던 터이다.

1919년 3·1운동 직후인 4월 13일 중국 상해(上海)에 수립 선포된 대한민국 임시정부는 잃어버린 나라를 되찾기 위한 정책의 하나로 연통부와 교통국(交通局)을 은밀히 조직하여 국내외를 오가며 활약하였다.

그 중 서울 연통부는 일제와 싸우면서 임정(臨政)이 수립되어 활동하고 있음을 국민에게 알리고 나라 안의 각종 정보와 군자금을 임정에 보고 전달하였다. 그러나 1922년경 서울 연통부의 활동은 일제에 의해서 저지됨으로써 주춤해졌다.

이 곳은 원래 조선조 숙종대왕비 인현왕후가 탄생한 곳으로, 1897년에 설립된 민족 기업인 동화약방(同和藥房)이 들어섰다가 1962년에는 동화약품공업주식회사로 상호가 바뀌어 오늘에 이른다. 서울 연통부의 행정책임자는 동화약방 설립자의 아들인 민강(閔橿)이었는데 독립운동 중 그가 일경(日警)에 체포되면서 연통부의 기능이 약화되었다.

1995년 8월 15일

위 글귀는 오랫동안 조국 독립을 위해 노력해 온 동화약품공업(주)의 노력이 정부의 공식 인정을 받아 1995년 8월 15일 광복절에 서울 본사 부지에 세워진 서울 연통부 기념비 내용이다. 동화약품의 민족 독립 운동은 동화약품이 설립된 탄생 배경 및 역사, 기업 이념을 살펴보면 지극히 당연하며, 자연스러운 발로(發露)였음을 발견하게 된다.

또한 동화약품이 105년의 역사를 자랑하는 국내 최고의 제조 회사이자, 국내 최초의 제약 기업이라는 사실을 알게 되면 다시 한 번 놀라게 된다.

한국인의 귀에 너무나 익숙한 '활명수'가 바로 이 기업에 의해 1910년 12월 16일 특허국에 등록된 제약 업계에서 가장 오래된 등록 상품이며, 우리의 귀와 눈에 너무나 친숙한 '부채표' 역시 1910년 8월 15일에 이 기업에 의해 특허국에 등록된 최고의 등록 상표이다. 또한 '국내 최초로 전 사원 월급제'를 시행하였고, 일찍이 경영과 자본을 철저히 분리한 '전문 경영인 체제'를 도입 시행하였다. 국내 여느 기업에서도 찾아보기 힘든 '수혜품 추첨 제도' 등을 통해 한가족주의를 구체적으로 실현하고 있고, 최근에는 '세계 최초 방사성 간암 치료제 밀리칸 주(Milican Inj.)'를 개발하는 데 성공한 기업이 바로 동화약품공업(주)이라는 사실을 알고 나면, 이 기업에 대한 호기심은 일종의 경외감으로 바뀐다.

보통 일반적인 기업의 수명을 30년으로 추정하기도 한다. 그러나 이것도 연구자와 연구 대상 국가에 따라 그 차이를 달리한다. 《포춘(Fortune)》誌의 '500대 기업 리스트 분석' 결과를 바탕으로 보면, 북반구의 경우에는 기업의 평균 수명이 20년에 훨씬 못 미치는 것으로 조사되었으며, 미국의 경우는 기업의 평균 수명이 4.8년에 불과하다는 연구 결과까지도 나오고 있다.[1] 그렇다면 그렇게 많은 기업들이 장수하지 못하고 일찍 사라지는 이유는 어디에 있는 것일까? 반면에 일본의 스미토모(Sumitomo)가 1590년에 창업되어 아직까지 건재하며, 스웨덴의 한 종이 · 펄프 · 화학제품 제조업체인 스토라(Stora) 사가 700년 이상이나 지난 현재까지 경쟁력을 갖고 장수하는 그 비결은 또 어디에서 연유하는 것일까?

이 차이에 대하여 제우스(Arie de Geus)는 《하버드 비즈니스 리뷰(Harvard Business Review)》 지(誌)에 기고한 "The Living Company"에서 그렇게 많은 기업들이 일찍 사라지는 이유가, '기업들의 경영 방침과 방식이 경제학적 사고에 너무 심하게 의존하고 있기 때문'임을 시사하는 증거를 제시하고 있다. 달리 표현하면, 경영자들이 재화와 서비스 생산에만 너무 치중하고, 기업 조직이 생존하기 위해 사업하는 '인간의 공동체'임을 잊기 때문에 기업이 단명한다는 것이다. 즉 경영자들이 토지와 노동력, 자본에만 관심을 가지며, 그 노동력이 진짜 '인간 그 자체(인격, 인간의 가치)'임을 뜻함을 소홀히 하거나 망각한다는 것이다. 반면에 장수하는 기업은 톨스토이의 『안나 카레니나(Anna Karenina)』에서 '모든 행복한 가정은 서로 닮았다'는 구절처럼, 조화로운 진화를 가능케 해 주는 조직 나름의 독특한 개성(Personality)과 정신(Soul & Spirit)을 가지고 있다. 즉, 오랜 역사의 부침 속에서도 생명을 이어가는 장수 기업들은 자신이 누구이고, 주변 환경에 대하여 어떻게 적응해야 하는지를 잘 이해하고 있을뿐더러 새로운 아이디어와 사람을 중시하며, 자금을 절약하여 자신의 미래를 지배하는 기업의 독특한 문화를 가지고 있다.

"영혼 없는 몸은 죽은 것이다"라는 성경 구절처럼, '영혼'을 가진- 즉 그 조직만의 정신적 철학, 이념 등을 가진-기업은 역사와 외부 환경의 부침에 상처를 받을 수는 있으나, 영속하는 한 생명체로서 존속하고, 사회에 그 조직이 본래 부여받은 고귀한 이념과 정신을 가치로 환원하며 영속하게 되는 것이다. 이러한 관점에서 동화약품공업(주)의 경영 사례는 정치·경제·사회의 외부 환경의 작은 변화에도 기업의 부침을 크게 받을 수밖에 없었던 많은 우리 기업들에게 시사하는 바가 크다.

본 사례는 한 기업의 태생적(胎生的) 정신적 가치가 어떻게 각각의 경영 활동에 구체적 행위 및 가치 체계로 자리매김되어 105년의 장수 기업으로 기록되게 만들었는지, 또 오늘날에도 그 정신적 가치와 이념이 어떻게 온고지신(溫故知新)으로 승화되어 새로운 기업 성장을 위한 밑거름으로 활용되고 있는지를 깨닫게 한다. 따라서 많은 기업과 경영인들이 타산지석(他山之石)으로 활용할 수 있는, 한국 기업사(企業史)에서 매우 찾아보기 힘든 소중한 사례라 생각된다. 특히 지식과 가치의 창조를 근간으로 하는 21세기를 맞이하여 국내에서도 '윤리 경영'이 강조되는 현 시대적 조류나, '기업 문화'나 '윤리 경영'을 위한 벤치마킹 사례를 외국 기업에서 찾고자 해외 연수가 문전성시(門前成市)를 이루는 작금의 우리 현실을 감안할 때 이 사례는 우리에게 시사하는 바가 더욱 크다 할 것이다.

1. 동화약품의 탄생 배경과 경영 이념 그리고 성장 배경

(1) 활명수와 동화약품의 탄생:
질병으로부터 백성을 해방시키려는 봉사 정신의 발로(發露)

동화약품공업주식회사(사장 황규언, 黃圭彦)는 구한말인 1897년 9월 25일, 세계 열강들의 뒤늦은 개방 압력으로 나라가 몹시도 어지럽던 그 시절, 한국 최초의 전문 제약 회사로 창립된 이래 동일 장소(서울시 중구

〈사진 1〉 초창기의 활명수 모습. 활명수는 고종이 대한제국 황제로 즉위한 1897년에 탄생한 우리 나라 최초의 양약이다. 우리 민족의 기호와 체질에 적합하면서도 복용이 간편하고 급체, 주체, 소화 불량에 신통한 효력이 뛰어나 널리 일반의 사랑을 받았을 뿐만 아니라 1938년부터 만주와 미국에 수출을 시작한 획기적인 역사를 갖고 있는 제품이다.

순화동 5번지), 동일 상호(동화약품공업(주)), 동일 제품(활명수)을 105년 간 계속 유지, 생산하고 있는 국내 최고, 국내 최초의 제조 회사이자 제약 회사이다.

동화약품의 효시는 현재 국내 최장수(最長壽) 약품인 '활명수(活命水, 〈사진 1〉)'로 까지 거슬러 올라간다. 활명수는 조선 왕조 고종 임금께서 대한제국 황제로 즉위한 1897년, 궁중 선전관으로 있던 노천(老川) 민병호(閔竝浩) 선생께서 당시 궁중에서만 복용되던 생약의 비방을 일반 국민에게까지 널리 보급하고자 서양에서 막 들어온 양방(洋方)의 장점을 취하여 개발한 우리 나라 최초의 신약(新藥)이다. 당시로서는 다려먹는 탕약밖에는 몰랐던 때라, 우리 민족의 기호와 체질에 적합하면서도 복용이 간편하고 급체, 주체, 소화 불량에 신통한 효력을 지닌 활명수는 개발되면서부터 대단한 인기와 각광을 받았다. 1890년대 당시 우리 나라는 사정이 어려웠고, 그에 따라 일반 백성들의 삶은 매우 열악한 상황이었다. 먹을 것이 없어서 고생을 하는 사람들이 많았다. 심지어는 간단한 약만 있어도 살

수 있는데, 약이 없어서 목숨까지 잃는 경우가 있기도 했다.

민병호 선생이 활명수를 개발하게 된 경위도 이와 같이 당시 우리 나라 사람들에게 위장병과 소화 불량이 가장 흔한 질병으로 만연해 있었기 때문이었다. '어떻게 하면 많은 사람들에게 이를 보급하여, 고통으로부터 해방시킬까?' 하는 마음으로 고심을 하다 처음에는 다니던 교회(敎會)의 교우들에게 나누어 주고 복용토록 했는데, 그 효험이 매우 신기할 만큼 뛰어나 빠르게 일반에 알려지기 시작했다.

활명수는 그 효력의 뛰어남으로 이미 유명한 제품이 되었고, 민병호 선생은 당시 일제 상품의 구석구석 침투에 대응하여 민족 기업의 설립이 속속 이루어지는 시점에서, 고통받는 대중을 구호하기로 결심을 하고 동화약방(현 동화약품)을 창업하게 된다. 이 때가 1897년 고종 황제가 즉위하던 해인 대한제국 원년 9월 25일이었다.

동화약방은 1910년 특허국에 '부채표' 상표를 등록한 후, 1931년 '주식회사 동화약방'으로 상호를 변경하고 본격적인 제약 업소로서의 면모를 갖추게 된다. 이후 1937년에는 보당(保堂) 윤창식 선생이 동화약품의 제5대 사장으로 취임하면서 가내 공업적인 생산 체제를 벗어나 현대적인 대량 생산 체제를 갖추게 된다. 이후 1938년 만주에 지점을 설치하고, 만주 및 미국, 하와이 등지에 제품을 수출하였으며, 1942년에는 제약 업계에서 유일하게 만주국에 제약업 허가를 얻어 한국 기업 발전사에 획기적인 전환점을 이룩함과 동시에 기존의 국내 시장에서 벗어나 활명수의 시장을 국외로까지 확장시키기에 이른다. 활명수는 1938년 처음 만주에 수출한 이후 베트남, 미국, 동남아 등에 계속 수출 중에 있다.

그러나 활명수는 이후 두 번의 시련을 겪게 된다. 해방과 함께 남북이 갈리면서 이남에 비해 수요가 많았던 이북 지역의 시장 및 만주의 거대한 생산 시설과 시장을 한꺼번에 상실했고, 설상가상으로 1950년 한국전쟁으로 인해 순화동 본사(현재의 자리)의 사옥까지 완전히 파괴되어 활명수의 생산이 일시에 중단되기도 하였다. 또한 혼란기를 틈타 O명수, X명수 등 유사 제품들이 대거 시장에 쏟아지게 됨으로써 활명수는 그 존폐마저 위협받기에 이른다.

그러나 적극적인 마케팅 노력과 오랫동안 소비자에게 '신비의 명약'으로 뿌리내린 그 명성으로 활명수는 오래지 않아 거뜬히 제 위치에 올라서게 되었다. 동화약품은 1962년 '동화약품공업주식회사'로 상호를 바꾸면서 의욕적인 경영으로 제 명성을 완전히 되찾게 되었다.

(2) 동화 정신의 실천과 기업 성장 과정

그 동안 동화약품공업(주)은 민족의 역사와 함께 수많은 시련과 고난을 겪으면서도 "우리 민족의 건강은 우리 손으로 지킨다"는 사명감과 긍지로 꿋꿋하게 성장과 발전을 거듭하여 현재 400여 종의 우수 의약품과 30여 종의 원료 의약품을 생산하여 국내 공급은 물론 세계 40여 개국에 수출하는 명실상부한 일류 제약 기업으로 자리매김하기에 이르렀다.

이 같은 발전은 창업자의 "백성을 질병에서 구제하고자 했던 애민사상(愛民思想)"과 1대 민강(閔橿) 사장의 "좋은 약을 만들어 국민에 봉사한다"라는 창업 이념, "좋은 약이 아니면 만들지 마라. 동화는 동화 식구 전체의 것이니 온 식구가 정성을 다해 다같이 잘 살 수 있는 기업으로 이끌어라"는 5대 사장 보당 윤창식 선생의 유훈을 기업의 행동으로 승화시킨 결과에서 기인한다. 이러한 창업자의 창업 이념과 보당의 유훈은 동화 식구가 지켜야 할 정신으로 계승되어 '동화 정신' 4개항으로 정립되게 된다.

<표 1> 동화 정신

1. 동화(同和)는 좋은 약(藥)을 만들어 소비자에게 봉사(奉仕)하고, 그 효험(效驗)을 본 정당(正當)한 대가로 경영(經營)되는 회사(會社)이다.
2. 동화(同和)는 정도(正道)를 밟고 원리·원칙(原理 原則)에 의하여 경영(經營)되는 회사(會社)이다.
3. 동화(同和)는 젊어서 정당(正當)하게 땀흘려 일하고, 노후(老後)에 잘 살아보려는 동화 식구(同和 食口)의 회사(會社)이다.
4. 동화(同和)는 동화 식구가 업무 수행 중 잘못이 있을 경우 이를 솔직히 시인(是認)할 줄 알고 고쳐서 전화위복(轉禍爲福)이 되게 하는 회사(會社)이다.

최장수 기업, 105년의 신화를 창조한 동화의 경쟁력은 시대를 앞서가는 불변의 원칙인 '동화 정신'을 바탕으로 제약 본연의 핵심 역량에 집중하고, 창의적인 인재 육성에 역점을 두며, 제약 환경의 변화에 신속하게 대응함과 함께 양약(良藥)으로 국가와 사회와 국민에 봉사한다는 경영 방침에서 연유한다.

갖은 고난과 시련 속에서 동화를 지켜온 이 정신은 앞에서 언급한 5대 사장 보당 윤창식 선생의 유훈과, 동화 정신 4개항 중 제2항에 정도 경영에 대해 명확히 정의하여 강조하고 있다. 즉 "동화는 정도를 밟고 원리 원칙에 의해 경영되는 회사이다." 따라서 천만금이 생긴다고 해도 부정이나 남에게 해가 되는 일은 하지 않고 정직하게 살아가는 정신을 말한다. 또한 이를 준수할 것이 모든 조직 구성원들에게 요구되고 있다. 이는 세계 최우수의 제약 기업들이 추구하는 행동 윤리 강령과도 일치한다는 점에서 우연의 일치치고는 놀라운 일이다.

이러한 동화 정신은 구한말 대한제국이 쇄국의 문호를 개방하고, 외세 문물이 홍수처럼 들어와 변혁과 격동이 거칠게 출렁이던 시기에 어떤 난

〈사진 2〉 우리 나라에서 가장 오래된
상표인 부채표

관과 고통이 겹쳐도 좌절 포기하지 않고, 희망과 용기 속에서 일관되게 기업을 생존시키는 나침반의 역할로 작용하게 되었다.

동화의 성장 과정을 살펴보면, 동화(同和)의 유래가 "이심동심(二人同心), 기리단금(其利斷金), 시화연풍(時和年豊), 국태민안(國泰民安)"이라는 『주역(周易)』의 문구(文句)에서 '동' 자(同字)와 '화' 자(和字)를 취해 명명된 것이나, 부채표가 뜻하는 『시전(詩傳)』의 지죽상합(紙竹相合), 생기청풍(生氣淸風)의 의미처럼 국민의 복지 증진이나, 회사 발전을 위한 일등 정신의 자연스러운 발로와 실천이었음을 발견하게 된다. 이러한 순수한 민족과 사원을 생각하는 기업 정신의 실천은 〈표 2〉의 회사 연혁에서 발견되듯이 105년의 기업사 속에 연연히 녹아 스며들어 이어져 오고 있음을 발견하게 된다.

작은 것도 부풀리고 화려하게 치장하여 홍보의 일환으로 요란스럽게 떠들어대는 요즈음의 수많은 기업 행태와는 전혀 상반되게 그저 묵묵히 종가집 맏며느리처럼 그 자리를 지켜오는 거목(巨木)으로 오늘도 온고지신(溫故知新)의 새로운 역사를 써가고 있다. 아마도 이러한 정중동(靜中動)의 모습이, 오늘 만들어진 기업이 내일 사라져 가는 이 혼돈의 시대에서도

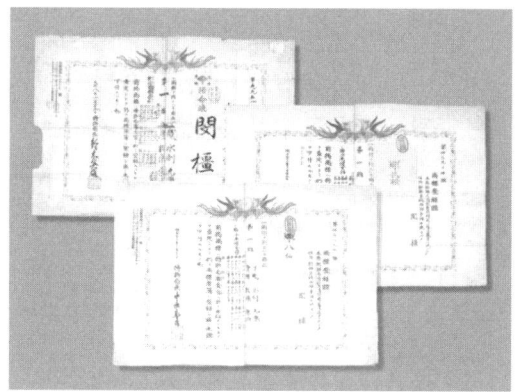

〈사진 3〉 동화약품은 양약(洋藥)의 대중화에 박차를 가해 86종의 의약품을 생산하기에 이르렀다. 이와 함께, 우리의 상표를 보호하고 고유 상표의 권리를 보장받기 위해 1910년 '부채표'를 비롯한 수십 종의 상표를 특허국에 등록하였다.

105년의 거목으로, 또 새로운 21세기의 순록을 싹틔우는 신 기업으로 자리매김하게 만들고 있는 것으로 생각하게 된다.

동화약품은 1897년 동화약방의 사명(社名)으로 출범하였다. 당시에는 활명수를 위시하여 인소환(정장지사; 위통, 복통, 토사곽란), 백응고(상처, 종기치료제), 지해로(진해거담제) 등을 생산하였으며, 1908년 1월에는 내무관제 개정에 따라 위생국에서 정식으로 관허(官許)를 받아 98종의 의약품을 생산하였다. 1910년부터 활명수의 유사품이 우후죽순처럼 생겨났으나 모두 소멸되었으며, 1910년 우리 나라 최초의 '활명수 상표' 〈사진 2〉가 등록되었고 1910년부터 〈대한민보〉에 광고를 시작하였다.

이러한 때에 '동화'에는 비밀리에 '서울 연통부(聯通付)'가 설치되었다. 서울 연통부는 1919년 7월 상해 임시 정부가 비밀 연락 행정의 첫 조치로서 국내와 국외를 연결하는 기관으로 서울 동화약품 본사에 설치한 비밀 행정 기관이었다. 이 연통제는 국내 각 시·도·군·면까지 조직을 갖추고 각종 정보와 군자금을 임시 정부에 전달하였다. 독립 운동 활동으로 동화는 일본이 갖은 탄압을 겪게 되고, 독립 운동 사건으로 옥고를 치른 후 민강 사장 사망함에 따라 회사 경영은 크게 위축되었다.

1931년에 '주식회사 동화약방'으로 면모를 일신하고 재건을 위한 채비를 갖추면서, 가문과 학식, 성실성, 정직성, 재력 등을 고루 갖추고 사업을 끈기 있게 이끌어 갈 사람으로서 대인 관계가 원만하고 동화를 꼭 살려낼 수 있는 철저한 기업인으로 보당(保堂) 윤창식(尹昶植)을 천거하게 된다. 1937년 제2의 창업을 한 제5대 사장 보당 윤창식은 조선산직장려계, 신간회, 보린회, 대한독립촉성국민회, 서울시 의원, 숙명여고 후원회 이사장 등에 참여하여 나라 살리기에 심혈을 기울였다. 또한 경영에 있어서는 정도 경영으로 경영 개선을 하여 오늘 동화의 정신적 지주인 동화 정신 4개 항의 기틀을 만든다. 또 조직을 근대화시키고, 사규를 제정하여 일할 수 있는 분위기를 만들고 '전문 경영인 체제(당시는 지배인 제도)'를 시행하였다.

1938년에는 사세 확장과 함께 만주국에 진출하여 만주 안동에 지점을 설치하고, 특허를 등록하며, 1942년에는 만주 안동에 분공장을 설립하며 해외 진출의 길을 열었다. 1945년 8·15 광복과 1950년 한국 전쟁 등 혼란기로 생산이 침체되어 가던 시기에, 보당 윤창식 사장의 아들 윤광렬(尹光烈) 현 회장이 1948년 입사하여 생산 활동의 정상화를 시도한다. 1955년 윤광렬 회장은 서울로 돌아와 주관자가 되어 전후 복구와 재기를 노리나, 이미 순화동 공장은 파괴되고 시설도 남아 있지 않았다. 그러나 동화는 비록 폐허의 터전에 서있다 해도 민족 자존의 긍지를 버릴 수 없었다. 민족 기업으로서의 긍지는 순수 민족 자본으로 재건될 때만 지킬 수 있다고 역설하고 이윤을 완전 재투자하는 독특한 경영 방식으로 회사를 일으켜 세워, 오래지 않아 동화는 다시 순수 민족 기업으로 뿌리를 내리게 되었다.

1976년 3월 24일에는 기업을 공개하고 우리 사주 조합을 결성하였고, 1978년 4월 1일에는 '국내 최초로 전 사원 월급제'가 실시되었다. 이후 치료제를 대폭 보완하고, 마케팅 활동의 다양화, 영업 조직의 변화, 인센티브 제도의 실시, 디테일 기능의 활성화, 원료 의약품의 본격 수출, 적극적인 광고 활동, 생산 시설의 현대화, 합성 공장의 증축 등으로 비약적인 발전을 계속하였다. 1982년 5월 28일 제9대 이우용 사장이 취임한 후 동화는 지속적인 발전을 거듭하였고 해외 교류의 적극화를 추진하였다. 1972년에 스위스 산도스, 1979년에 덴마크 레오, 1985년에 일본 산쿄, 1988년에 프랑스 락테올, 2001년에 중국의 영일제약 등과 각각 기술 제휴를 체결하였다.

동화약품은 1987년 보사부 우수 의약품 제조 관리 기준(KGMP) 적격업소로 지정되었다. 1990년 들어 제약 업계는 국제화 시대를 맞게 된다. 동화약품 창업 100주년을 1년여 남겨 둔 시점이었다. 이에 윤광렬 회장은 새로운 창업 2세기를 향한 출범과 세계화 시대의 21세기 진입에 대비하여 동화를 새로운 국제 협력 관계, 새로운 기업 체제, 새로운 각오로 전환하고자 하였다. 이에 따라 1996년 4월 1일 제 10대 황규언 사장이 취임하였다. 이후에 적극적인 연구 개발 투자로 신약 개발에 박차를 가하여 염산 암브록솔, 획기적인 간암 치료제 DW166HC(밀리칸주) 등이 개발되었고, 무한 경쟁 시대에 고객 만족 영업으로 100대 거대 품목 최다 보유사가 되었다. 창조적인 광고 활동, 과학적인 마케팅 정책, 지점별 독립 채산제, 성과급 제도를 정착시키고, 해외 연구 개발 협력을 강화하여 기술 제휴를 넘어 수출로 전환하였으며, 의료 용품 · 식품 산업에 진출하여 사업 다각화도 추진했다. 또한 전국 병 · 의원, 약국, 도매상을 잇는 유통망을 갖춘 유통 시스템을 구축하였다.

동화는 새로운 전기를 맞아 1995년 국민훈장 모란장, 덴마크 왕실 헨릭공 명예훈장 등을 수훈하게 된다. 1994년에는 서울정도 600년 기념으로 서울 1000년 타임캡슐에 동화의 후시딘과 홈매트가 매설되었다. 1995년 8월 15일에는 서울 연통부 기념비가 본사에 설치되어 뿌리 깊은 민족 기업임을 입증하였고, 1994년에는 아프리카 르완다에 구호 의약품을 지원하였다. 1996년에는 국내 최고의 제조 회사 및 제약 회사, 상표인 부채표, 상품인 활명수가 최고임을 기네스 협회로부터 인증 받았다.

동화약품은 1997년에 제조업 및 제약업 분야 국내 기업 중 국내 최초로 창립 100주년을 맞이한 최장수 기업이 되었다. 동년 11월 21일 IMF 구제 금융이라는 국가 경제 위기 속에서 많은 기업이 어려움에 봉착하였으나, 동화는 동화를 지켜온 '동화 정신'과 '철저한 구조 조정'을 통하여 전화 위복의 기회로 삼아 오히려 역경을 새로운 발전의 도약대로 삼았다. 그 결과 동화약품은 2000년에 '경제정의기업상'을 수상하였고, 2001년에는 세계 최초의 획기적인 방사성 간암 치료제 밀리칸주가 KFDA의 시판 승인을 받았고, 다산기술상 수상하였으며, 이스라엘 XTL사와 C형 간염 치료제 공동 연구 협력 계약을 체결하였다.

105년 전 우리 나라 최초의 신약, 활명수가 탄생한 이후 2001년 7월 6일에 세계 최초의 획기적인 방사성 간암 치료제 밀리칸주가 KFDA의 시판 승인을 받은 것은 동화약품으로서는 새로운 도약의 전기를 마련하는 신약의 탄생을 의미한다. 2002년에는 이 밀리칸주가 대한민국 10대 신기술로 선정되어 산업자원부 장관으로부터 인증서를 수여받았고, 한국신약개발연구조합으로부터는 대한민국 신약개발대상을 수상하였다. 105년의 전통을 이어온 놀라운 동화의 역사는 〈표 2〉와 같다.

<표 2> 동화약품공업(주) 회사 연혁

연도	내용
1897년	'동화약방' 창업, 활명수 제조
1910년	특허국에 '부채표' 상표 등록
1917년	이화분, 도화분 신발매
1931년	'주식회사 동화약방'으로 상호 변경
1937년	5대 사장 보당 윤창식 선생 취임(오늘날의 '전문 경영인 체제'인 '지배인 체제 도입')
1938년	만주 지점 설치
1942년	만주 안동에 분공장 설립
1962년	'동화약품공업주식회사'로 상호 변경
1966년	본사 및 순화동 공장 신축
1972년	안양 공장 준공, 스위스 산도스사와 기술 제휴 계약 체결
1973년	윤광렬 7대 사장 취임, 중앙연구소 발족, '국내 유일의 희귀 약품 센터 설치'
1974년	조세의 날 동탑산업훈장 수훈
1976년	공모 증자로 주식 공개 - 우리 사주 조합 결성
1978년	우리 나라 최초 전 사원 월급제 실시
1979년	원료 합성 제 2공장 증축,
1980년	덴마크 레오사와 기술 제휴 계약 체결
1984년	스위스 산도스사와 합작, 한국산도스주식회사 설립
1985년	KGMP 공장 및 중앙연구소 준공, 일본 산쿄사와 기술 제휴 계약 체결
1988년	조세의 날 철탑산업훈장 수훈
1990년	동물약품 제조업 허가 및 생산, 중앙연구소 GLP 개념 도입한 동물 실험실 증축
1992년	안양 공장 식품 라인 증설
1993년	한국경영대상 최우수 기업상 수상
1994년	IR52 장영실상 수상, 서울시 정도 600년 기념 서울 100년 타임캡슐 매설(후시딘 연고, 홈매트)
1995년	보건의 날 국민훈장 모란장 수훈, 덴마크 정부 명예 훈장 수훈

	독립 운동을 한 민족 기업 '서울 연통부 기념비' 건립
1996년	국내 최고(最古) 제조 회사·제약 회사, 최장수(最長壽) 의약품
	'활명수', 최고(最古) 상표 '부채표' 등 4개 부문 기네스 인증서 받음.
	포디아텍 센터 설립(프랑스 시다스사 기술 제휴),
	제10대 황규언 사장 취임
1997년	획기적인 간암 치료제 DW-166HC,
	신물질 항균제 DW-116 임상 착수
	창립 100주년 행사 - 국내 제조업 및 제약업 분야 최초
1998년	세계 최초 패취형 피부암 치료제 DW167 상품화 착수,
	동화약품 백년사 발간
1999년	컨슈머 뉴스 주관 '99 글로벌 소비자 선호대상' 수상
	(까스활명수, 후시딘)
2000년	경제정의기업상(경실련(사) 경제정의연구소,
	한겨레신문사 공동 주최) 수상,
2001년	KGSP 적격 업소 지정, 경기환경그린대상 수상,
	세계 최초 신약 간암 치료용 방사성 의약품 '밀리칸주'
	KFDA 시판 승인.
	다산기술상 수상(한국경제), 이스라엘 XTL사와 C형 간염 치료제
	연구 개발 협력 계약 체결
2002년	대한민국 10대 신기술상 수상(밀리칸주)(산업자원부)
	대한민국 신약개발대상 수상(밀리칸주)(한국신약개발연구조합)

(3) 사업 현황 및 경영 성과

1) 경영 실적

동화약품은 현재 자본금 279억 원, 매출액 1,341억 원, 종업원 수 828명이며, 매출액 대비 4%를 상회하는 R&D를 투자(2001년의 경우,

4.78%)하고 있다. 한국 제약 업계에서 동화약품이 차지하는 비중은 2000 년을 기준으로 하여 국내 총 의약품 생산액 6조 4,567억 원 중 1,382억 원 으로 2.14%를 차지하고 있다. 이러한 성장의 배경에는 1997년 IMF 구조 금융이라는 국가 경제 위기 속에서도 동화를 지켜온 '동화 정신'과 '철저 한 구조 조정'을 통하여 전화위복의 기회로 삼는 인고의 시간들이 숨겨져 있다. 경영 효율의 제고를 위해 살충제 매각 및 대전 공장 · 광주 지점 · 한 일유리 정남 · 현대유리 가양동을 매각 처분하였으며, 1997년 6월에는 현 대와 한일유리를 합병하였고, 2001년 5월에는 동화개발과 합동약품을 합 병하였다. 이러한 결과로 1996년 3월에는 281.9%, 1997년 3월에는 324.2%이던 부채 비율이 2002년 3월 기준으로 60.2%(업계 평균 130%) 로 개선되었다.

의약 분업 이후에는 환경에 대응하기 위한 전략의 일환으로 네오팜(아 토팜), KBP(안티콜-폴리만 제제), 애경(2080, 리앙뜨) 등과 전략적 제휴

<표 3> 동화약품 주요 재무제표 현황

(단위: 천 원)

구분		1998	1999	2000	2001	2002
자본금		20,000,000	20,599,760	26,306,440	27,117,840	27,931,470
매출액		141,186,102	136,299,364	138,230,037	126,423,511	134,147,019
순이익	금액	1,506,903	20,891,448	-7,583,046	4,096,544	6,917,796
	비율(%)	1.07	15.33	-5.49	3.24	5.16
종업원수	인원	922	813	748	778	828
	증감		-109	-65	30	50
R/D	금액	6,008,000	5,724,000	5,714,000	6,040,000	5,262,000
	비율(%)	4.26	4.20	4.13	4.78	3.92
환경보호비용		332,200	195,380	336,810	217,082	85,557

를 단행하였다. 세계 최초 간암치료용 방사선 의약품 '밀리칸주'의 개발 성공은 동화약품에 새로운 전기를 마련한 것이다. 이 '밀리칸주'는 상한 금액이 1세트당 2,409,683원으로 21세기 지식 가치 사회의 대표적인 고부가 첨단 의약 제품이다. '밀리칸주'는 그 시장성에 있어서 향후 국내 300억 원(간암: 연 200억 원, 류머티스 관절염: 연 100억 원)의 매출이 예상되며, 세계 시장 규모는 50억 달러로 추산되고 있다.

2) 주요 생산품

부채표 동화약품의 주요 생산 품목은 주력 제품인 '활명수', '까스활명수 큐'를 위시하여 〈표 4〉와 같다. 특히 활명수는 동화약품 창립에 기본 토대가 되는 의약품이다. 활명수는 전 국민에게 액체 소화제의 대명사로 인식되어 온 대표적 의약품이다. 활명수는 그 신비의 약효로 국내 최장수 의약품으로 국내 소화제 시장을 주도하고 있으며 기네스북에도 등재되었다. 자매품인 까스활명수 큐는 100년 이상 이어져 오는 동안에 이미 전국민에게 인정받는 기존 활명수의 약효에 탄산가스를 첨가함으로써 청량감을 좋아하는 한국인의 기호와 체질에 맞게 맛과 시원함을 보강하여 변화하는 소비자의 취향에 맞춰 새롭게 탄생한 품목이다.

이 제품은 2002년 현재, 동화약품의 제품 구성비에 있어 19.9%를 차지하는 주력제품이기도 하다. '활명수'는 신비의 명약으로서 액체 소화제 시장 내 확고한 1위 브랜드로 자리매김하고 있다. 이는 우수한 약효를 지속적으로 유지 발전시킨 연구 개발력에 역사와 전통을 강조한 이미지 강조 및 차별화 된 시대 감각에 맞는 마케팅 전략, 봉사 정신, 원리 원칙에 입각한 기업 이념이 결집된 결과라 할 것이다. 또한 이 제품은 동일 약품 시장에서 액체 소화제 최고(Top) 브랜드로서의 아성을 굳게 지키고 있으

\<표 4\> 주요 생산품목별 실적

(단위: 천 원)

제 품 명	73기 실적			72기 실적	
	금액	구성비(%)	증감율(%)	금액	구성비(%)
까스활명수	23,192,996	19.9	15.5	20,071,922	19.2
판콜에이	11,488,343	9.9	50.0	7,657,071	7.3
후시딘연고	10,587,413	9.1	13.6	9,323,063	8.9
락테올	7,641,193	6.6	14.2	6,689,234	6.4
쌍화탕	7,037,096	6.1	2.0	6,901,038	6.6
록소닌	6,914,359	5.9	53.1	4,516,319	4.3
세프메타존주	5,342,516	4.6	-16.5	6,399,820	6.1
알프스디	5,262,354	4.5	3.7	5,073,034	4.9
셀렉시드정/주	3,736,427	3.2	0.6	3,714,603	3.6
파목신	3,231,138	2.8	-17.5	3,918,381	3.8
다이보넥스 연고	2,416,955	2.1	16.2	2,080,150	2.0
헬스칼	1,746,020	1.5	16.9	1,493,796	1.4
시그나틴	1,612,159	1.4	32.2	1,219,388	1.2
기 타	26,063,087	22.4	2.5	25,425,571	24.3
합 계	116,272,063	100.0	11.3	104,483,395	100.0

며, 동시장 점유율 55%로 국민의 사랑 속에 동시장을 주도하고 있다. '활명수' 는 1966년 새롭게 생산된 '까스활명수' 를 위시하여 1989년 '까스활명수 큐' 가 발매되어 활명수의 계열화가 추신되었나.

동화약품은 우수한 제품력을 바탕으로 그 동안 우위를 확보해 온 약국 시장에서 마켓 쉐어를 확대하고, 지속적인 대중 광고를 통해 "100년을 이어온 약효, 부채표 까스활명수"임을 부각시켜 한국인의 체질에 적합한 정통 소화제로서 급변하는 시장 상황에 능동적으로 대처하면서 경쟁품과 차별화 시켜 나가는 전략을 추진하고 있다.

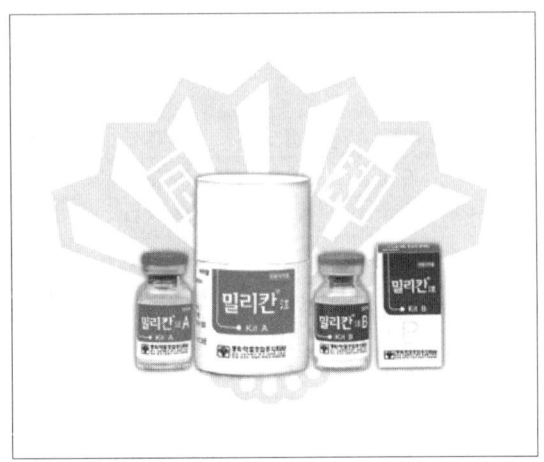

〈사진 4〉 세계 최초의 간암 치료제 방사성 의약품 밀리칸주. 이는 방사성 동위 원소에 대한 전문 기술을 보유하고 있는 원자력연구소와 신약 개발 및 제제화 연구에 많은 기술을 축적해 온 동화약품 간의 공동 연구를 통하여 이루어 낸 성과로 치료용 방사성 의약품을 국내 기술로 완성했다는 데 큰 의미가 있다.

동화약품은 여기에 만족하지 않고, 105년의 역사를 통해 축적된 기술과 경험을 바탕으로 새로운 시대에 맞는 새로운 동화상을 정립하여 새로운 100년의 전통을 만들어 가고 있다. 동화약품이 새롭게 창조할 전통은 바로 신약 개발을 통한 21세기 첨단 의약품 메이커로 성장하는 것임을 천명하고 있다. 이에 따라, 과감한 연구 개발비 투자와 우수 인력 확보 등 독창적인 신약 개발을 위한 연구 개발에 기업의 사활을 건 투자로 세계 최초 간암치료용 방사성의약품 '밀리칸주' 생산에 성공하였다〈사진 4〉.

또한 현재 진행중인 류머티스 관절염 치료제 DW-166HC(밀리칸주), 뉴퀴놀론계 항균제 DW286 및 DW343, B형 및 C형간염치료제 DW-977 및 DW-1262, 골다공증치료제 DW-1350 등을 개발중이며, 최첨단 우수 의약품 생산을 위한 만반의 태세를 새롭게 갖추어 가고 있다.

2. 장수와 온고지신의 비결 : 고유의 창립 정신과 철학의 제도화

동화약품공업(주)의 역사를 살펴보면, 고유의 창립 정신, 철학 그리고 이념을 철저히 보존하고 기업 경영에 철저히 반영시켜 제도화하며 유산(遺産)으로 전승시키고 있음을 발견하게 된다. 그리고 바로 이것이 오늘날 이 회사를 105년의 국내 최장수(最長壽) 기업으로 자리매김하게 하였을 뿐만 아니라, 105년 전 국내 최초 양약 개발 기업이라는 지난 역사를 오늘날 세계 최초의 방사성 간암 치료제 밀리칸주 개발 및 다양한 신약 개발이라는 온고지신의 새로운 역사를 열어가도록 인도하고 있는 비법임을 깨닫게 한다.

대다수의 기업은 나름대로의 선한 의도와 철학 속에서 태생한다. 그러나 창업자가 은퇴하거나 많은 세월의 경과와 더불어 대부분 선한 의도로 시작된 기업의 존재 목적이 퇴색되기 시작한다. 즉 조직의 기억 상실증(organizational amnesia)이 시작되는 것이다. 그리고 이러한 조직의 기억 상실증은 기업의 본질적 출생 목적과 사회에의 존립 의미를 퇴색하게 하거나 혹은 망각하게 한다. 일단 존립 의미를 상실한 조직은 그것이 개인이든, 문화 공동체든 본질적 가치 창조에서 벗어나 쇠락의 경로로 접어드는 것이 자연스러운 만물의 법칙이다.

특히 영리를 목적으로 하는 어떤 기업이라 할지라도 그것이 영리 추구를 넘어서는 그 이상의 가치 창조와 존재 의미를 상실하고, 영리 추구가 한 조직체의 존립 목적의 전부가 되어버릴 때 그 조직은 이미 존재의 의미를 상실한 것이며, 쇠락의 역사가 시작되는 것이다. 반면에 인간의 생명이 육체에 있는 것이 아니라 영혼에 있는 것처럼 고유의 정신과 존립 의미를 보존하고 있는 기업은 어떠한 역경과 도전 속에서도 새롭게 역사를 창조한다. 동화약품의 사례를 통해 이를 살펴보자.

(1) 동화 식구의 회사임을 강조하고, 동화 정신을 몸소 솔선수범한 경영자들

『주역(周易)』의 문구에서 취해 명명된 회사명 '동화(同和)'나 『시전(詩傳)』에서 따온 상표인 부채표의 의미는 모든 민족이 합심하면 잘 살 수 있다는 뜻을 담고 있다. 이 정신들은 국민의 복지 증진과 회사 발전을 위한 일등 정신의 자연스러운 발로와 실천으로 승화되었다. 민족과 사원을 생각하는 이 순수한 기업 정신들이 단지 '족자 속의 피상적 구호'로 그치지 않고 오늘날까지 기업 성장과 존재의 원동력으로 살아 숨쉬게 된 배경에는 누구보다도 먼저 몸소 희생하며 이를 묵묵히 실천으로 옮겼던 동화의 경영자들이 있었기 때문이다.

동화는 젊어서 정당하게 땀흘려 일하고 노후에 잘 살아보려는 '동화 식구의 회사'임을 강조하는 개혁을 추진하였다. 1937년 제5대 사장으로 취임한 보당은 동화의 설립 정신을 이어 성실하고 근검, 절약하는 생활 태도로 동화에 종사하는 전 사원에게 표본이 되어 동화 식구 모두가 잘 사는데 큰 귀감이 되었다. 회사에는 사장용으로 승용차가 있었으나 공무 외에 개인용으로는 절대 사용하는 법이 없었다. 그의 교통 수단은 늘 전차였다. 그 시절에는 자동차도 별로 없고 차부에 전화를 걸어 불러서 타고 다닐 때인데 혹시 빈차가 있어 타도록 권유하면 거절하고 타는 일이 없었다. 보통 10리 정도의 거리는 걸어다녔다. 자신의 편함보다 근검, 절약의 모범을 보여 사원들은 큰 감명을 받았다. 집안에서는 정미소를 크게 했지만 쌀밥은 먹지 않고 싸래기를 먹었으며, 또 싸래기를 먹다가 떨어지면 곡식 중에서 제일 싼 핍쌀을 먹기도 하였는데, 이것은 숟갈로 뜨면 후루룩 떨어지곤

하였다. 이처럼 몸에 밴 검소한 생활을 회사에서나 가정에서나 솔선하여 실천하였다. 후일 이 경영자의 솔선수범의 행동은 동화정신 3항으로 성문화되었다.

(2) 조직의 근대화와 사규 제정: 새로운 경영 방식의 선구자적 도입과 활용

1) 자본과 경영을 철저히 분리시킨 지배인(支配人) 중심의 경영 방침 채택

동화는 일찍이 1937년 오늘날의 전문 경영인과 비슷한 제도인 '지배인 제도'를 도입하여 원리 원칙, 정직, 성실을 바탕으로 근대화된 기업 경영을 시작하였다. '지배인 제도'는 사원의 신분이지만 회사의 모든 업무를 관장하고 경영에 대한 책임을 지는 제도로 오늘날 전문 경영인과 비슷한 제도이다.

당시에 본격적인 전문 경영인 체제를 갖추었다는 것은 기업사에 기록될 일이었다. 당시 일제는 온갖 구실을 동원하여 민족과 민족 산업을 말살하고 식민 정책에 영합하기를 강요하였다. 그러나 이에 영합할 수 없었던 보당은 10배의 노력과 시간이 들더라도 정도와 원리 원칙만이 기업의 영속성을 갖는다는 신념으로 경영에 임하였고, 이러한 불굴의 정신은 앞선 기업 경영 방식의 도입으로 이어졌다. 또한 이러한 정신과 혁신은 후일 동화정신 2항으로 성문화되었다.

2) 전문 경영인 체제로의 전환

3·1운동 이전의 우리 민족 기업들은 대체로 귀족 및 관리 출신이었다. 일찍이 서구 문화에 접할 수 있었던 일부 선각적인 귀족 및 관리들은 민족 국가의 근대화를 달성하기 위해서는 근대 기업을 조속히 일으켜야 한다

는 일념에서 기업을 창립하고 이를 운영하여 왔던 것이다. 그러나 그들은 근대 기업에 대한 소양을 충분히 갖추고 있지 못했다. 그러므로 이 시기에 창립된 기업은 거의 성공적인 기업이 되지 못했다.

이와는 대조적으로 3·1운동 이후의 기업가들은 대체적으로 근대 교육을 받았고, 또 직접 학교 교육을 받지 않았더라도 기업 활동을 통하여 충분한 경험을 쌓은 사람들이었다. 그러므로 이 시기의 기업은 성공률이 높았다. 그들은 초기 기업가들과 같이 민족주의의 일념만으로 기업을 창립하고 운영한 것이 아니라, 기업을 창립하고 이를 성공시키는 데서 민족주의가 발전할 수 있는 기틀을 마련하고자 한 것이다.

보당은 1937년에 동화를 맡은 후 경영자로서의 책임을 절감하고 짧은 시간 내 동화를 재건코자 하였다. 1937년 2월 26일에 제5대 사장에 취임한 보당은 조직 개편을 단행하였다. 이전에는 동화가 비록 주식회사였지만 회사 편제는 정비되지 않은 상태였다. 이에 보당은 당시 가장 유능한 전문인이었던 김교영(金教營), 남상갑(南相甲), 한기엽(韓基燁)을 초빙하고, 이들에게 경영 전반에 걸쳐 실질적인 권한을 위임하는 오늘날의 '전문 경영인 제도' 격인 당시의 '지배인 제도'를 도입하여 현재 10대 사장에 이르기까지 전문 경영인에 의한 경영이 가능토록 하는 기틀을 다졌다.

3) 직무 분석에 의한 경영 조직 재구성 및 사규(社規)의 선각자적 도입, 운용

1937년 당시 동화는 종업원이 60여 명이었으나 사내의 제도는 유명무실하였다. 이에 동화는 기구 조직에 대한 직무 분석을 하여 경영 조직을 재구성하고 업무량 조사에 의한 인력 규모를 검증하여 직무 정원을 설정하였다. 또한 경영 목표와 개발 방향에 따라 조직 기동성을 발휘할 수 있도록 경영 조직을 재편성함과 동시에 인력 관리의 효율화를 도모하였다.

특히 기업 내 조직간의 일사불란한 협조 체제와 업무의 세분화, 전문화가 되도록 하였다.

한편으로는 식구들의 복지에도 적극 배려하여 급여, 수당, 상여금, 퇴직금, 출장비 등을 제도화 시켰다. 이러한 노력이 결실을 보아 일찍이 1939년 1월 1일부터 새로운 조직과 업무 세분화가 시행되었다. 즉 사규(社規)를 제정하여 시행하게 된 것이다. 사규의 주요 내용으로는, 중역(重役)에는 사장, 전무취체역, 감사역을 두고, 사원들은 지배인, 부장, 공장장, 사원, 사원 견습, 직공, 직공 견습, 급사를 두었다. 조직은 서무부, 판매부, 제약부, 선전부를 두었다.

4) 기업 창업 정신이 스며든 혁신과 제도의 시행

동화의 초기 기틀을 세운 보당(保堂)은 내부적으로 동화 식구들의 삶이 평안하고 윤택하도록 하는 데 근거가 되는 제도 개선에 고심한 초기 경영자였으며, 이를 제도로 정착한 선각자였다. 그는 개혁을 함에 있어 부정적인 것을 없애는 것보다 모두 잘 살 수 있다는 무엇인가를 창조하는 건설적인 차원의 개혁을 추진하였다. 다시 말해 개혁을 통해 이익을 얻는 자와 손해를 보는 자가 분명히 갈리는 제로-섬(zero-sum)적인 개혁이 아니라 동화 식구 모두가 기꺼이 나서서 함께 잘 사는 신바람이 나는 개혁이 되게 하였다.

그는 또한 내부적으로 동화 식구들의 삶이 평안하고 윤택하도록 하는 데 근거가 되는 제도 개선에도 무척이나 고심하였다. 사람이 바뀌면 금방 없어지거나 변하는 것이 되지 않고, 또한 개인의 즉흥적 판단에 흔들리지 않고 효율적으로 추진될 수 있도록 제도를 먼저 만들고 전문가들이 팀을 구성하여 일을 추진하게 하였다. 일찍이 1937년 지배인 제도를 확립하여

실질적인 경영의 권한을 이양하고, 외무 제도를 도매상 위주 영업으로 정
착시키고 재무를 독립시킨다든지 하는 일련의 개혁 역시 이러한 기업 정
신에서 파생된 산물이었다. 또한 동화는 일찍이 무엇보다 쇠퇴해진 제품
개발과 품질 관리를 전문 약사를 초빙하여 과감하게 추진하였다. 또한 정
해진 제도는 경솔히 개폐할 수 없게 하여 제도의 안전성을 높였다. 이같이
개혁이 성공할 수 있었던 것은 개혁이 동화 식구들과 일제 통치 하에 고통
받는 이 민족 모두가 골고루 잘 되도록 하는 창조적, 건설적 개혁이었기
때문이다. 이러한 개혁이 일찍이 동화에 뿌리내릴 수 있었던 것은 당시 개
혁 의지를 근대적 교육을 받은 인재들이 뒷받침한 데다 '인물 중심보다는
제도에 바탕을 두어 지속적으로 추진' 하였기에 성공할 수 있었다.

5) 우리 나라 최초의 '전 사원 월급제'

1978년 4월 1일, 동화는 우리 나라 최초로 어느 대기업도 엄두를 내지
못했던 생산직 사원들의 완전 월급제를 단행하였다. 이는 성공적인 운영
으로 동화가 얻은 기업 이윤을 더욱 광범위하게 분배하는 여러 가지 방법
을 심사숙고하던 윤광열(尹光烈) 회장의 제안에 의한 것이었다. 즉 시간제
급료를 폐지하고 모든 종업원을 대상으로 한 월급제로 급여 체제를 변경
하자는 것이었다. 마지막으로 남아 있던 공장 근로자와 사무직 근로자 사
이의 차별에 따른 문제점을 해소하고 모든 종업원을 동등하게 대우하자
는 것이었다. 그것은 종업원 1,012명에게 즉각 영향을 미칠 대담한 계획
이었다. 이는 우리 나라에서는 최초의 일이었다.

본래 생산직 사원이 하루 결근을 했을 때, 나오지 못한 날의 일은 다음
날 아무리 열심히 하려고 해도 회복할 수가 없다. 그러나 사무직 사원은
전날 하지 못한 일을 다음날 일찍 나와 늦게까지 부지런히 하면 당일 또는

2~3일 내에는 회복할 수 있다. 이런 대전제로 공평의 원칙에 의하여 생산직은 일급제, 사무직은 월급제를 적용하여 왔다.

사내 많은 간부들은 생산직 사원들이 이 방침을 악용해서 일하기 싫을 때는 그들 마음대로 나오지 않고 게으름을 피울 것이라고 우려했었다. 또 당시 우리 나라 경제 사정이나 회사 형편으로도 완전 월급제는 시기상조라고 했다. 그러나 윤광렬 회장은 몇 년 전 공장 방문시 한 여종업원이 "월급을 한번 받아 봤으면 소원이 없겠다"고 한 말을 가슴 깊이 묻어 왔으며 이제는 때가 왔다고 생각했다.

원래 공장 근로자의 월급제는 미국 IBM사에서 1958년 세계 최초로 토머스 U. 워슨 사장에 의해 시행되었으나, 그 후 20년이 지난 시점까지도 선진국의 세계적인 회사들도 그 시행을 미루고 있었다. 그러나 윤광렬 회장은 '공평의 원칙' 이전에 '모두가 한 식구'라는 생각으로 전 사원 월급제를 시행하였다. 이후 안양 공장 사원의 자부심과 생산성은 눈에 띄게 향상되어 갔다.

(3) 서울 연통부(聯通府) 설치: 독립 운동 비밀 행정 기관 설치 및 독립 운동 전개

동화 정신 제1항에서 "동화는 좋은 약을 만들어 소비자에게 봉사하고 그 효험을 본 정당한 대가로 경영되는 회사이다"라고 천명하고 있다. 이는 무엇보다 국민 건강을 위해 좋은 약을 만들어야 된다는 자존의 역사를 일관되게 지켜왔고, 계속 이와 같은 정신을 이어가는 것이 동화가 존립해야만 하는 이유임을 천명하고 있다. 동화는 일제 하에 빼앗긴 국가 존립의 최고 가치인 국가의 독립을 위해 비밀리에 서울 연통부(聯通府)를 현 동화약품의 순화동 본사에 설치하게 된다. 서울 연통부는 1919년 7월에 상해 김구 선생의 임시 정부가 비밀 연락 행정을 위한 첫 조치로서 국내와 국외를 연결하는 기관으로 서울 동화약품 본사에 설치한 비밀 행정기관이었다. 이 연통제는 국내 각 시·도·군·면까지 조직을 갖추고 각종 정보와 군자금을 임시 정부에 전달하였다.

동화는 이와 같은 연통부 활동으로 일제 하에 회사의 존폐 위기까지 겪었다. 그리고 이런 사실조차도 그 동안 동화 창립 구성원들의 직계 가족을 통해 비밀리에 구전으로만 전해 내려오다가 뒤늦게 문헌 자료 등의 고증을 통해 사실로 밝혀져 1995년 8월 15일 광복절 50주년을 맞아 서울특별시에서 동화약품의 현 본사 부지에 '연통부 기념비'를 설치하고 독립 운동을 한 뿌리 깊은 기업임을 널리 알리기에 이르렀다.

(4) 관용과 설득을 주조로 한 덕치 개혁(德治改革)의 추진

동화는 동화 식구가 업무 수행 중 잘못이 있을 경우 이를 솔직히 시인할 줄 알고 고쳐서 전화위복이 되게 하는 관용과 설득을 주조로 한 덕치 개혁(德治改革)을 추진하였다.

경영진이 바뀌면서도 불명예 퇴진자가 없게 하였으며, 혹 퇴진을 원하는 사람들에게는 충분한 전별금을 주어 위로하였다. 각자 주어진 업무의 권한 내에서는 과감히 실천하는 창의성을 장려하고, 한 번 잘못은 꼭 전화위복이 될 수 있도록 기회를 주었다. 보당이 가정이나 회사에서 아랫사람에게 자주 한 말 중의 하나가 '새옹지마(塞翁之馬)' 이야기였다. 어려운 시대를 살아온 그는 일이 잘 된다고 들뜨지도 말고, 안 된다고 기죽지도 말며 언제나 겸허한 자세로 꾸준히 목표를 향해 최선을 다하는 것이 최선의 길이라 하였다. 그는 또 "화불단행이니 재앙은 직수입(禍不單行 災殃 直輸入)하라"하였고, 재앙이 생기면 그 책임을 남에게 전가하지 말고 적 극적인 자세로 받아들여 반성하여 다시 그런 일이 생기지 않도록 하라고 강조하였다. 마치 자녀를 타이르듯 "한 번의 실수를 반성하여 전화위복시 킬 줄 아는 사람이 되라"고 하면서 사람을 소중히 생각하고, 아랫사람을 이끌어 갔다. 이는 후일 동화 정신 4항으로 성문화하기에 이르렀다.

(5) 동화 가족 정신의 실천: 수혜품 추첨제

이는 설이나 추석 때가 되면 거래처로부터 들어오는 여러 가지 선물을 그 수량이 많고 적고 간에 상관없이 한 곳에 모아 두었다가 회장 이하 동 화 식구 모두에게 추첨을 통하여 골고루 나누어 갖는 제도이다. 어떠한 경 우라도 개인적으로는 선물을 갖지 않았다. 이는 동서고금을 통하여 그 유 례를 찾기 힘든 일로서 간략히 소개하면 다음과 같다.

우리의 미풍양속에 세모가 되면 각 도의 감사(監司)나 병사(兵使)들이 세찬(歲饌)으로 불리는 연말 선물을 했다. 이 세찬은 본래 아랫사람에게 전하는 선물이었다. 이 세찬이 변하여 개화기 이후부터는 일반 시중에서 도 단골 가게나 거래처에서 약간의 찬물(饌物)이 오가게 되었다. 그 집의 거래 실적에 맞추어 반찬 가게이면 약간의 식료품 정도였으나 거래 약방 인 경우는 인삼, 녹용, 청매, 용안육, 월병, 밥풀과자, 호강정, 흑설탕 등이 따라붙기도 했다. 특히 한약재를 거래하는 규모가 큰 거래처인 경우는 장 안옥, 비취, 상아 물뿌리 등도 등장했다. 거래처가 많은 동화에도 세모나 추석 때마다 많은 선물이 답지하였다.

제5대 사장 보당은 동화를 맡은 1937년 첫해부터 어떠한 종류의 선물이

〈사진 5〉 동화약품은 개인적인 선물을 절대로 받지 않은 전통을 확립하였다. 구정이나 추석 같은 큰 명절에 고마움을 전달하는 의미로 어쩔 수 없이 받은 선물일 경우만 모아 두었다가 전 직원이 추첨을 통하여 나누어 갖는다.

든 그 수량이 많고, 적고를 불문하고 모두 한 곳에 모아 두었다가 동화 식구들 모두에게 고르게 나누게 하였다. 보당은 처음에는 이러한 선물을 일체 받지 않았는데, 선물 보내는 사람의 성의를 외면하는 것이 되어 어쩔 수 없이 받기는 하였으나, 어떠한 경우라도 개인적으로는 선물을 가지지 않았다. 이후부터는 이를 관례로 삼았으며, 그 소문이 널리 전해지게 되었다.

그래서 뇌물성 선물은 자취를 감추게 되고 진정으로 마음의 고마움을 전하는 수준의 정종, 사과, 달걀 등이 답지하게 되었다. 이를 섭섭하게 여기는 일부 식구도 있었으나, 그럴 때마다 보당은 이렇게 말했다. "옛날에는 유망한 서생이나, 선비에게는 백지에다 '성(誠)'이니 '덕(德)'이니 '인(仁)'이니 하는 덕목의 글을 써보내는 정신적 선물도 했습니다. 이를 총명지(聰明紙)라 했고, 받은 이는 물론 주위에서도 더욱 영광으로 알았습니다. 그러니 동화 식구도 마음의 선물을 고맙게 받고 콩 한 쪽도 나눕시다."

이 전통은 보당 서거 이후에도 후임 경영자들에게 이어져 동화의 확고한 전통으로 뿌리내리게 되었고, 회사에 들어오는 모든 선물은 총무부에서 명단을 만들어 일 년에 두 번 설과 추석에 회장 이하 모든 식구가 추첨을 통하여 나누어 갖는 '수혜품 추첨제' 〈사진 5〉로 오늘까지 전통을 이어 오고 있다.

(6) 민족을 위한 창업 정신의 현대적 실천

1) 우리 나라 최초의 '희귀 약품 센터' 설치

민족을 질병으로부터 구하고 국민 건강 복지에 이바지한다는 창립자의 창립 취지와 보당 정신의 계승은 1973년에 우리 나라 최초로 '희귀 약품 센터'를 설치〈사진 6〉한 것에서도 쉽게 발견된다. 이 '희귀 약품 센터'는 약품을 구하지 못하여 고통받던 희귀 질환자들에게 손쉽게 치료 약품을 구하여 고통에서 벗어나도록 하는 소중한 기구의 역할을 감당한다.

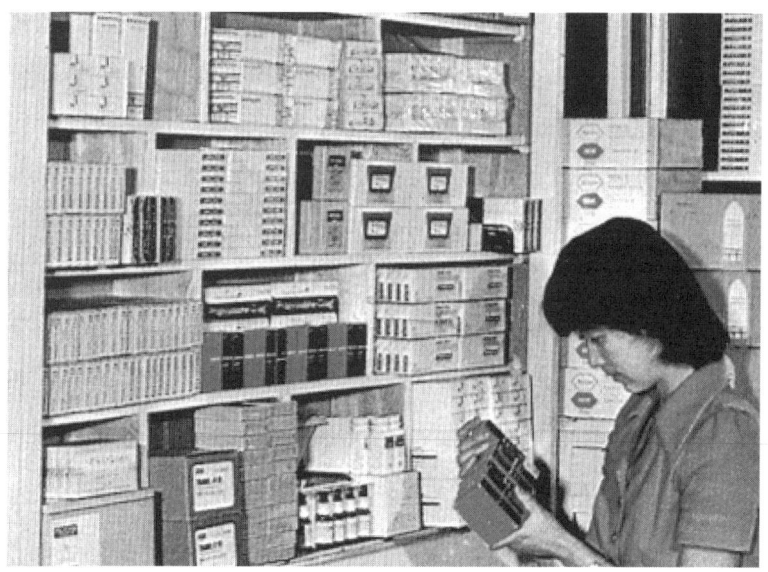

〈사진 6〉 희귀약품 센터

이 곳은 특수 질환자들이 구할 수 없는 희귀 약품으로 인해 고통 받을 때, 이 곳에 '연락하면 언제든지 약품을 공급'하기 위한 '공급 센터'로 발족되었다. 이로 인해 우리 나라 첫 '희귀 약품 센터'가 1973년 동화약품 부설 기관으로 발족되어 의료 기관의 요청에 따른 희귀 약품의 공급 체제가 비로소 이루어진 것이다.

이 '희귀 약품 센터'는 1972년부터 보건사회부와 의학협회에서 그 설치 운영을 검토해 왔으나 의약품 수입상의 미온적 협조와 이윤 확보가 어렵다는 등의 이유로 실현을 보지 못해 사회적인 문제로까지 등장했었다. 그런데 국가 기관이나 비영리 단체도 아닌 일개 의약품 생산 메이커인 동화약품공업(주)에 의해 비로소 이루어진 것이다.

2) 다양한 봉사 활동의 전개

105년 동안 동화는 국가 재난시는 물론 크고 작은 사회 공익 사업에 기여하였고, 역대 사장은 뒤에서 조용히 동화 정신에 맞게 기업 경영을 수행하여 왔다. 무엇보다도 많은 기업이 시대 상황의 불가피성을 이유로 시류에 영합하였지만, 동화는 105년이라는 세월 동안 변하지 않는 절대 가치인 국가, 국민, 사회에의 봉사를 조용히 실천에 옮겨 왔다.

동화약품은 일업백년(一業百年)의 기업을 지키고 우수 의약품 개발로 국민 보건에 이바지하겠다는 일념의 실천으로, 그간 유구한 역사 속에서 불우 이웃 돕기 등 숨어서 봉사한 일은 일일이 헤아릴 수 없으며, 각종 장학금 지급으로 사회 동량을 키우는 데 기여하였다.

수재로 인한 국가적 재난시 방역 약품의 긴급 지원으로 전염병 예방에 기여하였고, 국가적 행사인 올림픽 개최시에는 풍토병 예방에 필요한 의약품 구입에 공헌하였다. 대전 엑스포 행사시에는 공식 지원 업체로 동 행사의 성공적 완수에 공헌하였다. 르완다 난민 구호 의약품, 인도차이나 무의촌 의약품 지원, 국내 각종 무의촌 의약품 지원, 북한 의약품 보내기 동참, 낙도 보건 사업 등에도 공헌하였다. 또한 수많은 의약학 분야에 각종 지원으로 발전을 도모하여 오고 있다. 이는 기업 이윤을 사회에 환원해야 한다는 기업 정신의 소산이다.

(7) 자긍심과 자존심의 경영 : 기술 제휴 당시 및 이후의 일화(逸話)

동화약품이 스위스 산도스사와 기술 제휴 당시 있었던 일화이다. 스위스 산도스사는 국내 업소와 완제 의약품 수출로 관계를 유지하다가 기술 제휴를 맺고 한국에 진출하였다. 그러나 국내 파트너의 부도로 인하여 다른 상대 회사를 물색하던 중, 1972년 11월에 동화와 기술 제휴 계약을 체결하였다. 당시 산도스사의 한국 주재원은 홍콩 지사장 휘하에 속해 있었다.

업무를 진행하는 과정에서 산도스사 측에서는 회의 당일에 질문 사항 및 자료 제출 사항을 수십여 가지씩 요구하고 영업 상무 등 간부들에게 2~3일씩 질문 답변을 요구하여 간부들이 다른 일을 할 수 없게 되어 회사 업무가 마비될 정도로 곤혹스럽게 하였다. 이에 윤광렬 상무는 '사전에 요청하지 않고 그 자리에서 이런저런 자료를 내놓으라 하니 그 무례함이 지나치고, 또 회의도 매우 비능률적이므로 앞으로는 적어도 2주 전까지 서면으로 통보하여 달라'고 정중히 요청하였다. 이럴 즈음 산도스사 주재원의 사소한 문제로 승용차 문제가 회의 의제로 대두되었다. 자기네 회사 주재원을 위한 승용차를 동화에서 구입하여 사용케 해 달라고 요청한 것이다. 회사 문제가 모두 그러하듯이 이 문제도 논의하여 결정할 사항으로서 추후 통보하겠다고 하였다. 그런데 산도스사 측에서 "동화는 사장이 그런 정도도 결정 못하느냐?"는 빈정거리는 투의 서신이 도착하였다. 동화는 산도스사 홍콩 지사장의 일방적이고도 무례한 행동을 더 이상 묵과할 수 없어 "앞으로는 산도스사의 정중한 사과 없이는 기술 제휴 계약에 복귀하지 않겠다"는 공식 서한을 발송하였다. 약 2개월 정도의 공백이 흘렀다. 이 기간 중에 업계의 소식에 정통한 인사가 세 번씩이나 내방하여 "돈만 벌면 되지 그럴 필요가 있느냐?", "지금 새로운 파트너를 구하고 있다더라" 등의 이야기를 전하였다.

그러나 사리에 맞지 않고 옳지 않은 일에는 의연하게 대처하는 동화의 태도에는 변함이 없었다. 아무리 돈만 벌면 된다고 하지만 국가적으로나 회사의 자존심을 손상하면서까지 장사할 수는 없었다. 이처럼 무례한 회사에 대하여 어떤 이익이 있다고 하여 굽힐 동화가 아니었다. 동화에서 보낸 공식 서한은 어떤 경로인지는 모르지만 스위스 본사로 전달되었고, 약 2개월 후 산도스 본사로부터 책임자가 한국에 오게 되었다. 한국에 온 책임자는 "그간의 모든 것이 동화측 의견이 옳았다"면서 정중히 사과하였고, 이어서 홍콩 지사장이 교체되었다. 이 일을 통해 상식 이하의 경우에는 단호히 거절하고 옳은 이야기는 의연하게 대처하되 지킬 예의는 다 갖추는 것이 필요하다는 것이 입증되었다. 이후 한국 내의 산도스사 제품 영업은 동화에 일임되었고, 산도스사는 학술적, 예산적인 지원과 디테일 기법 등 선진 기술적인 면만 관여하게 되어 양사 발전의 계기가 되었다.

기술 제휴 그 후의 일화 한 토막이다. 산도스 한국 지사장으로 게오르기가 근무중일 때였다. 본사에서 온 임원은 동화와는 사전 상의 한번 없이 한국 지사장을 일방적으로 교체하기 위하여 후임자를 대동하고 내한 방문하였다. 윤광렬 회장은 인사 온 그 임원에게 "중요한 일은 상호 협의하게 되어 있는데, 사전 협의 없는 일방적인 인사는 받아들일 수 없다"고 항의하였다. 그 임원과는 개인적으로 친하였고 서로 존중하는 사이였지만 이처럼 상식에 어긋나는 일은 단호히 항의하고, 옳지 않을 때는 분명히 잘못을 지적해야 되기 때문이었다. 이런 일이 있은 후 게오르기 전보와 후임자 부임은 즉각 취소되었다. 업무는 이와 같이 분명하게 처리했지만 친절하게 손님을 맞이하는 것은 별개이므로 그 후 손님들을 별도로 초청하여 양측 10여 명이 참석한 가운데 화기애애한 자리를 가졌다.

이처럼 무엇이든 선진 제약 기업이라는 위세로 자기들 맘대로 하려고 하였지만, 사리에 어긋나고 옳지 않은 일에 대하여는 상대가 누구이든 분명하게 이야기할 줄 알고 의연한 자세가 있었기에 상대사(社)로부터 신의와 존경을 받게 되었고 게오르기도 계속 근무하게 되었다.

(8) 연구 개발(R&D) 중시의 전통

동화약품의 연구 개발을 중시하는 정신과 전통은 동화약품의 출발과 함께 시작된다. 동화약품의 시초가 105년 전 민병호가 자신과 이웃을 질병으로부터 벗어나게 하고, 국민의 복리 증진을 위해 그가 터득한 궁중 비방에 서양 의약의 장점을 취하고 단점을 버려 소화 불량, 주체, 급체 등에 신효한 효과가 있는 활명수를 국내 최초로 제조한 데서 연유하기 때문이다. 이로부터 시작된 '좋은 약을 만들어 민중에게 봉사하겠다'는 창업 정신은 그 후 지해로, 인소환 등 주로 한방에 의한 대중약을 만들어 오던 것을 서양의 의약 기술을 받아들여 해열 진통제, 설파제 등 당시로서는 최신의 치료 의약품을 생산하기 시작하였다. 물론 이러한 연구 개발의 전통은 "양약(良藥)이 아니면 만들지 마라. 좋은 약을 만들어 소비자에게 봉사해야 한다. 또한 그 효험을 본 대가로 회사는 경영되는 것"이라는 동화약품의 사명감에서 나온 것이다(이 정신은 제7대 윤광렬 사장에 의해 동화 정신 1 항으로 성문화되었다).

이러한 전통은 신약 개발의 중요성 인식으로 연결되어 동화는 일찍이 연구 개발 분야에 많은 투자를 아끼지 않았으며, 최근에는 매출액 대비 5%의 R&D 비용을 투자하기에 이르렀다. 특히 한정된 연구비와 연구 인력으로 효율적인 연구를 진행하여 세계적인 경쟁력을 갖춘 신약을 개발하고자 신약 개발 연구의 방향을 항암제, 감염증 치료제 및 골다골증의 3가지 치료 영역으로 정하고 모든 연구력을 집중하여 왔으며, 국내외 대학 및 연구소 등과의 유기적인 협조 체계를 유지하여 산 · 학 · 연 협동 연구를 통한 연구 효율의 극대화를 꾀하고자 노력하고 있다.

또한 우리 나라 기업에서는 매우 드물게 1973년에 일찍이 중앙연구소를 설립하였다. 중앙연구소는 현재 5실 1지원팀으로 구성되어 있으며, 박사급 8명을 포함 연구원이 90명이다. 이는 총 종업원의 11%에 해당하는 높은 비율이다. 중앙연구소는 신약 개발을 전담하고 있으며, 신약 개발의 주요 분야는 ▶항감염제(퀴놀론계 항생제 및 B형과 C형 간염 치료제) ▶골다공증 치료제 ▶항암제 치료제 개발의 3분야이다. 신제품 개발 분야는 ▶ 'Me Too' 신제품 ▶개량 신제품 ▶신제형 개발 연구에 초점을 맞추어 신약과 신제품 개발의 비중을 적절하게 안배함으로써 회사의 지속적인 성장과 미래 경쟁력을 위한 준비를 하고 있다.

이러한 연구 개발의 지속적인 투자로 연구 성과가 점차 가시화되고 있으며, 최근 동화가 세계 최초로 방사선 의약품 간암 치료제로 개발한 '밀리칸주'는 2001년 산업자원부의 '대한민국 10대 기술상'에 선정되었으며, 한국신약개발연구조합의 '신약 개발 대상'을 수상하기에 이르렀다.

그 외에도 C형 간염 치료제는 이스라엘 XTL사와 공동연구를 수행 중에 있으며, 골다공증 치료제는 한 물질이 파골 세포 억제 및 조골 생성 촉진을 하는 이중 작용 기전을 가지고 있는 획기적인 신약 후보 물질로서 전임상 시험이 진행 중에 있다.

동화약품이 가지고 있는 연구 개발의 강점은 다음과 같다.
· 연구 시설, 연구 인력, 연구 관리 체제 확보(30년 전 1973년 중앙연구소 설립 운영)
· 세계 최초 방사성 의약품 간암 치료제 밀리칸주 개발 성공(2001. 7. KFDA 허가)
· 우수한 화학 합성 연구 인력 보유 – 30여 년 기술 축적, 신물질 창출 능력(Drug Discovery) 보유
· 우수 동물 실험실(GLP Lab) 보유 – 약리 독성 연구 인력 보유, 약효 스크리닝 능력 보유
· 항바이러스(B형, C형 간염) 효과 in vitro 검색 시스템 확보(특허 획득)
· 핵심 역량 집중화 전략(퀴놀론 항균제, 간염 치료제, 골다공증 치료제, 항암제 – 밀리칸주)
· 임상 연구팀 보유

동화약품은 펼쳐온 100년의 굳건한 역사를 바탕으로 새롭게 펼쳐갈 100년의 새로운 도약을 위하여 신제품 개발 및 신약 개발 연구에 전념하고 있다.

〈사진 7〉 동화약품 안양공장 및 중앙연구소 전경. 중앙연구소는 유기합성연구실, 생물공학연구실, 천연물연구실, 약리독성연구실, 제제개발연구실 등 5개 연구실로 구성되어 있으며 유기 화학, 분석 화학, 생물학, 미생물학, 약리학, 약제학 등 여러 전문 분야의 연구원들이 신약의 개발에 힘쓰고 있다.

(9) 동화 식구 정신의 실현 : 인재 육성과 창업 이래 단 한 건도 없는 노사 분규

동화약품은 "동화는 동화의 모든 식구가 잘 살 수 있는 기업으로 이끌어라"는 동화 정신에 따라 1937년부터 종업원을 식구 개념으로 호칭하며 건전한 노사 관계가 이루어지고 있으며, 창업 이래 오늘날까지 단 한 건의 노사 분규도 없었다. 1999년 근로자의 날에는 건전한 노사 관계 모범업소로 김기옥 대리가 산업포장을 수훈한 바 있다. 동화는 인원의 채용과 승진 등에 있어서도 남녀 고용법의 시행 이전에 능력을 위주로 한 고용과 공정한 인사 원칙이 확립되어 있으며, 남녀고용평등법의 법 정신을 준수하고 이를 바탕으로 모든 인재 관리가 이루어지고 있다. 또한 동화는 동화 정신처럼 젊어서 열심히 일하고 노후에 잘 살기 위해 공정한 성과 배분과 종업원의 안전과 복리 증진에 진력하고 있다.

(10) 환경 보호

동화약품은 공장 시설이 서울의 중심지인 서울시 중구 순화동에 있을 때나 도심지인 경기도 안양시로 이전(1972년)한 이후 현재까지 환경에 각별한 관심을 갖고 경영활동을 해왔다〈사진 7 공장 전경〉. 이러한 노력의 결과로 1994년에 환경부 지정 환경관리 모범업소로 선정되었고, 2001년에는 경기환경그린대상을 수상하였다.

3. 향후 전망 및 과제

대한제국 원년(1897년) 9월 25일부터 오늘날까지 우리 나라에서 유일하게 한 자리에 동일 상호, 동일 제품으로 105년의 전통을 이어온 놀라운 역사를 지니고 있는 동화약품이 이와 같은 역사를 창출할 수 있었던 것은 지금까지 살펴본 바와 같이 "좋은 약을 만들어 국민에 봉사한다"라는 고귀한 창업 취지와 이를 기업 정신으로 승화시킨 '동화 정신(同和精神)'에서 연유된 것이다.

또한 동화약품은 구한말 대한제국이 쇄국의 문호를 개방하고 외세 문물이 홍수처럼 들어와 변혁과 외침의 격동이 거칠게 출렁이던 시기에, 어떤 난관과 고통이 겹쳐도 좌절 포기하지 않고 희망과 용기 속에서 일관되게 제약의 정의를 동화 정신으로 지켜왔듯이, 21세기의 새로운 변혁기를 맞이하여 동화 정신, 정도(正道)와 원리 원칙(原理原則)의 경영, 신약 개발 전략을 통한 경쟁력 확보로 새로운 파고에 잘 대처하고 있는 것으로 보인다.

인류학자 토인비가 인류의 역사를 '도전과 응전'의 역사로 표현하였듯이, 동화약품에 있어서도 새로운 100년사의 비약적 발전을 위해서는 다음과 같이 새롭게 극복해야 할 과제들이 있는 것으로 사료된다.

(1) 동화 정신을 신세대에게 설득하여 수용되도록 새롭게 다듬는 지혜와 전략

국적과 인종을 초월한 인재 선발 및 양성이 이루어지는 새로운 '세계 경영'의 흐름 속에서 민족 기업의 개념과 정신은 새롭게 해석되어 모두가 수용할 수 있도록 다듬어져야 할 것이다. 이는 동화의 설립 정신과 동화 정신의 변경을 의미하는 것이 아니라, 그 숭고한 의미와 개념을 어떻게 신세대의 조직 구성원과 국내뿐만 아니라 국외의 잠재 고객 집단이 수용할 수 있도록 다듬느냐의 문제이다. 즉, 숭고한 기업의 이념과 가치를 내·외부의 변화 가치관에 맞추어 새롭게 커뮤니케이션하기 위한 지혜의 묘책 마련에 중지를 모아야 하는 노력이 필요한 것으로 사료된다.

(2) 외국의 최우량 제약 기업의 국내 시장 잠식에 대비한 경영 전략 및 인재 확보 전략

다국적 제약 회사의 국내 진출이 심화되면서 외국 기업이 갖고 있는 높은 지명도와 신뢰도로 말미암아 국내 시장이 급격히 잠식되고 있다. 동화약품의 경우에는 신약 개발로 인하여 오히려 국내 및 외국의 신 시장을 새

롭게 개척하고는 있으나, 기존의 시장은 급격한 경쟁에 놓여 있다. 따라서 기존의 시장을 방어하며, 새로운 시장을 개척하는 전략 개발이 시급하다. 또한 국내 제약 회사보다 급여, 근무 조건, 연수 기회가 앞서 있는 다국적 제약 기업으로 몰리고 있는 대다수 국내의 우수 인력을 어떻게 확보하느냐의 문제가 향후 기업 사활의 중요한 과제로 대두될 것으로 보인다. 따라서 우수 졸업생들을 포함한 우수 인력을 확보하기 위한 새로운 인재 확보 및 육성 전략이 시급히 요청된다.

(3) 오랜 역사의 전통적 기업이 갖기 쉬운 약점의 극복과 진취성, 변화 능력의 확보

어터백(Utterback)은 업계를 선도했던 많은 기업의 실증 결과를 통해 업계를 선도하는 기업들이 변화의 위협에 대처하는 방식에 있어서 새로운 변화 위협을 인정하려 들기보다는 기업을 업계 선도로 만들었던 기존 방식을 고집하며, 집착하여 당분간은 전대 미문의 높은 생산성과 성과를 달성하나 종국에는 쇠락의 길을 걷게 된다고 전망하고 있다. 따라서 이를 극복하기 위해서는 기존의 경영 방식과 행동 양식에 대한 부단한 점검을 통한 폐기 학습(Unlearning)의 중요성을 제기한다.

동화약품은 이미 전통적인 기업이 지니기 쉬운 약점을 극복한 역사를 가지고 있다. 그러나 이 극복의 사례가 또 다른 폐기 학습을 방해하는 장애물로 작용할 수도 있다. 따라서 냉철하게 현 좌표를 검증하고, 성찰하며, 새로운 좌표를 설정하는 노력의 필요성이 제기된다. 또한 오랜 역사로 말미암아 파생되고 있는 '보수적 문화'에서 만들어지고 있는 제반 경영 활동에 대한 성찰이 필요할 것으로 사료된다.

이와 같은 변화의 노력이 동화의 기업 정신과 융합되어 새로운 신약 개발 활동과 경영 혁신 활동으로 정착될 때, 동화는 새로운 21세기를 열어가며 인류, 국가, 사회, 국민에 봉사하는 초우량 기업으로 자리매김하게 될 것이다.

주

1) 국내 기업의 경우에도 이와 별반 다를 바 없음을 발견하게 된다. 국내 상장 및 등록 기업 중 창업 50년을 넘긴 기업은 30여 개 사에 불과하며, 이중 몇 개 기업은 그나마 관리 대상으로 미래가 불확실하다. 또한 30년 전의 1백대 기업 중 아직까지 남아 있는 기업은 16개에 불과하며, 10대 기업 중에서는 하나도 남은 것이 없다.

제2장

기업의 주인은 사회라는 이념을 실천한

(주)유한양행

조성도(천안대학교 경영학 교수)

2002년 3월 어느 날, 평소처럼 지하철 대방역 부근은 차와 사람들로 붐비고 있었다. 유한양행 ○○ 이사는 회의를 마치고 사무실에서 창 밖을 보면서 잠시 생각에 잠겼다. 유명 대기업도 아닌 이 회사에 들어와 젊음을 바쳤고 이제는 회사가 곧 자기 인생처럼 되어 버렸다. 많은 젊은이들이 연봉과 미래를 좇아 새로운 직장을 찾아 나서고 있는 세태지만 ○○ 이사는 이 회사에서 일하고 있다는 것이 자랑스럽게만 느껴졌다. 수조원대의 매출을 올리거나 높은 연봉을 주는 기업은 아니지만 무엇보다도 올바르게 커왔다는 것이 자부심을 느끼게 했다. 언제나 좋은 일만 있었던 것은 아니었다. 어려운 때도 있었고 앞으로 해결해야 할 과제들도 있다. 이것이 기업의 자연스런 모습인 것 같았다.

　○○ 이사는 곰곰이 생각해 보았다. '무엇 때문에 작지만 올바른 회사가 될 수 있었을까?' ○○ 이사는 '기업의 주인은 기업을 창업한 개인이 아니라 사회'라는 유한양행의 공유된 가치 때문이라고 생각했다. 기업과 관련된 주주, 종업원, 고객이 주인이라고 여기는 가치였다. 또한 ○○ 이사는 이러한 가치가 가장 잘 나타난 모습이 '전문인 경영 체제'라고 생각했다. 일찍이 전문인 경영 체제를 도입해서 누구나 자기 능력을 발휘할 수 있는 기회를 열어 놓았다. 그리고 이를 바탕으로 안정 가운데서 지속적인 경영 혁신을 실행했고, 이익을 주주, 사회, 종업원에게 돌리는 전통과 시스템이 자연스럽게 형성되었다. ○○ 이사는 앞으로 우리 나라 기업이 관심을 가져야 할 부분은 '한 사람의 기업이 아닌 많은 사람의 기업'이 되는 것이라는 생각이 들었다.

　이런 저런 생각을 하다 보니 한동안 잊고 있었던 과거 일들이 ○○ 이사의 뇌리에 뚜렷하게 떠올랐다.

1. 창업 정신과 사업 현황

(1) 기업 이념과 회사 연혁

유한양행은 독립운동가이자 사회사업가인 유일한 박사가 1926년에 설립한 기업이다. 유한양행이 내세우고 있는 기업 이념은 가장 좋은 상품의 생산, 성실한 납세, 기업 이윤의 사회 환원이다. 유일한 박사는 일제의 혹독한 강압 정치 하에서 압정과 질병에 허덕이던 우리 민족에게 민족 생존과 민족혼 재현을 위해서는 건강이 필요하다고 굳게 믿고 "건강한 국민만이 주권을 되찾을 수 있다"는 신념 아래 의약품 산업을 선택하였다. 유일한 박사는 가장 좋은 상품의 생산을 통해 민족의 질병을 퇴치하여 국민 보건 향상에 기여하고자 하였다.

유한양행의 기업 이념인 '기업이 국가에 대한 책임을 다하겠다'는 말에는 성실한 납세가 포함되어 있다. 유한양행은 모든 기업 활동은 국가를 바탕으로 이루어지는 것이며, 기업 활동을 통하여 이루어지는 부의 축적은 반드시 성실한 납세를 통하여 국가에 되돌려져서 국력의 바탕이 되는 것을 중요시한다.

기업 이윤의 사회 환원은 기업에서 얻어진 이익은 그 기업을 키워 준 사회에 되돌려져야 한다는 '기업의 사회에 대한 책임'을 표현하는 것이다. 이는 기업의 소유주는 사회이고 단지 그 관리만을 기업인이 할 뿐이라는 신념에서 출발하는 것으로, 기업 활동을 통해 얻어진 이윤의 바른 분배에 대한 기업 이념의 표현이다. 유한양행은 창업 이래 기업을 통한 사회 봉사 정신을 바탕으로 성장하고 발전해 왔다. 유한양행이 지금까지 국민 모두에게 사랑받아 온 가장 큰 이유는 바로 "기업이 얻은 이익은 그 기업을 키워 준 사회에 환원해야 한다"는 기본 정신 때문이었다. 창업자 유일한 박사는 자신의 주식의 일부를 연세대학교에 기부하면서 '교육'과 '의료 사업'에만 집중한다는 조건을 제시하기도 하였다.

하지만 유한양행이 '올바른 기업'이 된 것은 이런 문구 덕분이 아니라 기업 이념을 실천했기 때문이다. 창업자 유일한 박사가 제시한 '유한양행의 정신과 신조'를 보면 유한양행의 기업 이념을 보다 잘 이해할 수 있다.

우리는 힘을 다하여 가장 좋은 상품을 만들어 국가와 동포에게 도움을 주자.

그렇게 하기 위하여

첫째, 경제 수준을 높이며

둘째, 한결같이 진실하게 일하고

셋째, 각자와 나라에 도움이 되도록 하자.

그러므로 각 책임인들은

항상 참신한 계획과 능동적인 활동으로

정직하고 성실하게 일하자.

유한양행의 회사 연혁을 요약하면 〈표 1〉과 같다. 유한양행의 역사는 크게 수난기, 재건기, 발전기로 나눌 수 있다. 수난기는 1953년 한국전쟁이 끝날 때까지의 시기이다. 창업 초기에 이룩해 놓은 사업적 기반들이 전쟁의 소용돌이 속에 대부분 파괴되었다. 유한양행의 사업도 축소될 수밖에 없었다.

하지만 한국전쟁이 끝난 후 50년대에 본격적인 재건 작업에 나섰다. 파괴되었던 생산공장을 다시 건설하고 자금을 확보해서 판매망도 구축했다. 이를 바탕으로 1960년대부터는 본격적으로 발전하기 시작했다. 현대기업의 모습을 갖춘 시기였다. 1962년에 제약 업계 최초로 기업 공개를

\<표 1\> 유한양행 회사 연혁

1926년	12월 10일 유일한 박사가 현 서울 종로2가 덕원빌딩에 사무실을 설치하고 의약품 수출입업 및 판매업으로 유한양행 창립
1936년	06월 20일 법인체인 주식회사로 변경(자본금 50만 원)하고 경기도 소사에 공장 건립
1938년	LA에 출장소 설치
1939년	중국 천진에 사무소 설치, 만주 봉천에 출장소 설치
1941년	유한무역공사 설립
1942년	본사를 소사 공장으로 이전
1962년	본사 대방동 사옥 준공, 주식 상장
1969년	영등포 공장 준공, 조권순 사장 전문인 경영인 체제 출범
1970년	유한킴벌리 주식회사 설립
1971년	유일한 박사 영면, 국민훈장 무궁화장 추서, 대통령 표창장
1973년	항결핵제 '리팜핀' 원료합성
1977년	주식회사 유한코락스 설립
1980년	KIST와 합작 투자로 유한화학공업 주식회사 설립
1982년	유한 스미스클라인 설립, 유한에스피 설립, 유한사이나미드 주식회사 설립, 경북지점 사옥 준공
1983년	은탑산업훈장 수훈, 주식회사 한국 얀센 설립
1984년	중앙연구소 준공
1985년	국내 최초로 KGMP(보사부의 우수 의약품 제조 관리 기준) 적격업체로 지정
1987년	유한화학공업 주식회사를 계열화 함
1988년	국내 제약 업계 최초로 중앙연구소가 KGLP 적격 시험 기관으로 지정 '유한 스미스클라인'을 계열화하여 '유경메디카'로 상호를 변경
1992년	고 유일한 박사 제 1회 참경영인상 수상(중앙대), 벨기에 왕실로부터 훈장 수훈
1993년	인도 GTBL사 설립
1995년	'주식회사 유한씨앤티' 설립
1996년	'큐후드 주식회사' 경영 참여 '주식회사 유한큐후드' 설립, 중앙연구소 제 2연구동 준공
1997년	본사 신사옥 준공, 부산 지점 사옥 준공, 국내 제약업체 최초로 KGSP 적격업소 지정
1998년	최우수 공시법인 선정(증권거래소) '유경메디카'가 '유한큐후드'를 흡수 합병하여 '주식회사 유한메디카' 설립, 세계 최초로 자체 개발한 '면역 억제제 고형 분사 기술'을 미국의 '쉐링푸라우' 사에 기술 수출
2000년	위궤양 치료 신약 YH1885 그락소 스미스클라인사에 기술 수출

통해 주식을 상장하고 의약품 사업에 주력하면서도 사업 다각화를 시도했다. 자동차 판매 사업, 수산업, 치약, 화장품 사업도 추진하였다. 하지만 미국의 제지회사인 킴벌리 클라크사와 합작으로 설립한 유한킴벌리 외에 뚜렷한 결과를 얻은 사업이 없었다. 이유는 여러 가지가 있었지만 유한양행은 시행착오를 통해 귀중한 교훈을 배웠다.

1969년에는 창업자 유일한 박사가 실질적인 경영권을 조권순 전무에게 넘겨 주고 물러나는 결단을 함으로써 2세 경영 체제가 아닌 전문인 경영 체제가 출범했다. 현재도 쉽게 볼 수 없는 실질적인 전문인 경영 체제를 시도한 것이었다. 1971년 이후에는 유한양행의 대주주는 유한재단, 유한학원, 연세대학교 등으로 분산되어 특정 개인에 의해 기업 의사 결정이 좌우되는 경영 형태와 다른 소유, 경영의 분리가 확실하게 자리잡게 되었다.

전문인 경영 체제 가운데서도 창업 이념은 변하지 않고 지속되었다. 지속적인 기술 개발을 통한 우수 의약품의 개발, 다양한 사회 봉사 활동을 실천하였다. 국내 다른 기업들처럼 IMF 시기에 어려움을 겪기도 하였지만 국내 12월 결산 법인으로는 최초로 스톡옵션 제도를 실시하는 등 새로운 경영 기법을 도입하였다. 이러한 기업 이념의 실천은 국내외에서도 인정을 받아 올바른 기업으로 인식되게 되었다.

(2) 사업 현황

유한양행의 사업 영역은 크게 약품 사업 부문, 유통 사업 부문, 해외 사업 부문, 연구 개발 부문으로 나눌 수 있다. 그밖에 작은 사업들이 있다.

약품 사업 부문은 의약 분업, 의보 약가 제도 변화, 표준 소매가 제도 폐지 등 외부 환경 변화가 크지만 고객 만족을 위해 노력하면서 환경 변화에

〈사진 1〉 유한양행은 신생아 호흡곤란증후군 치료제인 뉴팩탄의 개발로 2000년 지식경영대상 최우수상을 수상하였다. 이 제품은 1993년 산학협동연구의 과제로 개발에 착수한 이후, 과학기술부의 중간핵심기술개발 과제로 선정되어 연구 및 임상 결과, 1998년 출품된 지식집적 의약품으로 국내 최초 독자기술로 개발됐으며, 수입약품에 의존하던 치료제를 국산화함으로써 국민 의료 비용 절감 및 수입 대체 효과를 가져왔다.

대처해 나가고 있다. 콘택600, 삐콤씨, 코푸시럽, 안티푸라민, 쎄레스톤지 등 전통적인 품목의 안정 기반과 알마겔, 세파클러, 암비송 등의 대형화를 통해 성장과 부가 가치를 높여 나가며, 메로펜, 귀보액, 동충하초, Z-CID, 안티푸라민 S로션, 그랑페롤 후속품 등 그 어느 때보다도 많은 신제품을 출품하여 21세기 사업 기반을 대폭 확충해 나가려고 하고 있다.

생활용품 부문은 유한락스, 다이알 비누 등 기존 품목의 인지도를 더욱 강화하여 시장 점유율을 확대해 나가고 있다. 효율적인 조직 운영을 통하여 부가 가치를 높이고, 적극적인 신제품 출시를 통하여 제품력을 보강하고 있다. 식품 사업 부문도 기존 제품 경쟁력 강화에 주력하고 있다.

해외 사업 부문은 유한화학의 시화합성공장 완공으로 최상의 품질과 원료 의약품 생산 능력을 갖추고 적기 출품, 해외 마케팅의 강화, 시장 다변화를 통하여 경쟁력을 높이려고 노력하고 있다.

연구 개발 부문은 '21세기 신약 개발 능력을 갖춘 업계 최우량 기업'이되기 위해 R&D 투자에 대해서는 지속적으로 과감히 투자할 계획이며, 시화합성공장과 파일럿(Pilot) 원료 합성 설비를 통하여 기술의 상업화를 촉진하고, 상품화의 가능성을 더욱 높여 주고 있는 YH439(간장 질환 치료제), YH1885(항궤양제)는 현재 세계적인 제약사들의 기대와 관심 속에 임상 실험이 순조롭게 진행되고 있다. 특히 1998년에는 국내에서 개발한 면역 억제제를 미국 다국적 제약 회사와 기술 수출 계약을 체결했다.

이밖에 유한양행은 유한 킴벌리, 유한 크로락스, 유한 화학공업(주), 한국 와이어스(주), (주)한국 얀센, 유한 씨앤티, 쉐링푸라우 코리아(주), 유한 메디카와 같은 관련 회사들이 있다.

이와 같은 사업 영역을 통한 최근 사업 실적을 요약하면 〈표 2〉와 같다. 〈표 2〉에서 보는 바와 같이 부채 비율은 54.1%이며 매출액은 약 2,500억원으로 업계 2위이다.

<표 2> 최근 3개년 경영 실적

(단위: 백만 원)

구 분	1999년	2000년	2001년
Ⅰ. 자산 사항			
1. 부채	223,143	214,661	198,669
2. 자기 자본	284,975	323,483	366,950
3. 자산 총계	508,118	538,144	565,619
부채 비율	78.30%	66.4%	54.1%
Ⅱ. 손익 사항			
1. 매출액	188,452	220,495	258,996
2. 영업 이익	25,207	34,191	41,694

자료원 : 유한양행 내부 자료

2. 사회가 주인이라는 이념을 실천한 전문인 경영 체제와 성과

유한양행은 대기업이 아닌 중견 기업이지만 기업의 주인은 사회라는 이념을 실천하기 위해 노력해 왔다. 이것의 가장 밑바탕이 되었던 것은 전문인 경영 체제의 도입이었다. 도입 과정에서 장애물과 시행착오도 있었지만 국내에서 가장 바람직한 사례 중의 하나로 꼽히고 있다. 이러한 전문인 경영 체제가 있었기 때문에 과감한 경영 혁신을 실행하고 종업원 만족을 통한 건전한 노사 문화를 정착시킬 수 있었다.

(1) 2세 상속이 아닌 전문 경영인 체제와 지속적인 기업 이념 실천

유한양행은 기업을 사회적 존재로 보고 기업에게는 자본주의의 건전한 발전을 위하여 국민으로부터 사랑과 존경을 받고 국가 발전에 공헌하여야 하는 사회적 의무가 있다고 강조해 왔다. 유한양행의 기업 이념은 그 자체가 경제 정의의 실현을 위한 것이라고 할 수 있으며, 이러한 경영 이념 실현을 위하여 지속적인 노력을 경주해 오고 있다.

하지만 유한양행이 전문인 경영 체제를 갖추는 과정은 그렇게 평탄하지만은 않았다. 유한양행도 소위 2세 경영 수업의 시기가 있었다. 창업자 유일한 박사는 기업은 개인이나 혈족의 소유물이 아니라는 믿음을 가지고 있었지만 혈족이 경영에 전혀 관여하지 않은 것은 아니었다.

유일한 박사의 아들인 유일선 씨가 유한양행에서 부사장으로 3년간 경영 일선에 나선 적이 있었다. 1966년에 유한양행의 임원들이 후계 구도를 위해 미국에 있는 유일선 씨를 경영에 참여시켜야 한다고 주장해서 유일선 씨가 부사장에 취임하게 되었다. 하지만 미국식 교육을 받은 유일선 씨는 기업 경영의 효율성, 합리성, 생산성만을 중요시했고, 유한양행의 기업 이념의 바탕이 되는 국가관에서는 아버지와 차이가 있었다. 유일한 박사는 1969년에 부사장인 아들을 해임하고 공식적인 경영권을 조권순 전무에게 넘기는 결단을 내렸다. 자신은 경영 일선에서 물러났다. 이전에도 전문 경영인 사장을 둔 적이 있었지만 그것은 유일한 박사가 경영권과 소유권을 가진 상태에서 일시적으로 경영을 위임하는 형태에 불과했다. 결국 유한양행의 전문 경영 체제는 내부의 갈등, 시행착오 가운데서도 창업자의 결단에 의해 구축되었다.

<표 3> 유한양행 5% 이상 주주의 주식 소유 현황

순 위	성명(명칭)	종 류	주식수	지분율(%)
최대 주주	유한재단	보통주	1,055,494	16.9
		우선주	105	
		소 계	1,055,599	
5% 이상 주주	유한학원	보통주	519,075	8.3
		우선주	0	
		소 계	519,075	
합 계		보통주	1,574,569	25.2
		우선주	105	
		소 계	1,574,674	

자료원 : 유한양행 2001년도 사업 보고서

또한 유일한 박사는 유언장에서 사후 재산 기증에 대한 내용을 상세하게 제시하였는데 아들인 유일선 씨에게는 어떤 재산도 상속시키지 않았다. 대학까지 공부시켜 주었으므로 스스로 자립하라는 취지였다. 딸인 유재라 여사는 유일한 박사 사후에도 일정한 주식을 보유하고 있었지만, 여사 역시 세상을 떠나면서 모든 주식을 가족이 아닌 공공재단에 기부하였다.

〈사진 2〉 군포공장에 소재하고 있는 중앙연구소의 신약연구센터에서는 1980년대 중반부터 신약 탐색을 시작하여 사회적으로 의학적 요구도가 높은 분야인 만성 질환, 난치성 질환에 사용할 예방 및 치료제를 중점적으로 연구 개발하고 있다.

유한양행의 모범적인 전문 경영인 체제의 구축 및 유지는 유한양행이 지금까지 업계 선도의 우량 기업으로 지속적 발전을 할 수 있었던 밑거름이었다. 유한양행은 창업자와 아무런 혈연 관계가 없는 공채 출신 전문 경영인들이 경영진을 구성하여 유한인 누구라도 최고 경영자가 될 수 있으며, 소유 경영에서 흔히 나타나는 독선과 비합리적 경영을 배제하고 합리적 경영을 추구하였다. 오너가 아닌 전문 경영인이 회사의 경영을 책임지고 있는 유한양행은 경영자에게 소신껏 일할 수 있노록 임기를 보장하되 경영권의 원활한 교체를 통한 조직의 신진 대사를 촉진하기 위해 임기를 제한하고 있는데 임원은 3년 임기의 각 직급에서 한 번에 한하여 중임할 수 있도록 되어 있다.

유한양행의 전문 경영인들은 임원들이 참석하는 매주 화요일 오전 7시 30분 운영위원회에서 토론하여 일상적인 경영 사항을 결정한다. 매주 목요일 오전 8시에는 각 본부장들이 최고 경영자와 회의를 하고 현안을 보고한다. 그리고 매 분기 1회 이상 사외 이사(2명)가 참여하는 이사회를 개최하여 중요 사항을 심의, 의결하며 각 분기별로 실적에 대해서는 주요 주주에게도 보고하고 있다. 그리고 매월 첫째 주 화요일 오전 7시 30분에는 임원과 부서장이 참여하는 확대 간부 회의를 개최하여 각 부서의 업무를 보고하고 사장으로부터 경영 지침을 받고 종업원 등에게도 분기별 실적을 발표하여 회사의 경영 사항을 알리고 있다. 유한양행은 경영의 투명성 제고를 위한 공개 경영을 원칙으로 하고 있다.

하지만 유한양행의 경영 체제는 책임감을 결여시켜서 과거 공기업처럼 주인이 없는 방만한 경영을 하기 쉽다고 비판하는 이들도 있다. 그러나 유한양행의 경영 성과는 제약 업계 내에서도 우수하다. 〈표 4〉에서 보는 바와 같이 최근 5년간 유한양행 실적은 업계 내에서 앞서가고 있다. 매출액과 같은 양적인 성장률은 두드러지지 않지만 안정성과 수익성을 위주로 한 성과는 타 회사들보다 높다는 것을 알 수 있다.

그리고 유한양행은 전문인 경영 체제 가운데서도 초기 기업 이념을 실천하기 위해 노력하고 있다. 하지만 시장 환경의 유혹을 받기도 하였다. 제약 업계에서는 박카스와 같은 드링크 제품이 매출에 큰 기여를 하고 있다. 한때는 제약 회사를 먹여 살린다는 말이 나올 정도였다. 그러나 유한양행의 경영진이 볼 때는 드링크는 국민의 건강을 증진시키는 우수한 약품은 아니었다. 하지만 시장의 유혹을 뿌리치기는 쉽지 않았다. 그래서 1980년대에 '맥생'이라는 드링크로 시장에 진출하기도 하였다. 그러나 지금은 드링크 제품에 대해 적극적인 자세를 취하지 않고 순수 의약품에 집중하는 방침을 취하고 있다. 유한양행 경영진들이 냉혹한 경영 현실 가운데서 기업 이념을 지키는 것은 쉬운 일만은 아니었다.

<표 4> 유한양행 주요 경영 성과 지표 : ( )는 업계 평균

(단위: %)

구 분 \ 연 도	1997년	1998년	1999년	2000년	2001년
매출액 순이익률	2.6(3.4)	7.7(2.3)	17.5(3.3)	15.2(4.0)	15.6(5.3)
총자산 순이익률	1.4(2.4)	3.89(1.6)	7.1(2.1)	6.4(2.7)	7.3(4.1)
순이익 증가율	9.0(29)	194.9(-20.8)	113.1(50.8)	1.4(37.1)	20.9(49)
매출액 증가율	7.8(13.1)	-1.2(17.7)	-6.0(4.9)	17(14.4)	17.5(12.1)
부채 비율	93(215)	114.5(170.1)	78(156.7)	66.4(143.5)	54.1(130.4)

자료원 : 유한양행 기획실 내부 자료

또 다른 예로 방문 판매를 들 수 있다. 제약 업계의 많은 회사들이 방문 판매를 통해 소비자들을 적극적으로 설득하는 촉진 전략을 구사하고 있다. 하지만 유한양행은 전통적인 약국 판매만을 고수하고 있다. 왜냐하면, 방문 판매를 할 경우에는 판매 성과를 위해 지급할 비용을 소비자들이 감당하기 때문이다. 유한양행의 경영진들은 방문 판매가 기업 이념과 배치된다고 생각했다. 그러나 눈앞에 보이는 이익을 놓치고 있다는 회사 내의 의견도 있었다. 하지만 지금은 방문 판매를 통한 과장된 광고가 도리어 유한양행의 이미지를 실추시켜 장기적으로는 이익에 손해를 줄 것이라는 결론을 내렸다. 유한양행은 쉽게 이익을 얻을 수 있는 상황에서 기업 이념을 지키기 위해 이 같은 갈등을 겪었다.

그리고 유한양행의 전문 경영인은 스스로 많은 의사 결정을 하기보다는 회사 내외 회의체들을 주관하여 조정하는 역할을 하고 있기 때문에 의사 결정이 느리고 책임 소재가 불분명하다는 비판도 있다. 하지만 유한양행의 이사회와 경영진은 이와 같은 시스템이 신중하고도 합리적인 의사 결정을 할 수 있는 힘이 된다고 생각하고 있다. 초기 기업 이념을 가장 중요시하고 있는 것이다.

유한양행의 전문 경영인은 창업자 유일한 박사의 창업 이념을 계승하고 발전시켜 기업의 사회적 책무를 다하는 등 기업 이윤의 사회 환원을 위해 노력하고 있다. 특히 회사의 대주주가 사외 공익 재단(32%: 유한재단, 유한학원, 연세대학교, 보건장학회, 서울대학교 등)인 점을 감안하여 IMF 등 어려운 경영 여건 하에서도 매년 지속적인 고 배당 정책(2000년 20%)을 실시하였다.

(2) 유한양행의 경영 혁신

오너에 의한 기업 경영을 옹호하는 사람들 중에는 '주인이 없는 회사는 경영 혁신이 더디고 효율적이지 못하다' 라고 이야기하는 이들이 있다. 하지만 유한양행은 1969년 순수 전문인 경영 체제가 확립된 이후 꾸준한 성장을 계속해 왔다. 〈표 5〉의 1972년부터 1992년까지의 매출액 순이익률을 보면 잘 알 수 있다.

1997년 말 우리 나라는 방만한 국가 운영의 결과로 IMF 경제 관리 시대에 들어서게 되었다. 이후 수많은 기업 도산, 실업자 증가, 국민 불안 증가, 정치적 불안, 노사 갈등 등 총체적인 난국의 시대를 맞이하여 기업은 그 어느 때보다 적극적인 혁신과 구조 조정을 필요로 하게 되었다.

유한양행은 이러한 상황이 도래하기 이전부터 건전한 전문인 경영 체제를 바탕으로 안정 성장을 도모하였고, 1998년 10월 청와대가 선정한 기업 구조 조정 우수 기업 13개 회사에 포함되기도 하였다.

유한양행의 경영 혁신 과정은 1992년도 의식 개혁으로부터 시작된 'RUN(Realize Users Needs : 고객 만족 실현) 2000 새 유한 건설' 이라는 경영 혁신 운동으로부터 비롯된다. 유한양행은 이 운동을 시작으로 종업원 능력 개발, 사업부제 및 신인사 제도 도입, 공장 자동화 확대, 신약

<표 5> 1972~1992년 유한양행 매출액 순이익률

구분 연도	매출액 순이익률(%)		
	유한양행	제약업계 평균	제조업 평균
1972	19.4	12	3.9
1974	18.3	12.8	4.8
1976	11.9	7.2	2.7
1978	9	6.1	2.3
1980	7	5.2	−1.3
1982	6.3	4.2	−0.02
1984	4.6	3.5	1.1
1986	2.3	2.9	1.8
1988	4.1	2.6	2.1
1990	4.4	4.0	1.4
1991	3.7	3.6	1.6
1992	2.9	2.5	1.1

자료원 : '유일한' 유한양행, p. 385, 1995

개발 노력 강화, 고객 만족 경영, 주주 가치의 확대 노력, 21세기 유한양행의 비전과 발전 전략 수립, 생산성 향상 등 유한양행의 경영에 많은 변화를 일으키면서 기업 체질을 강화하고 경쟁력을 높여 왔다.

1998년 IMF 이후 유한양행은 보다 실천적인 경영 혁신 활동을 토대로 한 구조 조정을 위하여 'New Action 운동'을 전사적으로 전개해 나가고 있다.

유한양행은 1997년 말 부채 비율이 120% 수준이었는데, IMF 관리 체제 이후 외화 확보가 국가적 최대 당면 과제로 부각되었을 때에 국가 경제의 회생에 기여한다는 차원에서 외화 유치를 적극 추진하였다.

이런 방침에 따라 1998년 6월에 국내 합작사로서 가장 성공적인 우량 기업으로 성장한 유한 킴벌리의 소유 주식 40% 중 10%를 미국 킴벌리 클라크(Kimberly Clark)사에 매각함으로써 약 3,200만 달러의 외화 유치에 성공하였다. 이를 통해 매출 채권 회전이 둔한 제약 업계의 어려운 환경과 시중 자금 경색 하에서도 경영의 안정성을 유지할 수 있었고, 신약 개발 등 장기 전략적 투자 자금으로 활용할 수 있는 여유를 가질 수 있었다.

특히 조직 구조의 비효율성을 극복하고 역동적인 조직 설계를 위하여 1998년 초 일반 관리 부문의 부서 통폐합과 군포 공장의 합성 공장을 자회사인 유한화학에 통합하여 공통 비용을 대폭 줄였으며, 영업 부문의 지역별 부서 조직을 기능 중심으로 개편하였고 공장 자동화 확대와 인력 정예화를 통해 인력 운용의 효율성을 높여 왔다. 그리고 핵심 역량 강화를 위해 고부가 가치 분야인 의약품 사업을 강화하기로 하고 의약품의 신제품 개발과 마케팅에 경영력을 집중하는 한편, 미래의 도약을 위해 신약 개발에 과감히 투자를 확대하여 왔다. 반면에 1998년에 경쟁력이 낮았던 화장품 사업을 정리하였고, 식품 사업의 구조 개선을 위하여 유한 큐후드를 유한 메디카에 흡수, 통합하여 식음료 사업을 정리했다. 2000년에는 건식 사업 부문과 약국 채널을 통해서 영업 활동을 하고 있다. 그리고 정보통신 사업의 유한C&T를 자회사 유한 메디카에 흡수, 통합하였다.

최근 대내외 기업 환경은 점차 불규칙적이며, 과거와는 달리 단속적이고 매우 빠른 속도로 진행되고 있다. 기업은 이러한 여건을 헤쳐 나가기 위해 매우 복잡한 추론이나 상호 연관성 그리고 고도의 분석 등을 통해 개인의 능력을 조직화 · 체계화시켜 시너지 효과를 내도록 해야 하는 상황이다. 고비용, 저효율성을 극복하고 조직과 구성원의 공동 목표를 달성하기 위한 새로운 마인드 운동 전개의 필요성을 강조한 유한양행은 지식 경영 개념을 도입, 학습 조직을 지원할 수 있는 인프라의 형성을 위해 사내 정보운용 체계를 통합하고 1996년부터 그룹웨어를 도입하였다. 이를 통해 직원들이 업무 수행 과정상의 전자 결재 및 여러 교육 과정에서 획득한 지식이나 경험을 그룹웨어에 입력하여 정보를 공유하고 반복적이고 정형화된 업무를 불필요한 시간과 인력의 낭비 없이 처리함으로써 업무 스피드를 제고시켰다.

(3) 건전한 노사 관계 정착 사례

창업 76년 동안 노사 분규가 한 번도 없었다는 사실이 말해 주듯이 유한양행은 대화와 존중을 통한 노사 화합의 문화가 정착되어 있다. 이러한 전통은 창업자인 고 유일한 박사의 종업원에 대한 애정과 복지 후생을 통한 남다른 노력의 결과이며, 또한 그 이후에도 공채 출신 전문 경영자들의 노사 공동체 정신이 오늘날의 노사 화합의 전통을 계승할 수 있는 바탕이 되었다.

<그림 1> 건전한 전문인 경영 체제를 중심으로 한 경영 활동

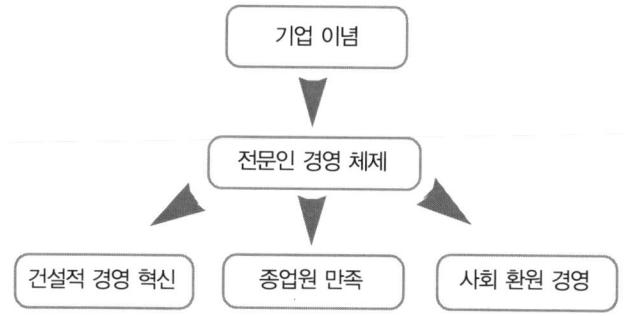

〈사진 3〉 유한은 매년 최고 경영자와 간부 사원 그리고 노조 대표가 참여하는 노사합동연수회를 개최하고 있다. 이는 창업 이래 노사 분규가 한 번도 없었다는 사실이 말해 주듯 대화와 존중을 통한 노사 화합의 문화 정착의 주요 수단이 되고 있다.

  전문 경영인 체제인 유한양행에서는 노사 관계란 말 대신 노노(勞勞) 관계란 말을 사용하고 있다. 유한양행은 노사 화합을 위해 매년 정기적인 노사 협의회를 개최하여 중요한 경영상의 문제를 협의하고 있다. 그리고 매년 최고 경영자와 간부 사원, 노조 대표가 참여하는 노사합동 연수회를 개최하여 상호 이해의 폭을 넓혀 왔고, 노사간의 대화를 통해 친밀감과 일체감을 가질 수 있도록 하고 있다. 또한 사업 계획 심의에 과장급 이상 직원과 노조 간부를 참여시킴으로써 경영 목표에 대한 적극적인 이해와 함께 경영 참여를 통한 소속감을 높여 주고 있으며 경영상의 문제 해결에 지혜를 함께 모아 왔다.

  각 부서의 3~4년차 사원들과 연간 6회의 사원 운영 위원회를 개최하여 하위 직급자들의 애로점과 참신한 아이디어를 복지와 경영에 반영하여 전 사원이 함께 노력하는 기업 문화를 만들기 위해 노력하고 있다. 이 외에도 제안 제도, 신문고 제도(사원들이 그룹웨어를 통해 사장에게 직접

건의하고 대화하는 제도) 등을 통하여 종업원 개개인의 의견이 기업 경영에 반영되고 개인의 자아 실현도 가능한 참여 경영 문화를 만들어 왔다.

특히 유한양행은 종업원의 사기 진작을 위해 우리 나라 기업들의 경영 패러다임을 근본적으로 바꾸어 놓으면서 기업의 사회적 책임과 투명 경영을 어느 때보다 강력히 요구하고, 기업을 둘러싼 주주, 종업원 등 이해 관계자에 대한 가치 경영에 중점을 두게 했던 IMF 관리 체제 하에서도 12월 상장 법인으로는 처음으로 스톡옵션 제도를 도입하여 장기적인 인센티브를 제공하고, 종업원의 주인 의식을 고취시켰다. 스톡옵션은 2001년부터 행사되기 시작했는데, 종업원 1인당 평균 1000~1500만 원의 수익을 올렸다. 유한양행은 향후에도 계속 종업원들에게 스톡옵션을 지급할 계획이다. 이러한 노사간 대화의 경영과 종업원의 복지 향상을 위한 경영진의 노력 등을 통해 유한양행은 노사 화합의 밑거름을 쌓아 왔다.

3. 유한양행의 당면 과제

유한양행은 지금까지 급변하는 경영 환경 속에서도 창업 초기의 경영 이념을 계승하고, 성공적인 전문 경영인 체제로 노사 화합을 이루며 비교적 탄탄한 대로를 걸어왔다. 그러나 앞으로 도래할 경영 환경에 대처하기 위하여 해결할 몇 가지 과제를 안고 있다.

(1) 전문인 경영 체제의 보완

지금까지 유한양행은 초창기의 기업 이념을 유지하고 실천하려고 노력해 왔다. 하지만 그 과정에서 현실과 갈등을 겪기도 했고 앞으로도 이런 문제에 부딪힐 것으로 예상된다. 기업이 사회에 기여하기 위해서는 먼저 생존할 수 있어야 한다. 기업이 이윤을 창출하지 못한다면 가장 기본적인 책무를 하지 못하는 것이 때문이다. 물론 유한양행은 수익 측면에서도 좋은 성과를 거둬 왔다. 하지만 앞으로 성장하는 과정에서 기업 이념과 경영 현실의 상충을 계속 경험하게 될 것이다.

또한 전문인 경영 체제를 구축하는 과정에서 많은 의사 결정이 다양한 위원회를 통해서 이루어져 왔다. 중요 현안에 대해 경영진들이 결재하지만 의사 결정 과정에서 여러 사람들이 참여하는 집단 의사 결정이 많은 편이다. 따라서 사내에서는 급박하게 변하는 경영 현실에서 의사 결정이 느려질 수 있다는 우려의 목소리도 있다. 반대로 다양한 사람들이 참여함으로써 합리적이고 건전한 의사 결정을 할 수 있다고 주장하는 사람들도 있다. 유한양행은 현 전문인 경영 체제의 강점을 살리고 부족한 점을 지속적으로 보완해야 할 것이다.

(2) 경영 현실과 사람 중시 경영의 조화

그 동안 유한양행은 사람 중시 경영을 해왔기 때문에 노사간에 분규 없이 원만한 관계를 유지해 왔다. 하지만 IMF와 같은 외부 환경 때문에 사업을 정리했고, 그 과정에서 일부 종업원들이 회사를 떠나야 하는 상황이 발생하기도 했다. 이 과정에서 강제적인 압력은 없었지만 사람 중심의 경영 이념을 실천하려는 유한양행도 냉혹한 경영 현실을 인정해야 했다.

유한양행은 기본적으로 외부 영입이 아닌 내부 승진 원칙에 따라 최고 경영자를 선임하기 때문에 종업원들을 존중하고 성취 욕구를 고양하고

〈사진 4〉 인재 양성 프로그램인 전국청소년글짓기대회

있다. 또한 직급 정년제를 실시하고 있기 때문에 종업원들은 일정한 기한 내에 다음 직급으로 승진해야 한다.

　이와 같이 유한양행은 사람을 중시하는 기업 이념을 유지하면서도 건전한 내부 경쟁을 유도하고 외부 환경 변화에 적응해야 하는 과제를 안고 있다. 일본도 경제 불황 때문에 종신 고용제 원칙을 포기해야 했다. 유한양행도 앞으로 치열한 경쟁 환경에서 살아 남으면서도 종업원을 중시하는 기업 이념을 균형 있게 실천해야 하는 숙세를 안고 있다.

(3) 성장을 위한 거대 품목의 육성

　지금까지 유한양행은 수익 구조면에서는 안정적인 기반을 구축해 왔다. 하지만 앞으로는 매출액 증대를 통한 성장을 해야 하는 상황이다. 지금까지 국내 제약 회사들은 크게 차별화 되지 않은 약품을 비슷한 구색으로 판매해 왔다. 그러나 현재는 외국 제약 회사들이 국내에 진출하여 신약을 판매하는 등 경쟁이 치열해지고 있기 때문에 거대 품목을 중심으로 제품 경쟁력을 강화해야 하는 상황이다.

유한양행은 개인이 아닌 사회가 주인인 회사로서 지속적인 성장을 달성해야 하는 사명을 가지고 있다.

제3장

종업원·고객과 더불어 공동 운명체를 생각하는 기업

대덕전자(주)

노부호(서강대학교 경영학 교수)
전병화(경제정의연구소 기업연구실장)

대덕전자 주식회사는 지역에서 이름난 중견 모범 기업으로 잘 알려져 있다. 안산에 본사와 공장을 둔 대덕전자는 그 지역에서 '이 회사라면 칭찬할 만한 회사'로 고개를 끄덕이듯 지역 공동체를 생각하고 나눔의 문화를 실천하며 고객 가치 창조를 꿈꾸는 존경할 만한 기업이다.

　　경제정의기업상의 경우, 제3회부터 중형 규모 부문 최우수 기업으로 급부상하면서 지난 10년 동안 두 번(5회와 9회) 경제정의기업상 대상(大賞)을 차지하기도 했다. 그 이면에는 세계 급속한 PCB 시장의 변화에 부응하여 기술 개발과 더불어 종업원 각 개인의 행복과 충실한 삶이 일치하는 공동 운명체 이념과 사회에 대한 관심 및 고객 지향의 경영을 이념으로 인화 단결과 창의 실천, 책임 완수의 사훈을 꾸준하게 실천하였기 때문에 얻은 금자탑이라고 말할 수 있다.

　　2002년 30돌을 맞이한 산업용 인쇄 회로기판(PCB) 산업을 일구어 낸 김정식 회장의 창업 정신과 역경들, 회사의 열린 경영과 노사 화합 및 사회 봉사를 통한 나눔의 실천들이 이를 말해주고 있다. 이는 외길을 달려오면서 수많은 어려움과 시련을 기업의 사회적 책임과 사명을 다하기 위한 불굴의 의지와 지혜로 극복한 것이다. 사회 복지를 위한 이웃 사랑과 사회 복지 재단의 지원 등 작은 실천에서부터 세계 시장에 맞서기 위해 고객 요구에 항상 대응할 수 있는 경쟁력 있는 기술 상품 개발과 품질로 고객에 다가가는 정신에 이르기까지 더욱 경쟁력을 갖춘 경영 모범 기업으로 발돋움하고 있다.

1. 대덕전자(주)가 걸어온 길

안산에 자리잡고 있는 인쇄회로기판(PCB) 산업[1]의 대표 주자인 대덕전자의 경영 현장은 아담함과 검소함을 느끼게 한다. 특히 나란히 위치하고 있는 현(現) 김정식 회장과 김성기 사장 집무실을 들어서면 더욱 그러함을 풍긴다. 일하는 책상과 의자는 오래된 일터의 향취와 역사를 말해 주며, 일을 위해 집중하기에 알맞은 크기는 더욱 친근감을 더해 준다. 다음은 김정식 회장이 회사를 창업하게 된 동기를 잘 보여 주고 있다.

내가 PCB 사업을 시작하기로 결정한 것은 정말 우연한 기회에서 비롯되었다. 1963년 당시 철강 도매업에 손을 대고 있었던 나는 우연히 은사인 오현위 박사님을 만나 뵙게 되었는데 그 자리에서 오 박사님께서는 "학교에서 배운 전공은 어디다 내버려 두고 철강 도매업을 하고 있느냐?"고 꾸지람을 하시면서 "이제라도 늦지 않았으니 전공을 살리도록 해 보라"고 권유를 했다. 나는 주위 친구들과 여러 번 만나 이에 대해 상의하기도 하고, 국내 산업을 조사해 보는 등 심사숙고 끝에 권유를 받아들이기로 결정하였다.

결국 통신 장교 출신 몇 사람을 모아 삼성전기제작소라는 간판 아래 산업용 통신기 제작 사업에 뛰어들었다. 서울공대 통신과를 졸업해 1956년 공군 통신 장교로 제대할 때까지만 해도 국내에서 전자 산업이란 그 싹을 찾아볼 수 없었다. 그래서 나는 철강 도매업에 몸을 담았는데, 막상 기반도 어느 정도 잡히고 벌이가 비교적 손쉬운 철강 도매업을 그만두고 통신기 제작 사업에 뛰어든다는 결정은 정말 쉬운 일이 아니었다. 1957년부터 6년 동안 철강 도매업을 해오면서 쌓은 사업 경험이 큰 힘이 돼 비록 소규모로 시작했지만 통신 사업은 날로 번창했다.

위의 글처럼 김정식 회장의 초기 결단이 계기가 되어 대덕전자 주식회사는 탄생하게 되었다. 대덕전자가 그 걸어온 길은 다음과 같다.

1) 사업의 초석을 다진 60년대

PCB 사업을 하기 이전에 '대영전자'라는 통신 기기 사업을 하였고, 1960년대 중반에 통신 기기의 자체 생산을 강화하기 위하여 핵심 부품인 PCB를 구입하려고 동분서주하였으나 국내의 PCB의 설계 및 제작 수준이 열악함을 깨닫고 비로소 PCB 사업에 관심을 두기 시작했다. 특히 1969년 11월 한국정밀기기센터(FIC)가 마련한 전자공업조사단의 일원으로 미국과 유럽 지역을 순회하면서 PCB 사업에 대한 필요성을 확신하게 되었고, 김정식 회장은 대덕산업(現 대덕GDS)을 설립하여 가전용 단면 PCB를 생산하는 것으로 PCB 사업을 시작하였다.

2) 성장의 발판을 마련한 70년대

1972년 8월에 훨씬 더 높은 고부가가치 기술이 요구되는 산업용 PCB 사업이 가치 있는 사업임을 확신하고 일본 우라하마전자와 합작으로 서울 염창동에 한국우라하마전자(대덕전자의 전신)를 세우면서 산업용 양면 PCB 생산을 시작하였다. 대덕전자가 성장의 실마리를 잡게 된 것은 1978년 국산 전자 교환기(M10CN) 개발 계획이 발표되면서부터이다. 한국전자통신주식회사(KTC)가 벨기에 ITT사와 기술 제휴로 전전자 교환기를 국산화시킨다는 것이었다. 대덕전자도 1978년 6월 정부의 전전자

교환기 국산화 사업에 부품 공급업체로 지정되면서 성장의 발판을 마련하였다. 같은 해 12월 벨기에 BTM사와 기술 도입 계약을 체결하고 기술 연수를 활발히 추진하는 한편, 이듬해 5월에는 양면 PCB에 대한 UL 승인을 획득하였다. 1979년 9월에는 전자공업진흥법 제정 10주년 기념식에서 김정식 회장이 전자 공업 발전에 기여한 공로로 석탑산업 훈장을 받게 됨으로써 PCB업계 내에 대덕전자의 이미지를 부각시킬 수 있었다.

3) 새로운 설비 투자와 선두 주자로 나선 80년대

대덕전자는 1980년 10월에 공장을 반월공단으로 이전하고 양면 PCB 제조에 필수적인 에칭머신 등 최신 설비의 도입을 적극 추진하였다. 당시 대덕전자는 국산 전전자 교환기 개발 사업의 PCB 국산화 업체로 지정되어 벨기에 BTM사와 기술 제휴를 맺는 등 기술 개발에 한창이었으나, 염창동 공장에서는 제대로 된 제품 생산을 기대하기는 어렵다는 판단으로 공장을 이전하고 새로운 설비를 들여놓은 것이다.

국산 전전자 교환기 개발 사업에의 참여로 기술 수준을 급속히 향상시킨 대덕전자는 1981년부터 일본 시장에서 새로 형성되고 있던 다층 PCB 쪽으로 관심을 쏟기 시작하였다. 당시 국내 업체들은 양면 PCB의 생산 기술을 습득하는 데 몰두했을 뿐 다층기판에 대해서는 엄두도 내지 못하고 있었다. 대덕전자가 1년 여 동안 다층기판에 대한 기술 정보를 수집하고 일본으로 기술 연수를 실시하는 등 국산화를 몇 차례씩 시도했지만 기술 개발이 순탄치만은 않았다. 그러나 끈기 있는 연구 끝에 드디어 대덕전자는 1982년 4월에 국내 최초로 4층 PCB를 자체 개발하는 개가를 올렸다. 대덕전자는 다층 PCB의 국산화로 1982년 10월 국무총리 표창을 받는 한편, 고밀도 PCB 개발을 빠른 속도로 진행시켰으며, 6층, 8층의 다층기판을 생산할 수 있는 터전을 마련하였다. 또 국내 업체들이 다층 PCB 생산을 앞당기는 데 적지 않은 영향을 미치기도 하였다.

대덕전자는 이때부터 해외 거래선 개발에도 박차를 가하여 수출에 힘을 쏟기 시작하여 정부의 수출 장려 정책과 맞물려 국내 시장에서의 수입 대체와 해외로의 직수출에 전력을 경주하였다. 그 결과로 1983년 200만 불 수출탑 수상, 1984년 500만 불 수출탑 수상, 그리고 1985년에는 1,000만 불 수출탑을 수상하는 등 놀라운 성장을 거듭하였다.

1987년 부설연구소를 설립하여 본격적인 연구 개발의 기틀을 마련하였고, 같은 해에 복합인쇄회로기판 개발 공로로 국무총리 표창을 받았다. 1987년에는 3,700만 불 수출탑을 수상하였으며, 1988년에는 공업진흥청으로부터 품질 관리 1등급 업체로 지정 받았다. 1989년 4월에는 전전자교환기 100만 회선 돌파 기념으로 체신부 장관으로부터 표창을 받기도 하였다.

4) 기업의 사회적 책임을 다하는 90년대

1992년에는 사내 복지 기금을 설립하여 출연금 3억 원으로 출발하였는데, 현재에는 누적 적립금이 183억 원에 이르고 있고, 이미 누적으로 268억 규모의 융자를 실시하여 전 종업원의 내 집 마련을 지원하였으며, 우리사주 조합을 결성하여 사원들이 주주가 될 수 있도록 지원하고, 출산 및 학자금 지원에도 정성을 기울여 오고 있다. 1993년에는 국내 업계 최초로 ISO9002 인증을 획득하여 품질 시스템 수준을 더욱더 향상시켜 국내외로부터 인정을 받았으며, 같은 해에 수출 5,000만 불을 달성하여 5,000만 불 수출탑을 수상하였다.

1994년에는 업계 공동으로 42층 PCB 개발에 성공함으로써 기술 중심

<표 1> 대덕전자 회사 연혁

1972	회사 설립
1975	양면 인쇄회로기판 개발(국내 최초)
	상공부 기술 개발 공로상 수상(양면 인쇄회로기판 개발)
1979	석탑산업훈장 수상(전자공업 진흥유공)
1982	다층 인쇄회로기판 개발(국내 최초)
	국무총리표창(다층인쇄회로기판 개발)
1984	500만 불 수출의 탑 수상
1985	1,000만 불 수출의 탑 수상
1987	부설연구소 설립
1989	한국증권거래소 상장
	TDXI 100만 회선 돌파 기념 체신부 장관 표창
1990	동탑산업훈장 수상(조세의 날 기념)
1993	ISO 9002 인증 획득
	5000만 불 수출의 탑 수상
1994	(주)인터넥스 설립
	제3회 경제정의기업상(중기업 부문 1위:경실련)
1996	(주)대덕필리핀 설립, DDI 설립
	제5회 경제정의기업상 대상(경실련),
	노사 협력 우수 기업 선정(노동부)
1997	ISO 14001 인증 획득
1998	1억 불 수출의 탑 수상
1999	QS 9000 인증 획득
	금탑산업훈장 수상(전자산업 40주년 기념)
2000	제9회 경제정의기업상 대상(경실련)
	2억 불 수출탑 수상
2001	투명회계기업대상 수상(한국회계학회)
	경제전문지 《Forbes》誌로부터 세계 200대 우수 중소 기업 선정

의 기업 이미지를 더욱더 확고하게 각인시키는 계기가 되었다. 또한 같은
해에 처음으로 경제정의연구소로부터 중기업 부문에서 '경제정의기업상'

을 수상하는 영광을 누렸다. 이어서 1996년과 2000년에는 '경제정의기업상' 대상을 두 번이나 수상하여 그 동안 기업의 기술 개발과 수출 부문에서 경영의 우수성을 인정 받아온 데 더하여 기업의 사회적 건전성 측면에서도 높은 평가를 받아 바야흐로 대덕전자가 전반적인 측면에서 우수 기업으로 인정받을 수 있게 되는 중요한 계기가 되었다. 1996년에는 본격적인 해외 진출의 신호로 대덕필리핀을 설립하여 해외 생산의 첫걸음을 내디뎠으며, 이후 3년 만에 흑자 기업으로 자리잡을 수 있게 하였다. 같은 해에 미국 현지에서의 마케팅 강화를 위하여 산호세에 Daeduck International(DDI)을 설립하였고, 이후에 캐나다 및 영국에 지사를 두어 본격적인 글로벌 마케팅 시대로 돌입하였다. 또 같은 해에 노동부 장관으로부터 노사 협력 우수 기업으로 선정되어 노사간의 건전한 협력 관계를 지속하는 경영 풍토에 대해 그 공로를 인정받았다.

1997년에는 전자교환기 TDX 1,000만 회선 돌파 기념으로 국무총리로부터 유공 표창을 받았고, 같은 해에 환경 경영 시스템을 검증 받아 ISO 14001 인증을 획득하여 친환경 경영 체제를 본격 구축하였다. 1998년에는 1억 불 수출탑을 수상하였다.

1999년에는 전자 산업 40주년을 기념하여 김정식 회장이 대통령으로부터 금탑산업훈장을 수여받음으로 인하여 한국 전자 부품 산업에 기여한 공로를 인정받게 되었고, 같은 해에 QS 9000 인증을 획득함으로써 한 차원 높은 품질 시스템을 통한 품질 경영을 이룰 수 있었다.

5) 끊임없이 인정받는 21세기

2000년에는 2억 불 수출탑을 수상하여, 1983년 200만 불 수출을 달성한 이래 단일 부품으로 꼭 18년 만에 100배 규모의 수출을 달성하는 놀라운 실적을 거두게 되었다. 이러한 실적으로 대덕전자의 전문 경영인 김성기 대표이사 사장이 수출 유공으로 2000년 동탑산업훈장을 수상하였다.

2001년에 대덕전자는 한국회계학회로부터 투명 회계 대상을 수상하여 기업의 건전성과 투명성에 대하여 공인 받는 계기가 되었으며, 세계적으로 유명한 경제전문지《Forbes》誌로부터는 2000년부터 2년 연속으로 세계 200대 우수 중소 기업에 선정되는 영예를 안게 되었다.

2. 경영 이념과 사업 현황

대덕전자의 경영 이념은 한 마디로 인간과 기술 중심의 경영이다. 구체적으로 말하자면 첫째는 '공동 운명체 정신'이다. 회사의 번영과 회사를 구성하고 있는 종업원 각 개인의 충실한 삶을 일치시키는 것은 물론, 회사를 위해 투자한 투자자에게는 철저한 수익 경영을 통한 이익의 환원을, 또한 고객에게는 기술과 품질로써 요구 수준에 만족할 만한 제품과 서비스를 공급하는 데에 그 첫번째의 가치를 두고 있다.

둘째는 '기술과 품질'이다. 앞선 기술과 품질로 사회에 공헌하고 정보화 국제화 시대를 선도하자는 의미이다. PCB는 반도체 기술과 병행하여 기술 향상이 이루어질 때 부품 실장 기술의 혁신을 가능하게 한다고 본다. 따라서 고객의 상품 개발에 능동적으로 참여하여 요구되는 기술과 품질을 확보하는 것이다. 특히 사업을 통하여 우리 나라 전자 산업과 미래 첨단 사회에 이바지해야 한다는 사명감으로 최선을 다하고 있다.

셋째는 '고객 지향'이다. 주문 제품을 생산하는 업종의 특성상 항상 고객의 요구에 대응할 수 있는 경쟁력 있는 상품을 개발한다는 내용이다.

고객이 필요로 하는 새로운 상품을 개발함으로써 고객에게 가치를 제공하는 것은 물론 고객의 기술적 요구에 부합되는 최상의 서비스를 제공한다는 정신을 경영의 이념으로 하고 있다.

2002년에도 경영의 초점을 '도전과 혁신'에 두고 있고, 이를 위하여 아래 사항을 실천하고자 천명하였다.

첫째, 고객 가치를 혁신하겠다.

둘째, 기술과 상품을 혁신하여 새로운 시장을 선점하겠다.

셋째, 회사의 시스템과 프로세스를 혁신하여 유연성을 확보하겠다.

넷째, 기업은 사람이라고 한다. 인재 개발과 육성에 보다 집중하여 회사의 미래를 준비하는 데 전력을 다하겠다. 변화하고 있는 경영 환경에 도전하기 위해서 내부적인 힘의 결집과 시대에 맞는 새로운 기업 문화를 창달하겠다.

다섯째, 경쟁력 확보에 최선을 다하겠다.

대덕전자는 창립 후 30년 동안 PCB 전문 제조 업체로 국내외에서 그 기술력 및 품질의 우수성을 인정받아 오고 있다. 대덕전자는 다층 PCB 전문 제조 업체로, 우수한 기술력을 보유하고 있는 부분은 첫번째로 통신용 고다층 PCB이다. 대덕전자는 일찍부터 노텔(Notel), 알카텔(Alcatel), 지멘스(Siemens)와 같은 해외 유수의 통신 장비 제조 업체에 다층 PCB를 납품하여 그 기술력과 품질의 우수성을 인정받아 왔고, 최근에는 각종 첨단 소재를 사용한 새로운 고다층 PCB가 연구 개발되고 있다. 통신 장비의 기능이 날로 발전하고 처리 속도가 고속화됨에 따라 34층, 40층에 다다르는 초고다층 PCB를 개발 생산하게 되었는데 이러한 품목은 아직도 세계에서 10여 개 업체만이 생산하는 고부가가치 기술로 평가되고 있다.

두 번째로는 빌드업 PCB[20] 부문으로, 1997년 자체 개발하여 그 동안 일본으로부터 수입되던 핸드폰용 PCB의 수입 대체화에 공을 세웠고, 2001년에는 휴대폰 3,000만 대 분의 PCB를 생산 공급하게 되어 해당 분야에 있어 세계 톱 클래스의 위치에 서게 되어 산업자원부가 선정한 세계 일류 상품에 선정되기도 하였다.

세 번째로는 반도체 패키징용 PCB(Packaging Substrate)이다. 대덕전자의 매출 비중에서는 아직은 많은 부분을 차지하지 않고 있지만 기술적으로는 매우 중요한 품목에 해당된다. 반도체의 밀도가 증가함에 따라 그 패키징 기술 또한 점점 발전하게 되고, 패키징용 PCB는 반도체 발전에 궤를 맞추어 그 정밀도가 높아지고 있다. 현재 대덕전자는 빌드업 기술이 적용되는 Flipchip BGA 제품을 개발하여 고객들로부터 우수한 품질 평가를 받고 있고, 기타 CSP, MCM, Smart Media Card 등의 첨단 제품을 생산하고 있다.

기타 대덕전자는 반도체 모듈용 PCB로서 램버스 모듈 PCB 및 DDR 모듈 PCB를 생산하여 국내의 메모리 반도체 업체에 공급하고 있고, 자동차 전장용 PCB 부문에 있어서도 국내 시장의 50% 이상을 점유하고 있다.

2001년에는 세계 IT산업의 붕괴와 지속적인 침체에도 불구하고 2,934억 원의 매출과 380억 원의 순익을 실현하였다. 회사 현황을 보면 〈표 2〉 같다.

이는 지난 2000년과 대비하여 약 마이너스 15%이지만 세계 PCB 산업의 침체 위기 속에서 살아남은 것만으로도 다행스러운 일이다. 그러나 이러한 어려운 경영 환경 속에서도 대덕전자 미래를 위해 준비하는 데에도 소홀히 하지 않았는데 그 내용은 다음과 같다.

\<표 2\> 요약 대차대조표와 손익계산서

(단위: 억 원)

항 목	1998. 12	1999. 12	2000. 12	2001. 12
유동자산	1,232	2,404	2,524	2,634
고정자산	1,321	1,427	1,313	1,075
자산총계	2,553	3,831	3,837	3,709
유동부채	601	1,056	864	329
고정부채	319	179	70	8
부채총계	921	1,235	935	337
자본금	141	223	230	237
자본잉여금	879	1,426	1,426	1,425
이익잉여금	645	867	1,432	1,767
자본총계	1,632	2,596	2,902	3,372

항 목	1998.12	1999.12	2000.12	2001.12
매출액	2,213	2,634	3,431	2,934
매출총이익	197	407	681	483
영업이익	40	249	521	332
영업외수익	405	256	369	296
영업외비용	225	139	108	115
경상이익	220	366	782	513
특별손익	-1	-	-	-
당기순이익	183	292	575	380
감가상각비	560	403	459	345
배당률	현2주3	현2주3	현2주3	현10주3

첫째, 회사의 재무 구조를 튼튼하게 하였다.

둘째, 경영의 유연성을 확보하였다. 세계적인 PCB 물량 감소와 상품의 편중으로 인해서 생산 기술, 설비 및 상품의 조화가 어려운 상황에서도 공장의 유연성을 확보하여 상품 변화에 잘 대응하였다. 따라서 HHP,

MODULE PCB 물량 증가에 대처하여 수익성을 확보할 수 있었다.

셋째, 새로운 기술 개발에 역량을 집중하였다. 이미 Micro via PCB의 기술은 세계 시장을 이끌고 있고, 다기능 초고다층에 대한 기술력과 새로운 패키징용 PCB 기술에 대한 인증을 확보하였다. 이러한 내용은 세계 PCB 산업의 구도가 바뀌고 경쟁이 심화되고 있는 환경을 극복하는 데 필수적인 것이라 생각한다.

3. 경영 이념에 따른 윤리 경영 실천

전자 산업 태동기였던 1965년 단면 PCB(당시는 대덕산업)를 국내 처음으로 개발한 데 이어 70년대 후반 양면 PCB를, 82년에는 현재 정보 통신 기기의 주력 제품으로 사용되는 다층 PCB를 처음으로 선보여 한국 PCB 산업이 세계 5위의 생산 및 기술 대국에 진입하게 하는 결정적인 계기를 마련했다. 설립 이래 30년간 오로지 PCB만을 개발 생산하여 오늘날 세계 10위권의 PCB 전문 업체로 자리매김하고 있다.

'국내 최초 · 최고 · 최대 인쇄회로기판(PCB) 제조 업체' 라는 수식어가 늘 따라붙는다고 언론들이 말한 대덕전자 주식회사는 지역 사회에서 명성을 날리기까지 보이지 않을 정도로 꾸준한 노력들이 있었다. 상장 제조 업종 중 전기전자 업종으로 또 중형 규모의 크기로 묵묵히 기업의 사회적 책임을 다하는 중견 업체로 성장하다가, 1994년 제3회 경제정의기업상에서부터 두각을 나타내기 시작하였다.

그 당시, 설립 이래 사원 복지 증진에 노력하여 오던 중 1986년부터 사내 복지 기금을 출현하여 93년 30억 원의 기금을 확보하고 사원들의 주택 구입, 학자금, 생계 지원 등에 지원을 실시함으로써 5년 이상 근무한 기혼 사원의 99%가 내 집을 마련하는 데 절대적으로 기여하는 등 사원 주거 안정에도 상당한 투자가 있었다. 또한 사회 복지를 위해서도 지역 사회의 불우 이웃과 꽃동네 등 사회 복지 재단에 대한 지원 등으로 사회에 봉사한다는 사훈을 실천하고 있었던 것이다. 기술 연구와 신상품 개발에도 주력하여 매년 매출액 대비 10~15%의 신규 투자를 하여 국제 경쟁력을 보다 강화하고 상장 회사들 중에서 재무 구조가 건실한 기업으로 인정받았다.

수상 당시 겸손한 김정식 대표이사의 모습에서 감탄하였고, 제 5회 경제정의기업상에서 영예로운 대상(大賞)에 오르게 되었다. 수상 배경으로 전문 경영인 체제 구축으로 새로운 경영 환경에 도전하는 것, 사회 전문가의 감사 선임 제도 실시로 투명성 확보, 장애인 복지 시설 건립 지원과 장학금 지원 등 기업 이윤의 지역 사회 환원, 산학 협동의 사회 지원, 대덕 환경 헌장을 제정하여 행동 강령과 지침의 실시 등 환경 보호 운동 추진, 사내 복지 기금 제도 운영 및 투명하고 열린 경영의 결과들이 있었다.

이러한 노력들은 4년 뒤인 2000년 5월에 다시 한 번 대상을 수상하는 크나큰 영광을 누리게 했다. 계속되는 노사 협력 우수 기업, 대학·학술 단체·기타 교육 사업 지원, 기부금, 품질 우수, 환경 분야 투자와 환경 국제 규격 인증 및 종업원 만족 등이 지속적으로 좋은 평가를 받은 것이다.

한편, 재무 건전성, 성장성, 복리 후생 등 기술 외적인 가치까지도 세계가 인정하고 있다. 이는 우리만의 평가가 아니다. 미국 《포브스》지는 미국을 제외한 전 세계 중소 기업을 대상으로 매년 우량 중소 기업 200개를 선정하는데 대덕은 국내 중소 기업 중 유일하게 2년 연속 우량 중소 기업에 선정됐다. 소재도 없고 기술도 없고 심지어 제품을 구매해 줄 기업도 거의 없던 산업화 초기부터 PCB라는 전자 부품을 들고 오대양 육대주를 누빈 결과 대덕전자는 노텔네트웍스, 지멘스, 솔렉트론 등 세계 굴지의 IT 업체에 최첨단 PCB를 수출하는 글로벌 기업으로 자리잡았다.

최고 경영자인 김정식 회장은 흔히 국내 PCB 산업의 살아있는 역사이자 대부라 부르는 데 주저하지 않는다. 고희를 넘긴 나이에도 불구하고 중국 진출 등 신시장 개척 구상에 몰두하고 있는 그의 목표는 대덕전자를 세계 최고의 PCB 회사로 키우는 것이다. 이를 위해 전체 매출의 20%를 연구 개발비로 투입하고 있다.

"전자 산업은 내일을 예측하기가 불가능할 정도로 기술 발전 속도가 빠릅니다. 한번 뒤쳐지면 따라잡기 어렵지요."라고 그는 말하고 있다.

1) 열린 경영과 노사 화합의 공동체 정신

"21세기 무한 경쟁 시대에서 살아남으려면 회사의 미래 가치가 높아져야 한다. 이를 위해 노사는 동반자적 관계를 형성해야 한다. 김정식 회장의 경영 이념인 '공동체 정신'에서 강조하는 대로 회사의 번영과 발전이 곧 종업원의 행복한 삶과 일치해야 한다. 노사는 함께 일하고 함께 나누고 함께 걱정하는 관계다. 의사 결정을 할 때 상대방의 입장에서 보는 역지사지(易地思之)의 자세가 중요하다." (김성기 대표)

"1987년 노조 설립 이후 단 한 번도 노사 분규가 없었다. 노사간 협조 체제도 좋다. 회사와 노조가 서로의 위치를 인정하면서 다양한 의견을 나누고 문제를 함께 풀어 왔기 때문이다. 노조에서 바라는 내용을 회사가 즉시 해결해 온 것도 큰 도움이 됐다. 노조는 조합원의 권익을 보호하고 복지 증진에 노력하는 데 주력했다. 대화를 통한 신뢰만이 노사 화합을 이루는 길이다. 노사가 발전의 동반자가 되는 것이 신노사 문화다." (이선오

노조위원장)

  김성기 대표와 이선오 노조위원장의 말에서 알 수 있듯이 이 회사는 노
사 화합이 정착된 회사라고 언론에 보도되기도 하였다.[3] 이미 1986년부터
회사 이익의 일부를 사내 복지 기금으로 적립하기 시작하여 종업원들의
복리 증진을 위해 최선의 노력을 경주하여 왔다. 지금은 그 규모가 185억
원을 넘어가 있고 이를 바탕으로 종업원들에게 주택 자금, 생활 안정 자
금, 장학금 등으로 지원해 주고 있는데, 앞으로도 계속 발전시켜 나가겠지
만 복지면에서는 종업원들이 걱정 없이 회사 일에 전념할 수 있는 수준이
라고 생각하고 있다. 또한 1989년 1월 상장과 함께 우리 사주 조합을 결성
하여 현재 전체 종업원이 회사 주식의 4.2%를 가지고 있어 종업원이 곧
회사의 주인이라는 마음가짐을 가지고 일할 수 있도록 여건을 조성해 왔
으며, 1995년에는 대주주의 지분을 할애하여 시가에서 30% 할인된 가격
으로 종업원에게 나누어 주었다. 1999년 유상 증자시에는 일정분의 주식
을 우리 사주에 우선 배정하여 종업원들의 재산 증식에 큰 도움을 주었다.
  대덕전자에서는 1985년부터 시작된 매월 두 차례씩 직원들을 위한 생
일 잔치가 열린다. PCB 전문 생산 업체의 특성상 2주마다 주야간 근무조
가 바뀌기 때문이다. 2000년 1월 21일 오후 4시에 경기도 안산시 목내동
대덕전자 교육실에서 생일이 1월인 사원 28명을 위한 단체 생일 잔치가
벌어졌다. 4개의 테이블마다 과일과 튀김, 과자, 김밥, 떡 등이 차려졌다.
참석한 임직원들은 생일 축하 노래를 함께 부르고 축하 케이크를 잘랐다.
전국의 3개 공장과 구미 영업소 등에서 모두 모이기에 할 말도 많게 마련
되어 연신 '건배' 가 이어지는 온화한 분위기가 연출된다.
  창업주인 김정식 회장은 지난 1990년부터 매달 두세 차례씩 직원 20여

〈사진 1〉 2002년 노사 화합 선언 및 임·단협 무교섭 타결

명과 돌아가며 '간담회'를 열고 있다. 전 사원이 6백50명인 만큼 최소한 2년에 한 번 꼴로 회장의 경영 철학을 들을 수 있다. '열린 경영'은 이뿐만 아니다. 1983년부터 분기마다 한 번씩 노사협의회를 갖고 경영 및 영업 정보를 노사가 공유하고 있다. 이 자리에서는 생산성 향상 방안과 고충 사항, 복지 향상 방안 등에 대해서도 협의를 한다.

대덕전자는 모든 사원이 회사 주식을 갖도록 유도하고 있다. 1988년 상장 이후 4회에 걸쳐 2천5백22명에게 3백80만8천2백79주를 배정했다. 그중 2회는 김 회장이 갖고 있던 주식을 30%가량 할인한 가격에 나누어 주었다. 주식 대금은 사내 근로 복지 기금에서 무이자로 빌려 주었다. 현재 사원 1인당 평균 4천 주 가량을 가지고 있다. 사원이 주인인 셈이다. 이 같은 회사의 배려에 호응하여 노조도 지난 1998년에는 별도의 교섭 없이 임금 동결을 받아들이고 퇴직금 중간 정산제도 일시 중단했다. 큰짐을 덜게 된 사장과 임원진은 6개월 가량 해외에 머물며 바이어로부터 주문을 따낼 수 있었다.

대덕전자는 2002년 초에도 임금과 단체 협상 등 무교섭 타결을 하였다. 노동 조합은 1989년에 설립되어 지금까지 단 한 차례의 노사 분규 없이 건전하면서도 생산적이고 모범적인 노사 문화를 발전시켜 왔다. 특히, 1996년 관계사인 대덕GDS 1공장의 화재로 공장 전체가 소실되었지만 노동 조합의 적극적인 협력을 통하여 밤낮은 물론 휴일까지 반납하고 공장 보수와 고객의 납기 준수에 전력을 다하여 오히려 생산성을 향상시키고 고객에게 신뢰감을 쌓는 기회로 전환시킨 사례는 노사 협력의 일화가 되고 있다. 대덕전자 노동 조합도 IMF의 국가적 위기에서 금 모으기에 앞장서는가 하면 당시에도 무교섭 타결을 솔선했던 사례를 남겼으며, 노숙자 식사 배식 봉사와 매월 조합비의 일부를 안산의 복지 시설과 불우 이웃에게 전달하면서도 얼굴을 알리지 않고 있다.

노사 관계 우수 기업으로 선정되기도 하고, 경실련의 경제정의연구소로부터 두 번에 걸쳐 '경제정의기업 대상'을 받을 수 있었던 것은 모범적인 노사 협력과 종업원 만족의 비중이 높았기 때문이라고 할 수 있다. 무교섭 타결 외에도 PCB 시장의 강자로 급부상한 중국의 경쟁력을 눈으로 익히고 대응 방안을 찾기 위하여 사원들의 중국 연수 프로그램을 만들기로 하였다. 한편 노사는 세계 IT 산업의 극한 침체와 경기 전망의 불투명 속에서도 경쟁력을 창출하고 지속적인 발전과 성장을 도모하여 더욱 든든한 기반을 구축해야 한다는 데 인식을 같이 하고, 금년도 경영 방향을 도전과 혁신으로 정하고 6시그마 운동 전개를 통한 회사 시스템과 프로세스 혁신, 상품과 품질 혁신으로 고객 가치와 경영 효율을 극대화하기로 하였다.

또한 아직 법적으로 연봉제의 전면적인 도입이 어렵기 때문에 성과급

〈사진 2〉 사회복지시설 명휘원 내 장애인 자활시설 해동일터 기공식

제도를 통하여 열심히 일해서 얻은 소득을 재분배하고 있고, 사원 지주제를 도입하여 전 사원이 주주로서 주인 정신으로 일할 수 있는 토대를 마련하였는가 하면 매년 출연한 근로 복지 기금을 통하여 사원 주택 구입 지원, 자녀 학자금 지원 등 사원 복리 후생을 우선으로 걱정하는 노사 공동 운명체의 경영 이념을 실천해 오고 있다.

2) 사회 봉사

대덕전자가 오늘같이 이렇게 발전할 수 있었던 배경에는 사원 복지, 기술과 품질, 고객 봉사에 대한 확고한 경영 이념이 있었기 때문이지만, 사회 봉사도 기업 이윤의 사회 환원 및 나눔 실천이라는 관점에서 김정식 회장의 중요한 철학이라고 생각되어 경영자의 삶과 더불어 경영 현장에 나타나고 있다.

사회 복지 시설인 명휘원을 비롯해 안산시에 있는 복지 시설에 대해 회사와 개인적인 지원을 하고 있다. 특히 안산 지역의 초등학교에 도서관 만들기 운동에 참여해 36개 학교에 컴퓨터와 책을 지원하기도 하고, 맞벌이 부부들이 안심하고 아이를 맡겨 놓고 직장에 갈 수 있는 곳이 부족했기에 안산시에 어린이 집 건립 기금을 기부하여 건축한 대덕어린이집을 10년 이상의 어린이집 운영 경력이 있는 노틀담 수녀원에서 운영토록 하였으며 운영비를 일부 지원하고 있다.

　대덕전자는 많은 봉사 활동 중 가장 보람되었던 일의 하나로 명휘원에 건축한 해동일터를 통해 많은 장애인들이 자활의 기회를 갖게 된 것을 꼽는다. 이밖에도 산학 협동을 위한 지원과 해동기술재단을 통한 후학 양성에도 노력하고 있다. 그 동기에는 김정식 회장의 각별한 관심과 노력이 배어 있다.

　오랫동안 그를 지켜보았던 명휘원 원장 안순녀(라우라) 수녀는 "회장님

〈사진 3〉 해동일터를 방문한 일본 기업 경영인들

은 결코 자신의 일을 겉으로 드러내지 않으시면서도 한결같이 도움을 주신 숨은 봉사자였다"고 밝히고 "진심으로 명휘원 가족들을 아끼고 친자식처럼 사랑해 주신 회장님에게 언제나 감사드리고 있다"고 말했다.

또한 1996년부터 가난하고 소외된 복지 시설을 정기적으로 방문하면서 중증 장애인의 자활 일터인 '해동일터'를 신축 기증하는 등 더욱 모범적인 일들이 이루어지고 있었다.

그밖에 대학에 해동학술재단을 설립하여 지원하고, 해동학술상과 해동 도서관 운영 및 산학 발전 기금을 꾸준히 기부하기도 하고, 불우 이웃 및 장애자 단체에 매년 기부하고, 안산 상록수문화사랑회를 후원하는 등 문화 예술 공연에 관심을 가지고 있다. 2000년도에는 1억 원의 예산을 들여 안산시 관내 35개의 초등학교에 도서관 만들어 주기 운동을 전개하여 학교당 3~5대의 컴퓨터를 설치해 주었고, 매월 도서를 학교당 30권씩 발송하여 어린이 정서 함양에 도움이 되도록 하였다.

국내 처음으로 양면 및 다층 인쇄회로기판을 제조하여 대덕전자는 금탑산업훈장을 수상하는 등 경제 정의에 입각한 투명한 기업 운영과 더불어 사회 봉사 활동에서 그 결실을 나타내고 있다.

4. 산업 경쟁과 공동 운명체를 위한 당면 과제

국내외 경영 환경이 과거 어느 때보다도 힘들 것으로 보이고, 세계 경기 회복이 지연되며, 선진국의 보호 무역 주의가 팽배해지고, 중국과 대만의 WTO 가입으로 세계 시장에서의 경쟁은 보다 심화될 것이다. 특히 중국은 넓은 시장과 저임금을 바탕으로 생산 기지와 시장으로서의 기능이 더욱 확대될 것이다. 그러나 대덕전자는 최근 어렵고 힘든 경영 환경 속에서도 고객 중심의 경영과, 기술과 품질을 중시하고 노사 화합을 통하여 이를 극복하였던 것처럼, 이러한 경영 기조를 지속하여 나갈 것임에 틀림없다.

대덕전자는 한국에서는 PCB 산업을 최초로 일으킨 회사이고 최고의 경쟁력을 갖춘 선도 회사라는 자부심을 갖고 있지만 세계적으로 보면 아직 10위권 정도에 머무르고 있고, 2005년경에는 세계 5위권 안으로 들어가야겠다는 목표를 설정하고 있다. 그러기 위해서는 2005년에 5억 달러 정도의 매출을 달성해야 한다. 그러나 최근 중국이 세계 제조업의 중심지로 등장하면서 이것이 쉽지 않은 도전적 과제로 인식되고 있다.

과거 우리의 경쟁 대상국이었던 미국, 일본, 홍콩, 대만은 중국의 등장과 함께 그 양상이 달라지고 있다. 미국은 이미 가격면에서 경쟁이 안 되고 일본도 기술이 앞섰지만 그 간격이 좁혀져 가격 등을 고려해 볼 때 한번 해 볼 만한 상대이다. 그러나 중국은 대만과 홍콩의 기술과 자본을 자기들의 노동력과 결합하여 강력한 경쟁자로 부상하고 있다. 우리 나라가 뒤진 것은 자원, 소재뿐만 아니라 관련 산업의 기반(인프라)이다. 대만은 컴퓨터 등 산업용 전자 공업에서 외국인 투자가 많은 등 관련 산업의 인프라가 잘 발달되어 있지만, 한국은 상대적으로 규제가 많고 노동 조건이 불리하여 일본, 미국 업체가 PCB 관련 산업으로 한국에 투자한 업체는 거의 없다. 이에 덧붙여 대기업을 중심으로 한 세트업체는 중국으로 공장을 이전하고 있어 경쟁력 측면에서 한국은 불리한 위치에 놓여 있다.

이와 함께 국내의 노사 문제도 세계 경쟁력 제고에 장애 요인이 될 수 있다. 대덕전자는 노사 문제가 없지만 노사 관계는 우리 나라 전체의 사회 문제로서 제조업에 유리하게 전개되지 않는다면 제조업의 기반을 약화시키게 되고 대덕전자의 PCB사업도 영향을 받게 될 것이다.

이에 대하여 김성기 사장은 이렇게 말한다.

"기술과 품질에 역점을 두면서 전략적 투자와 합리적 경영으로 생산성을 향상시키는 것만이 유일한 길임을 인식하고 있습니다. 특히 교육과 복지에 기초한 인재 중시 정책으로 새로운 도약을 위한 발판을 마련하고자 하고 있습니다. 대덕전자로 오는 인재는 평생 교육으로 그들의 자질과 실력을 향상시켜 나가야 합니다."

대덕전자의 미래를 생각한다면 인쇄회로기판(PCB) 산업의 경쟁력과 더불어 고객과 노사 등 이해 관계에 따른 발생 가능성들이 당면 과제가 될 수 있다. 기업의 사회적 책임을 다하는 기업 이미지의 유지 차원에서 기업 윤리 경영과 투명 경영에 있어서도 늘 선봉에 서야 하는 노력도 있어야 한다.

이것들은 불확실한 미래에 대한 준비이며, 도전하는 윤리 경영의 모험에서 두드러질 것이다. 지역 사회와 고객 입장 및 종업원 입장에서 공동 운명체를 늘 생각한다면 경쟁력의 디딤돌이 될 것이며, 계속되는 바른 기업 이미지와 신명나는 사회 봉사 결실이 보다 나은 기업의 미래로 발전할 것이다.

주

1) PCB는 페놀 수지 또는 에폭시 수지로 된 평면 위에 각종 부품을 삽입할 수 있게 설계되어 있고, 또한 각 부품간을 연결하는 완제품의 신경망을 구성하는 회로기판으로서 움직이는 것은 사람만 빼고 PCB 제품이 사용 안 되는 것이 없는 모든 산업의 근간이 되는 핵심 부품이다. 따라서 사용되는 기기의 재질, 설계, 제조 방법이 달라 생산 공정이 복잡하고 고도의 기술 축적이 필요하다. 또한 세트 제품의 기술 개발 속도가 빨라 세트 제품의 크기와 성능에 따라 소량, 다품종으로 주문 생산되고 있으며 도금, 설계, 제조, 인쇄 등 공정이 복잡함에 따라 생산 제조 장비도 매우 많이 소요되는 장치 산업으로서 기술 변화

에 따라 빠르게 대응할 수 있는 엄청난 투자가 요구되는 산업이다.

2) 전자 제품이 점점 경박단소화(輕薄短小化) 됨으로 인하여 초정밀 PCB가 요구되기에 이르렀고 이에 부응하는 기술로 대변되는 것이 빌드업 PCB이다.

3) 〈한국경제신문〉 2000.2.7(월)

제4장

고객 가치 창조를 통하여
Digital Dream Company를 꿈꾸다

(주)태평양

전상길(한양대학교 디지털 경영학부 교수)

존경하는 주주 여러분!

　저희 태평양은 2001년에 전년 대비 22.5% 성장한 9,713억 원의 매출과 1,171억 원의 당기 순이익이라는 알찬 성과를 거두었습니다. 이는 태평양 전 임직원 모두가 혼연일체 노력한 결실이라고 말씀드릴 수 있습니다.

　(중략)

　하지만 저희 태평양은 이러한 경영 환경의 악화를 극복하고, 보다 높은 목표를 향하여 다시 한 번 도전할 것입니다. 저희 태평양 전 임직원은 2001년도의 경영 실적에 만족하지 않고, 끊임없는 노력으로 기업 체질을 강화하여 보다 나은 경영 성과를 이룩하겠다는 굳은 결심을 주주 여러분께 약속드립니다.

　이를 위해 첫째, 지속적으로 명품을 만들어 고객들에게 최고로 사랑받는 브랜드를 육성하겠습니다. 둘째, 품질 향상과 원가 절감 및 생산성 향상에 더욱 박차를 가하겠습니다. 셋째, 불확실성 하에서도 이를 슬기롭게 극복할 수 있도록 역량을 강화하겠습니다. 저희 태평양은 고객들에게 가치를 제공하고, 사회 공헌 활동을 적극적으로 전개하며, 주주 여러분께 보다 많은 수익을 돌려드리도록 최선의 노력을 기울이겠습니다.

－2002년 주주총회 서경배 사장 인사말 중에서

1. (주)태평양이 걸어온 길

위의 글은 2002년 3월 15일 제43기 주주 총회에서 태평양의 서경배 사장이 지난 1년 간의 성공적인 경영 활동의 내용을 여러 주주들 앞에서 밝힌 사항의 핵심 부분만을 요약한 것이다. 이 글의 이면에는 국내외 고객들을 만족시켜 고객의 가치를 새롭게 창조하며 나아가서 그 결실을 사회와 공유하려는 의지가 다분히 녹아 있음을 알 수 있다. 그 결과 (주)태평양은 지난 경제정의기업상 중 7회와 8회 및 10회에서 업종 최우수 기업으로 수상한 바가 있고, 금번 11회 때에는 영예의 대상을 수상하였다. 이러한 눈부신 성과가 있기까지 태평양은 1945년 창업 이후 미와 건강, 즉 아름다움을 추구하는 건강한 기업이 되고자 전략적 성장을 주도하여 왔음을 알 수 있다(표 1 참조).

1) 우수한 품질로 성장 기반을 구축한 40~50년대

태평양은 창업 초기인 40~50년대에 우수한 품질로 성장 기반을 구축하였다. 태평양 최초의 히트 상품인 '메로디 크림'을 출시하였으며 (1948), 국내 최초로 식물성 'ABC 포마드'(1951)와 'ABC 100번 크림' (1952), 장업계 최초 연구실 개설(1954) 그리고 선풍적 인기를 끈 '코티 분백분'(1960)을 연이어 성공시킴으로써 성장의 발판을 마련하였다.

2) 대기업의 면모를 다져 나간 60년대

60년대에 들어와서는 창업 이후 15년 동안의 성장 기반을 토대로 대기업의 면모를 다져 나가기 시작하였다. 그 단적인 예로 장업계의 해외 기업 현황을 파악하기 시작하였으며(1960), 국내 최대의 화장품 생산 자동화

시설을 갖춘 영등포 공장을 준공하였다(1962). 또한 그 해에는 장업계 최대 금액이었던 '200만 원 대현상' 경품 판매를 시작하였고, 사랑을 싣고 세계 제일의 기업으로 항해하는 태평양의 심벌 마크를 공모하여 선정하기도 하였다(1962). 뿐만 아니라 미용 사원들을 본격적으로 채용하여 이들로 하여금 올바른 화장법을 국민들에게 전달하게 하였다(1963). 이듬해에는 화장품의 대명사가 된 아모레 브랜드를 발매하였으며, 방문 판매 제도를 도입하였다. 아울러 판매 조직의 첨병인 아모레 대리점을 개점하기도 하였다(1964). 이러한 노력의 결과 그 해 연말에는 상공부 장관으로부터 판매 관리 부문 생산성 우수상을 수상하였다(1968). 또한 이즈음 처음으로 공채 사원 1기를 모집하였고, 최초의 인사 규정, 내부 감사 규정, 취업 규칙이 제정되었다(1965).

3) 비약적 성장과 도약의 70년대

70년대에 들어서면서 태평양은 비약적 성장과 도약을 하게 되었다. 부재료의 안정적 공급과 품질 향상을 위해 안양 초자공장을 준공하였고(1971), 2년 뒤에는 상품의 안정적 공급으로 비약적 성장의 발판이 된 수원 공장을 준공하여 사세를 확장하여 나갔다(1973). 또한 기업 공개를 통하여 자본금을 확충하기 시작하였다(1973). 이러한 노력의 결과 대통령으로부터 은탑산업훈장을 받았으며(1974), 그 해 연말에는 화장품 매출 100억 원과 수출 130만 불의 놀라운 업적을 달성하게 된다. 뿐만 아니라 태평양기술연구소를 설립하여 장업계의 기술 수준을 한 단계 끌어올렸다(1978).

4) 고객과 함께 성장해 온 80년대

80년대에 들어서자마자 생활용품을 생산하는 대전 공장을 준공하였고 (1980), 그 해 연말에는 제17회 수출의 날 대통령 표창을 받았다(1980). 이어 서성환 회장이 한국능률협회가 주관하는 '올해의 한국의 경영자'로 선정되기도 하였고, 그 해 11월에는 2천만 불 수출에 성공했다(1984). 특히 고급 미용 서비스를 제공하기 위해 아모레 1번가를 명동에 개설하였고 (1984), 미용 사원과 판매원의 능력 배양을 위한 아모레 뷰티하우스를 방배동에 처음으로 개점하였으며(1985), 이듬해에는 태평양뷰티아카데미를 강남 역삼동에 개원함으로써 고객에 한 걸음 더 다가갔다(1986). 한편 그동안 태평양의 성장의 모태가 되어 왔던 서울의 영등포 공장을 수원 공장으로 이전하여 준공하였다(1987). 그밖에 프로야구단 '태평양 돌핀스'를 창단하였고(1988), 생화학공장을 안산에 준공하기도 하였다(1989).

5) 세계화와 환경을 생각하는 90년대

90년대 들어서 태평양의 성장 궤적에서 나타나는 두드러진 특징은 세계화를 본격적으로 출범시키기 시작하였으며 또 경영 전략의 범위 안에 환경의 문제까지 심도있게 다루고 있다는 점이다. 화장품의 본 고장인 프랑스에 현지 공장을 준공하여 그들과 현지에서 경쟁할 수 있는 기틀을 마련하였고(1992), 2년 뒤에는 폭발적인 수요가 예상되는 중국 심양에 태평양보암화장품유한공사를 설립(1994)하였으며, 여세를 몰아 그 이듬해를 세계화의 원년으로 선포한다(1995). 한편 1993년에는 태평양화학(주)에서 (주)태평양으로 상호를 변경하였고, 그 해 9월에는 서비스 · 품질 · 환경에 대하여 대 고객 무한책임주의를 대외적으로 선포했다(1993). 그 결과 대전 공장이 ISO 9002 인증 획득(1995), 수원 공장과 대전 공장이 환경부로

〈사진 1〉 여성들에게 꾸준히 사랑 받고 있는 태평양의 대표 브랜드 라네즈 (LANEIGE) - Everyday New Face : 1994년 처음 출시돼 늘 새로운 모습으로 체험마케팅을 통한 고객분석을 기본으로 한 다양한 상품개발, 세계적 수준의 R&D 기술력, 고객 감동형 마케팅을 바탕으로 지난 1996년 처음으로 매출액 1,000억 원을 넘은 후 지난해까지 6년 연속 매출액 1,000억 원을 넘었다.

부터 환경 친화 기업으로 지정(1996)되었다. 특히 수원 공장은 환경운동 연합으로부터 '녹색에너지기업대상 우수상'(1998)과 '최우수상'(1999)을 수상하는 쾌거를 이룩했다. 그 이듬해에는 매일경제와 환경부가 공동으로 주최한 '환경경영대상 우수상'을 수상함으로써(1999) 태평양이 환경 친화적인 기업임을 국내외에 천명하게 되었다. 그 외에도 태평양은 경실련과 한겨레신문사가 주관하는 '경제정의기업상'에서 업종 최우수기업으로 선정('97, '98)되기도 하였으며 1999년에 와서는 '가치 경영 최우수기업상'을 수상하였다.

6) Digital Dream을 꿈꾸는 2000년대

21세기가 시작되는 벽두에 태평양은 'Digital Dream Company'를 대내외적으로 선포하면서 회사 전체의 시스템을 디지털화하기 시작했다 (2000). 그 일환으로 생산 · 판매 · 물류 시스템을 하나로 통합하는 공급망 관리(SCM:Supply Chain Management), 가치 체인(Value Chain)을 확장하고 이를 통합하는 전사적 자원 관리(ERP:Enterprise Resource Planning) 프로젝트를 추진하여 최근 완성하였다. 그 외에도 김천 공장, 대전 공장, 진천 공장 모두가 ISO 14001 인증 획득에 성공하는 쾌거를 이루었고(2000), 경실련과 한겨레신문사가 주최한 제11회 '경제정의기업상 대상'을 수상하는 영예를 얻었다.

(주)태평양은 2001년에 현재 본사와 4개 지역 사업부(부산, 대구, 광주, 대전), 5개 공장(수원: 화장품, 진천: 건강, 대전: 생활 용품, 안산: 생화학, 김천: 화장품, 세제), 6개의 해외 현지 법인(프랑스, 중국 상해, 중국 심양, 미국, 일본, 대만)을 확보하고 있으며, 또한 3개의 견실한 자회사인 (주)아모스프로페셔널, (주)에뛰드, 태평양종합산업(주)을 거느리고 있다. 한편

〈사진 2〉 2002년 7월 22일 중국(上海) 공장 준공. 태평양은 유행의 발신지인 상해에 국내와 동일한 '라네즈(LANEIGE)' 화장품을 생산하는 기지를 완성함으로써 중국 시장 공략에 속도를 더하게 됐다.

<표 1> (주) 태평양 회사 연혁

1945. 9	태평양화학공업사 창립(서울 중구 남창동)
1959. 3	태평양화학공업주식회사로 법인설립
1964. 9	아모레 브랜드 발매 및 방문 판매 제도 도입
1978. 10	태평양기술연구소 설립
1980. 12	제17회 수출의 날 대통령 표창
1993. 2	태평양화학(주)에서 (주)태평양으로 상호 변경
1993. 9	무한책임주의 선언(서비스 · 품질 · 환경)
1995. 1	세계화 원년의 해 선포
1998. 4	경제정의기업상 수상(2년 연속)
1999. 6	가치경영 최우수 기업상 수상('99 한국경영대상)
2000. 1	'Digital Dream Company' 선포
2000. 11	생산혁신세계대회 사업부문상(IE) 대상 수상
2001. 5	제10회 경제정의기업상 대상 수상(경실련, 한겨레신문사 주최)
2001. 11	제27회 국가품질경영대회 환경경영상 수상(산업자원부 주최)

사무직, 생산직, 계약직을 포함하여 전체 3,259명의 종업원을 보유함으로써 명실상부한 업계 최고, 최대 기업의 이미지를 선점하고 있다.

특히 태평양은 회사의 가치는 상품 가치에서 출발한다는 창업자 서성환 회장의 경영 철학을 토대로 최고의 명품을 만들기 위해 노력해 왔으며, IMF 경제 위기를 전후하여 지속적인 구조 조정과 혁신으로 건실한 기업의 기틀을 다져 왔다. 그 결과 2001년에는 9,713억 원의 매출을 올려 전년 대비 22.5%의 성장률을 보였으며, 경상 이익은 1,754억 원으로 전년 대비 35.45% 늘어났다. 순이익은 1,171억 원으로 38.18%의 높은 신장세를 보였다. 재무 구조 또한 경영 실적 못지않게 건실하여 2001년 12월 기준 총 자 자산 8,453억 원에 부채 총계 2,924억 원, 자본 총계 5,529억 원으로 부채 비율이 52.88%이다. 뿐만 아니라 지난 3년 동안의 유동 비율이나 총

<표 2> (주)태평양의 최근 3년간 영업 실적 및 재산 상태(1999~2001)

A. 영업 실적 및 재산 상태 현황

(단위: 억 원)

구분 \ 년도	1999	2000	2001
매출액	6,839	7,929	9,713
경상이익	761	1,295	1,754
당기순이익	408	847	1,171
자산총계	7,540	7,698	8,453
부채총계	3,823	3,109	2,923
자본총계	3,816	4,589	5,529

B. 주요 재무비율

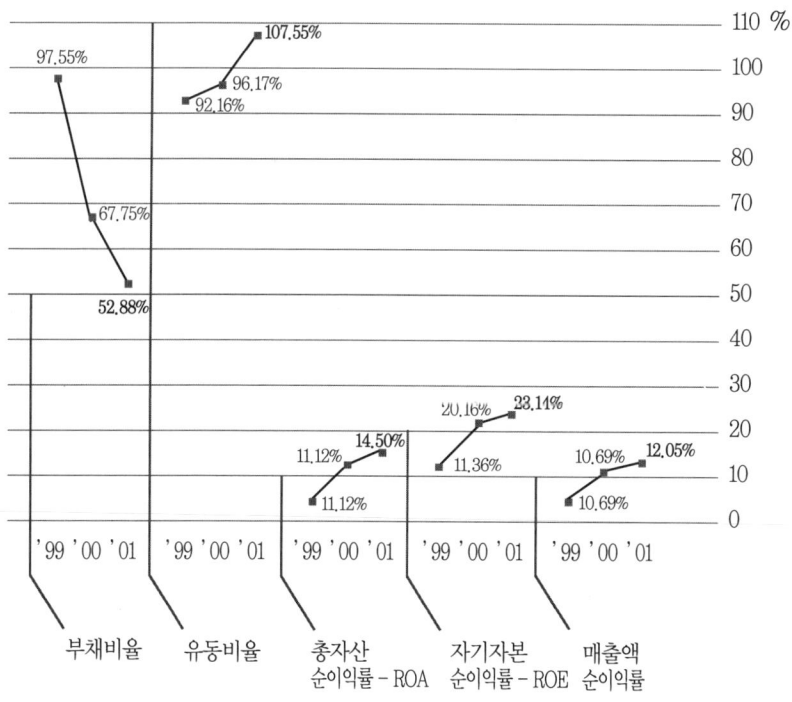

자산 이익률(ROA), 자기 자본 순이익률(ROE). 매출액 순이익률(ROS)과 같은 지표에서도 놀랄 만한 개선이 있었는데, 이러한 사실은 경기 불황으로 경제가 어려운 가운데 거둔 실적이라는 점에서 더더욱 의미가 깊다(표 2 참조).

2. (주)태평양의 고객 가치 창조 경영

2001년 5월 경실련 경제정의연구소는 국민으로부터 존경받을 수 있는 기업에게 주는 상인 경제정의기업상 대상(大賞) 제11회 수상 기업(66.32점, 100점 만점)으로 (주)태평양(서경배 사장)을 선정하였다. 특히 금번에 태평양이 대상을 수상한 데에는 정량 평가와 정성 평가에서 고르게 우수한 평점을 얻은 것이 돋보였다. 예를 들어 정량 평가의 경우 종업원 만족도 269개 중 9위(1인당 교육 훈련비, 노사 협의회 법 준수 여부, 여성 지위 향상, 여성의 최고직급 등)와 기업 활동의 건전성 269개 중 15위(소비성 지출, 위험성), 경제 발전 기여도 17위(연구 개발 지출, 특허 및 장영실상, 수익성, 조세 납부 등) 및 환경 보호 만족도 269개 중 20위(환경 친화성, 환경 투자 실적, 환경 경영 방침, 환경 보호 운동 등)였고, 정성 평가에서는 25점 만점 중 17.4로 1위를 차지하는 등 우수한 평점을 얻었다.

태평양이 거의 모든 평가 지표에서 골고루 상위권에 입상한 이면에는 고객 만족을 통한 고객 가치 창조 경영이 전사적으로 뿌리내렸으며, 그 결과 모든 평가 지표에서 우위의 성과를 거둘 수 있었다고 판단된다.

(1) 고객 가치 창조 경영의 현장

태평양의 고객 만족을 위한 서비스 노력의 핵심은 맞춤 서비스의 제공에 있다. 이를 위해 태평양은 국내 어느 기업보다도 고객의 소리를 마케팅 정보화하고 이를 바탕으로 각종 시스템과 프로그램을 고객 중심으로 운영하여 고객들에게 가치를 제공하는 데 있어 탁월한 모범을 보이고 있다.

1) 전국 통합 상담센터(콜센터) 운영으로 고객의 편의 극대화
고객이라면 누구나 그리고 전국 어디에서나 통합 상담 전화(080-023-5454) 및 태평양 홈페이지(www.amore.co.kr)의 고객 서비스 사이트를 이용하여 원스톱(One-Stop) 상담 서비스를 받을 수 있으며, 철저하게 상담 내역을 관리하여 고객 만족을 극대화하고 있다. 또한 고객의 편의를 극대화하기 위해 전화 상담, 인터넷 상담, 출장 상담, 내방 상담 등으로 다양화하고 있다.

2) 고객 상담 프로그램(CS Voice Net) 운영으로 고객의 소리를 마케팅 정보화
또한 고객 상담팀에서는 고객의 기쁨을 창출하기 위한 실천의 일환으로 고객 상담 프로그램(CS Voice Net)[1]을 개발, 운영하고 있다. 이는 생생한 고객의 소리와 상담 내용을 브랜드별, 상담 유형 등으로 분류·등록하여 고객의 니즈(needs) 파악뿐만 아니라 제품에 대한 고객의 의견 등을 과학적으로 분석할 수 있는 기초를 마련하기 위함이다. 뿐만 아니라 고객의 상담 의도, 불만 및 요구 사항까지도 관련 부서의 담당자에게 전달토록 하여 고객의 의견을 즉각 반영하고 있다.

3) 피부 예보 서비스

또한 동종 업계에서는 찾아 볼 수 없는 서비스로 피부 예보 서비스를 들수 있다. 이 서비스는 전화 및 인터넷을 통한 과학적 디지털 맞춤 정보 서비스로 사계절이 뚜렷한 한국 기후에서 피부에 직접적으로 영향을 주는 기후 요인(Factor)들을 이용하여 피부 미용에 응용할 수 있는 피부 지수를 개발하여 일별 피부 지수를 예보하고 있다.

피부 지수란 우리 피부에 영향을 미치는 여러 가지 기후 조건 및 대기 오염 상황들로부터 산출해 낸 수치(최저값 0-, 최고값 100)로 ① 피부 건조 지수 ② 피부 번들거림 지수 ③ 자외선 자극 지수 ④ 피부 오염 지수 ⑤ 피부 민감 지수의 5가지 지수를 기본으로 한다. 수치가 높을수록 해당 사항에 대해 세심한 주의와 손질이 필요함을 의미하며, 고객은 언제든지 태평양 홈페이지(www.amore.co.kr)와 피부 예보 전화 서비스(080-700-5972)를 통해 환경 맞춤 미용 정보를 제공받을 수 있다.

4) 고객 평가단 운영

한편 고객 상담팀과 기술연구원 피부연구소가 연계하여 피부 고민 고객을 초청하여 과학적 피부 측정을 통한 전문연구원의 피부 컨설팅 프로그램을 운영하고 있다. 특히 이 프로그램은 피부 고민에 대한 고객 자가 진단에 의한 상담의 한계를 극복하고 전문연구원에 의한 과학적 피부 측정을 통해 정확한 피부 고민 파악과 적합한 제품 사용 및 올바른 피부 관리에 대한 카운슬링을 제공함으로써 고객의 피부 고민을 해결하는 프로그램이다.

5) In Bound 서비스와 Out Bound 서비스의 활성화

In Bound(고객으로부터 전달받은 소리) 서비스를 제공할 경우에는 애프터 서비스에서 한 걸음 더 나아가 고객이 무엇을 불편해 하고 어떻게 개선되기를 원하는지를 수렴하고 있다. 또한 Out Bound (회사가 고객에게 거는 전화) 서비스를 통하여는 상담 수요를 창출해 가고 있다. 즉 잠재 고객, 신규 고객, 고정 고객 등에게 상담 기회를 갖도록 새로운 정보—신상품, 유행 패턴, 신제품 사용 기회 부여, 각종 이벤트 초대 등— 제공 등으로 고객 창출의 기회를 적극 활용하고 있다.

6) 화장 문화 공간 '디 아모레(The Amore)' 운영

명동의 명소 '디 아모레'는 제품을 판매하지 않는 국내 최초의 무료 사

〈사진 3〉 디 아모레 : 제품의 판매가 전혀 이루어지지 않는 국내 최초 고객 무료 시용 코너. 94년 11월에 처음 문을 연 이후 하루 평균 1,000명 가량의 고객이 방문하는 명소. 태평양의 '무한책임주의' 실현의 장으로, 또 '한국 화장 문화의 발신지(發信地)'로서 그 역할을 톡톡히 하고 있다.

용 코너로 지난 1994년 11월에 문을 연 이후 하루 평균 1천 명에서 1천 2백명 가량의 고객이 방문하여 4년 반만에 이용 고객 2백만 명을 돌파했다. 새롭게 단장한 '디 아모레'는 한층 쾌적해진 공간에서 화장과 피부에 관한 모든 궁금증을 해결할 수 있는 종합 서비스 센터이다. 무료 시용이라는 운영 방식은 기존과 같으나 각종 시스템을 최첨단으로 업그레이드해서 운영 효율을 극대화하였다. 즉 최신 미용 정보, 화장품 정보에 터치 스크린 등 첨단 시설을 구비해 과학적 피부 관리를 제공하고 있다. 3층에는 태평양 기술연구원이 개발한 첨단 피부 분석 시스템이 준비되어 있어 피부 상태를 정밀하게 분석하고 이를 바탕으로 각 개인의 피부에 맞는 정확한 피부 손질법을 제안해 주고 있다.

(2) 고객 가치 창조 경영의 성공 요인

1) 비전을 제시하고 실천하는 CEO의 현장

앞에서 살펴본 태평양의 고객 가치 창조 경영의 성공은 무엇보다도 회사와 고객에 대한 CEO의 비전 제시와 실천에 달려 있다는 것이 회사 안팎의 여론이다.

"태평양의 21세기 비전은 세계적인 'Beauty & Health 분야의 Strong Brand Company'가 되는 것입니다. 이를 구체적인 목표로 설명하면, 첫째로 화장품 분야에서는 세계 10대 화장품 회사로 성장하는 것, 둘째로 생활 용품 분야에서는 퍼스널 케어 국내 1위로 도약하는 것, 셋째로 녹차 분야에서는 '설록차' 브랜드로 타의 추종을 불허하는 시장 선도 능력을 계속 유지하는 것입니다. (중략) 그리고 고객이 진정으로 인정하는 제품 품질, 이러한 품질이 빛을 바래지 않도록 하기 위한 고객 한 사람 한 사람에 대한 애정 어린 서비스, 그리고 제품을 취급하는 태평양의 종사원들의 자부심과 자랑스런 마음가짐이 반드시 필요하고 이것이 자연스럽게 스며들도록 강조하고 있습니다."(《현대경영》, 2000. 12.)

이러한 노력의 결과 서경배 사장은 1997년 3월 (주)태평양 대표이사 사장으로 취임한 이후 우수한 화장품을 적극 개발해 고객 만족을 높이고 건실한 기업 경영으로 국가 산업 발전에 남다른 노력을 경주하였으며, 녹차 사업 전개 및 녹차 박물관 오설록 건설, 한국유방건강재단 후원, 각종 사회 사업, 환경 보호 활동을 수행해 국민의 미와 건강 증진 및 한국 생활 문화 계승 발전에 크게 기여해 온 공로로 한국을 움직이는 100대 CEO 중 9위를 차지하기도 했다. 서경배 사장은 경영 성과, 투명 경영, 리더십, 비전 제시, 사회 기여도의 다섯 가지 평가 항목 중 특히 경영 성과 부문에서 1위에 올라 탁월한 경영 능력에 대해 높은 평가를 받았다.

2) 유연한 조직 시스템의 현장
내부 · 외부의 협력을 구조화하는 조직 시스템

태평양은 명품을 창조하는 데는 자체 생산 기술뿐 아니라 협력 업체[2] 의 기술력 향상이 무엇보다 중요하다고 인식함으로써 협력 업체와의 파트너 관계를 돈독히 하고 있다. 1998년부터는 협력 업체 자체 검수 체제를 갖춰 이로부터 절감된 비용으로 협력 업체를 지원하고 있다. 또 회사 혁신 프로그램에 협력 업체를 참여시키고, 협력 업체의 경영 컨설팅 비용까지 지원하고 있다. 협력 업체에 대한 이러한 지원 활동의 결과 2001년의 경우 2000년 대비하여 반품률이 22.2%가 감소되었으며, 원불량률 또한 52.2%가 감소되는 등의 성과를 올렸다. 또한 부재료 신기능, 신소재와 관련하여 협력사와 자사간 공동 실용신안 출원 4건, 자사 독립 사용권 5권을 체결하였고, 4건의 신기능 내용물을 위한 신유형 부재료 개발 성과를 올리기도 하였다.

또한 태평양은 매년 우수 협력사를 선정[3]하여 시상하고 있는데 이러한 활동은 앞으로도 지속될 예정이고, 2002년도에 들어서면서 ERP와 연계하여 실시간 정량적 평가 항목을 중심으로 평가하고 있다.

뿐만 아니라 고객 가치 창조 경영을 구현하는 데 있어서 노사간에 상생할 수 있는 협력 구조가 정착되어 있지 않으면 그것은 실현되기 어렵다. 태평양의 경우 노사 양자가 기본적으로 화합과 신뢰를 바탕으로 서로 협력하는 관계 구축을 하였고, 이를 토대로 구두선이 아니라 진정으로 '건전한' 노사 문화 정착을 위하여 상호 노력하여 왔다. 특별히 노무 담당 상무 1인을 현장에 배치함으로써 현장의 노사 문제를 발전적으로 유도하고 있다. 태평양의 노조는 본사와 9개 노사 지부가 있는데 1994년 노동쟁의로 파업이 있기는 했으나 최근 좋은 관계를 유지하고 있으며, 정보 공유의 원활[4]과 회사의 지속적인 배려에 회사에 대한 좋은 평가를 내리고 있었다. 그 결과 회사 전체적으로 매출이 부진할 경우 여러 매장을 돌아다니며 태평양 제품을 찾거나 주문하며[5], IMF 경제 위기가 전개되던 1997년에는 무교섭 타결을 하는 성숙함을 보여 주기도 하는 등 참여와 협력의 노사 관계 속에서 보람과 만족을 찾을 수 있는 회사를 만들어 나가고 있다.

조직 학습이 가능하게 하는 조직 시스템

지식 사회로의 변화에 조속히 대응하고 환경 여건이 고객 중심으로 변화되면서 종업원들 스스로가 학습해야 할 지식과 정보의 양과 질이 높아지고 있다. 이를 위해 태평양은 지식 근로자 육성 프로그램을 운영함으로써 해당 업무의 전문성을 제고시키고 있다. 뿐만 아니라 기능직 사원의 다

기능화를 기능 대학에 위탁 교육을 실시함으로써 기능직 인력의 역량 제고에도 관심을 기울이고 있다.[6]

개인적인 차원에서의 학습뿐만 아니라 생산 현장에서는 조직 차원에서의 학습도 활성화되고 있다. 세계 시장에 내놔도 손색 없는 명품을 만들기 위한 생산 부문에서 전개되고 있는 '명품 만들기' 운동이 그것이다. 수원 공장은 '명품 만들기 TFT'를 구성하여 종업원들의 지혜를 모아 명품 기준을 확립하고 명품 대상 제품을 선정하였고, 이것이 계기가 되어 각 공장별로도 '명품 만들기 발대식'을 갖고 최고의 제품을 생산하기 위한 활동에 들어갔다.

태평양의 명품 대상 제품은 설화수(雪花秀)와 헤라, 아모레 퍼시픽(수원 공장), 일로향(一爐香)과 한라진 티백(Tea Bag : 진천 공장), 송염 치약과 댄트롤(대전 공장)이다. 현재 이들 제품에는 엄격한 관리 기준과 품질 기준이 적용되고 있고, 이들 기준을 충족시키기 위하여 새로운 지식과 정보를 창출하고 있으며 나아가서 팀원간 지식 및 정보 공유가 활발히 전개되고 있다.

고도화된 생산 공정 관리의 현장 : 'Master 21운동'

태평양은 1991년부터 생산성 향상 및 유연 생산 시스템 도입을 전략 과제로 실정하고 사동화를 통한 생산 부문의 도약 운동을 전개하였다. 이를 보다 효율적으로 추진하기 위해 공장 경영 혁신의 일환으로 MASTER 21 운동[7]을 추진하고 있는데, 그 목표는 적기 생산과 적기 원재료 도입 실현, 품질 보증 그리고 생산성 향상이다. 이 운동을 통하여 개발된 신생산 방식을 중심으로 유연 생산 체계를 완성하고 기초 기술 및 경험 기술의 융합과 향상으로 명품 생산 체제를 확립하였으며, 그 결과로 2000년 11월 생산혁신세계대회 IE부문 대상을 수상하기도 하였다.

MASTER 21 운동은 품질 측면의 향상(Level-Up)을 위해 품질 관리를 전략적 축으로 하여 공정 불량 감소, 클레임의 적극적 대응 및 History 관리를 통한 재발 방지, 고객 관점의 품질 혁신을 위한 마무리 품질 향상 운동 등을 지속적으로 전개하여 왔다. 체계적인 품질 전략 추진을 위해 생산부문장을 위원장으로 하는 고객만족위원회가 구성되었으며, 그 산하에는 신제품 부재료 품질보증위원회, 내용물 품질검토회의, 부재료 품질 향상 회의, 공정 불량 지도 TFT, F.P(Fool Proof : 불량 방지 보증) TFT를 두고 각각의 활동을 추진하고 있다. 또한 품질의 원류라고 할 수 있는 협력사 품질 경쟁력 향상을 위해서 협력사 품질 향상 프로그램을 1994년부터 현재까지 지속적으로 운영하여 왔다.

(3) 지속적인 개선의 현장 : TCR 운동과 제안 제도

TCR 운동

태평양은 세계적인 수준의 경쟁력 있는 원가 체계를 갖추기 위하여 구매 · 품질 · 서비스 · 시간 · 물류 · 일반 관리 분야에 산재해 있는 '원가 낭비 요인'을 철저하게 제거하기 위한 경영 혁신 운동의 일환으로 1995년부터 TCR 운동을 전개하여 왔다. 이 운동의 궁극적인 목표는 어떠한 환경하에서도 살아남을 수 있도록 하드 부분과 소프트 부분의 종합적인 혁신을 통해 기업 체질을 강화하는 것이다. 이 TCR 운동은 1995년 4월 '태평양 TCR 추진위원회'를 발족하여 출범한 이후 부재료 부분에서 시작하여 제조 원가 부분, 나아가 전사적으로 확산되었으며 그 추진 범위를 넓히면서 현재까지 진행되어 오고 있다(표 5 참조).

그 동안 계속 진행되어 온 TCR 운동을 통해 태평양은 강한 기업 체질을 보강할 수 있었다. 각 부문의 노력으로 제조 원가율이 계속해서 하락하였고, 제품 개발 이전부터 비용을 생각하게 되었으며, 제조시에는 클레임 발생으로 인한 비용 손실 등이 인식되어 최적의 생산 시스템을 구축하기 위한 생산 부문 혁신이 이루어졌다. 또한 재고 회전일 감소를 위한 인프라 구축이 병행되어 새로운 물류 시스템이 구축되었고, 거래처와의 쌍방향 정보 커뮤니케이션이 가능한 마케팅 정보 시스템으로 업무의 효율성을 극대화하고 있다. 또한 원가 부분의 파괴뿐 아니라 주위에 산재해 있는 비효율을 제거하고 경영 합리화를 계속해서 추진해 나갈 수 있는 기반이 구축되었다. 뿐만 아니라 고객이 당사 상품에서 진정으로 원하는 것이 무엇인지를 알게 되면 TCR의 대상을 쉽게 찾아 접근할 수 있어 고객의 소리

<표 5> TCR 운동의 전개 과정

	성 격	기 간		특 징
TCR (Total Cost Reduction)	전종 사원 참여형	TCR 1단계 (1995~1996)		• 제조 원가 파괴 및 생산 관리 품목 수 파괴
		TCR 2단계 (1997)		• 선진 기업 수준의 초원가에 도전 • 전 사 · 전 부문 확대(제조 원가율, 재고 회전일, 매출 채권 회전일 목표 수치 관리)
TCR (Total Creative Revolution)	고객 중심의 창조형	TCR 3단계 (1999)	I	• 하드 부문에서 소프트 부문으로 확대 (고객지향적 히트 상품 개발, Cash Flow 향상, 으뜸 인력 육성 등)
			II	• 기존 TCR 활동의 지속적 수행과 함께 글로벌 차원의 Outsourcing 협력 업체 TCR 참여 활동 전개

자료: (주)태평양 내부 자료 정리

에 더욱 귀를 기울이는 고객과 시장 지향의 업무 재구축과 마인드 변화가 이루어지고 있다.

제안 활동

태평양은 회사 업무 전반에 관련하여 종사원의 창의적이고 유익한 제안을 권장함으로써 업무 개선 및 경영 합리화에 적극 동참을 유도하고, 제출 제안에 대하여 포상을 실시함으로써 내부 고객 만족을 실현하기 위한 목적으로 제안 제도를 실시하고 있다. 제안 제도 운영에 따른 1998년도 효과를 살펴보면 제안건수 17,000건에 62억 원의 비용 절감 효과 이외에도 품질 향상이나 업무 효율 증대 등 부수적인 효과들이 산출되었다. 또한 각 사업장의 특성에 따라 자율적으로 운영되는 부분이 있어 개선 제안 우수 부서 시상, 현장 여사원 중 개선 여왕 선발, 품질 이상 발생 보고 제도에 따른 포상금 지불 등 형태로 운영되고 있기도 하다. 이를 독려하기 위한 평가 및 인센티브의 주기는 분임조 활동 기간별로 상이하지만, 반기마다 우수 분임조에 대한 시상과 사례를 5개 공장이 공유하는 프로세스로 운영되고 있다. 그리고 그 활동 실적은 인사 평가에 반영된다. 포상은 등급에 따라 30만 원~5만 원의 포상금이 주어지며 우수 사원을 선정하여 개별 시상한다.

(4) 종업원 만족의 현장

일찍이 태평양은 고객 만족 경영을 실천하기 위해서는 우선적으로 내부 고객인 종업원이 만족해야 한다는 전제 하에 그 강력한 실천 수단으로 각종 인사 제도를 적극 활용하고 있다. 특히 신인사 제도를 정착하여 성별이나 근속 년수와 같은 연공적 요소에 의해 지배받던 과거의 틀을 타파하고, 능력과 업적 중심에 의해 지배받는 인사 관행을 일찍부터 구축함으로써 폐쇄적인 연공주의적 문화에서 개방적인 성과주의적 문화를 구축하는 데 조기에 성공하였다. 이런 노력의 결과로 종업원들이 고객 만족 구현에 더더욱 앞장설 수가 있었다. 또한 신인사 제도를 구축함에 있어서 분산되어 있었던 각종 인사 정보 D/B를 완전히 통합하여 적재적소에 인재가 배치되어 자기 역량을 충분히 발휘할 수 있도록 하였으며, 경직되게 운용되기 쉬운 복잡한 인사 문제를 사안에 따라 유연하게 운용할 수 있는 기반을 마련하였다.

그밖에 직위·호칭 제도를 폐지함으로써 조직 내 관료·권위주의를 제거하고 또 연공 서열에 의한 획일적 사고에서 탈피하고자 하였으며, 종국적으로는 수평적, 창의적 조직 문화를 구현하고자 하였다. 또 평가 문제야말로 종업원 사기의 결정적 요체라고 판단하고 현행 평가 관리 시스템의 성공적인 정착을 위하여 평가자 교육을 주기적으로 실시하고 있다. 또한 현업에 필요한 인물을 직접 채용할 수 있는 1차 채용권을 현업에 위양함으로써 사기를 진작시키고 있다.

특히 영업 부문, 생산 부문, 개발 부문의 대부분의 인력이 여성으로 구성되어 아름다움과 건강에 대한 꿈을 실현하고 있기 때문에 이들 여성의 활약에 대하여 태평양은 임금 및 승진에서 남자 사원들과 동능한 대우를 해줌으로써 이들의 공헌을 인정하고 있다. 아울러 여성을 위한 사업을 영위하는 만큼, 우수한 여성 인력을 확보하여 여성들의 감성과 열성으로 우수한 상품을 기획하여 고객들에게 제공하고 있다. 또한 약 3만 명의 여성들이 태평양의 제품을 판매하는 한편, 유방암 계몽 활동에 참여함으로써 자부심을 한층 높이고 있다.

3. (주)태평양의 당면 과제

태평양이 11회 '경제정의대상'을 수상한 것은 지난 10년 동안 환경이 기업에 요구하는 수많은 다양성과 불확실성을 능동적으로 흡수하고 이를 새로운 기회와 가치를 창조(예를 들어 고객 가치 창조)하는 데 적극적으로 활용함으로써 기업을 둘러싼 이해 집단과 아름답게 공존하는 법칙을 세상에 선보였다는 데 의의가 있다.

즉 태평양의 고객 가치 창조 경영의 성공 구조는 첫째로 고객 가치를 창출하기 위한 창업자인 서성환 회장과 현재 대표이사로 있는 서경배 사장의 비전적 리더십, 둘째로 기업 내·외부의 협력을 구조화할 수 있고 조직의 학습이 가능하도록 운영되는 유연한 조직 시스템, 셋째로 고도화된 생산 공정 관리를 비롯한 효율적인 업무 처리 과정, 넷째로 지속적인 혁신 및 개선 활동, 다섯째로 내부 종업원의 만족에 따른 조직에 대한 헌신과 같은 핵심 요인들이 무리 없이 조화를 이루고 이러한 노력들이 총합하여

<표 6> 태평양의 고객 가치 창조 경영의 성공 구조

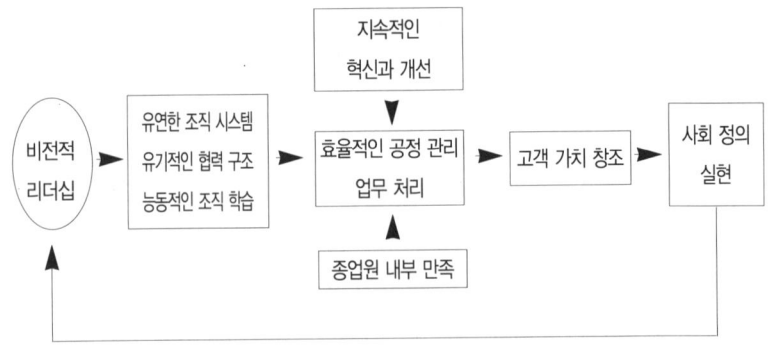

사회 정의를 실현하는 기틀이 되었다고 판단한다. 이는 총체적인 관리의 질(TMQ: Total Management Quality)이 우리 사회의 정의의 질(Quality of Social Justice)을 한 단계 높이는 데 중요한 공헌을 한 것이며, 성장의 논리와 분배의 논리가 (주)태평양이 창업하여 오늘에 이르기까지 균형점을 향해 수렴하고 있음을 동태적으로 보여 주고 있다(표 6 참조).

(1) 서경배 사장의 비전적 리더십에 대한 평가와 당면 과제

기업의 비전은 미래 사업 영역에서의 기업의 모습으로써 종업원들에게 열정(enthusiasm)과 감동(emotion)을 줄 수 있어야 하며, 가슴 깊은 곳에서부터 심리적 에너지(energy)를 유발할 수 있어야 한다. 태평양의 21세기 비전을 세계적인 'Beauty & Health 분야의 Strong Brand Company'가 되는 것으로 설정하였다. 보다 구체적으로는 첫째로 화장품 분야에서는 세계 10대 화장품 회사로 성장하는 것, 둘째로 생활 용품 분야에서는 퍼스널 케어 국내 1위로 도약하는 것, 셋째로 녹차 분야에서는 '설록차' 브랜드로 타의 추종을 불허하는 시장 선도 능력을 계속 유지하는 것으로 제시한 것은 미래의 청사진으로서 믿음직스러우나, 미래에 대한 이런 청사진을 '명품'이라는 이름으로 실제 구현하기 위해서는 디자인, 용기 가공, 색채 표현 등과 같은 소프트한 기반 기술 수준의 동반 상승이 요구된다. 향후 태평양의 비전이 보다 빨리 실현되기 위해서는 이 같은 소프트 기반 기술 수준의 고도화에 총력을 기울여야 할 것이다. 제조 기술에 소프트하고 감성적인 측면의 결합이 가능할 때 진정한 '명품'이 탄생할 것이고, 이때야 비로소 세계적인 경쟁력이 생기게 되는 것이며, 또 그

〈사진 4〉롤리타 렘피카 : 디자이너 브랜드의 라이선싱을 통한 세계화 사례로, 선진 마케팅 자원 아웃소싱을 통해 선보인 향수. 유럽, 미국, 프랑스의 향수 재단들이 선정하는 '최우수 여성 향수상', '최우수 여성 향수', '최우수 남성 향수', '최우수 남성 향수 디자인상' 등을 휩쓸며, 기존의 획일적이고 전통적인 향수들과 다른 여성적이고 환상적인 향취와 용기 디자인으로 인기를 끌고 있다.

상황이야말로 사회 정의를 위한 새로운 자원의 원천이 되는 것이다.

(2) 조직 시스템에 대한 평가와 당면 과제

태평양의 지금까지의 성장 전략의 핵심은 '고객 만족 경영'이었다. 그러나 향후에 태평양이 고객 만족 경영 외에 관심을 기울여야 할 전략 방향은 고객 만족의 범위를 해외 기업으로 폭넓게 넓혀 나가는 '글로벌한 성장', 그리고 매출액 중심이 아니라 현금 유동성(Cash Flow)을 바탕으로 '수익성 중심의 성장', '장기적이고 안정적인 성장'을 '태평양의 네 가지 성장 Vector'로 설정해야 한다. 그리고 이 네 가지 성장 Vector가 상호 보완적인 성장을 하기 위해서는 성장 전략을 뒷받침하는 조직의 시스템이 현재보다도 훨씬 유연해야 한다. 조직의 경계를 구분지을 수 없는 무경계 조직이나 가상 조직이 보다 더 활성화 되어야 한다. 그러기 위해서는 회사

안팎의 서로 모르는 사람이나 직위가 다른 사람이라도 신뢰를 바탕으로 협력할 수 있는 문제 해결 중심의 학습 조직이 자생적으로 배태될 수 있는 마당을 마련해야 한다. 다행히 최근 완료된 e-HR Project 및 ERP 시스템, 나아가 CRM, e-News, Web POS, 지식 관리 등에 대한 지속적인 투자를 통해 자생적인 학습 조직을 배태시킬 수 있는 구조와 디지털화 된 선진적 업무 프로세스의 꿈을 한 걸음 앞당길 것으로 판단된다.

(3) 공정 관리에 대한 평가와 당면 과제

태평양의 공정 관리는 대단히 고도화 되어 있으며 효율적이다. 특히 고객의 소비 패턴이 과거의 대량 소비에서 개성 소비로, 또 고가 제품과 저가 제품으로 뚜렷하게 구매층이 나누어짐에 따라 태평양의 생산 방식도 시장의 변화에 발맞추어 규모(Lot Size)에 맞는 생산 방식을 적용하는 신생산 방식(Patrol)을 구축한 것은 적절한 시도라고 판단된다. 그러나 한 걸음 더 나아가서 신생산 방식의 제2의 도약을 계획하고 그것을 추진해야 할 시점에 와 있다. 이를 위하여 첫째, U-Line 및 Cell-Line의 생산성 향상을 현재보다도 50% 이상 달성해야 할 것으로 보인다. 둘째, 자체 기술에 의한 기존 및 유휴 설비의 운용 효율 극대화를 모색함으로써 보다 효율적인 공정 관리를 기해야 한다. 셋째, 생산 설비의 가동 정보에 대한 원격 종합 예측 분석 체제를 구축함으로써 생산 체제의 디지털화를 달성해야 한다. 넷째 명품에 대한 디지털 생산 체제 구축과 함께 ERP 구축을 위한 사전 D/B를 공고히 구축하고 협력사 품질 및 납기 경쟁력을 보다 제고함으로써 태평양의 신생산 방식을 확대하는 노력을 경주해야 할 것이다. 끝으로 품질 향상을 위한 최적 조건을 설정하고 표준화하는 노력과 함께 인

력의 다능공화도 동시에 추진해야 신생산 방식의 확대가 원활하게 전개
될 것이다.

(4) 지속적인 혁신 및 개선에 대한 평가와 당면 과제

MASTER 21 운동의 성공 경험을 바탕으로 이제는 이 운동의 영역을
공간적, 지리적으로 확대하여 협력 업체는 물론 해외 공장에까지 적용해
야 할 것이다. 즉 앞으로 생산 혁신 활동은 선진 SCM 구축을 통해 협력
업체에서 영업 부문에 이르는 경쟁력을 제고하고, 국내 공장에서 축적된
경험을 바탕으로 프랑스, 중국 등 해외 공장에 대한 생산 혁신 활동을 전
개해야 할 것이다. 아울러 책임 경영 체제의 구축 및 사내 벤처 운영, 인터
넷 구매를 포함하는 원부재료의 Global Sourcing 등을 강화해야 경쟁 우
위를 점할 수 있을 것으로 판단된다.

(5) 종업원 만족에 대한 평가와 당면 과제

태평양은 21세기 인류의 아름다움과 건강을 창조하는 일류 기업이 되
고자 사업 구조의 전문화를 추구해 왔고, 디지털 시대에 맞는 합리적인 경
영 시스템을 구축했으며, 기술을 중시하는 경영으로 개인과 조직의 발전
을 위해 나름대로의 최선의 노력을 다 해 온 회사이다. 이러한 노력에 덧
붙여서 모든 구성원들이 권한과 책임의 균형을 이루고 실용적인 평가를
바탕으로 성과를 정당하게 공유하며 회사 내에서 개인의 가슴 벅찬 비전
을 발견할 수 있도록 해야 한다. 이렇게 발견된 비전이 회사의 비전에 보
다 근접한 한 방향으로 연결될 수 있도록 인사 혁신의 방향을 유도해야 할

것이다. 그 단적인 예로 50% 이상의 비율을 차지하고 있는 여성 인력들에게 중요 의사 결정을 내릴 수 있는 의사 결정권을 제공하는 기회와 제도 (예를 들어 여성 임원 할당제)를 구조적으로 확보하는 노력을 지금보다 가일층 기울여야 할 것이다.

주

1) Voice Net이란 '고객의 소리망'을 의미하는 것으로 고객의 소리를 여과 없이 그대로 입력함으로써 해당 담당부서에서는 상담 내용뿐 아니라 고객의 상담 의도 및 불만, 요구 사항 등을 선별하여 검색할 수 있으며, 구축된 고객 DB는 CRM의 자료로 활용된다.

2) 태평양의 협력 업체는 태평양종합산업을 위시, 태신인팩, 명진, 동산P, 선일, 영진, 우인, 천경, 태진, 신성인쇄, 신우, 하나, 연우, 세광 율촌화학 등이 있으며 이들 협력 업체들과 지속적으로 신뢰를 향상시키고 있으며 이를 토대로 전략 또한 공유하고 있다.

3) 참고로 태평양의 우수 협력사 선정 기준: 적기 납기율(20점), 품질(30점), 신제품 개발력(15점), 협력사 자발적 TCR(10점), 경영 혁신 노력(5점), 신제품 비중(5점), 환경 관리(5점) 등으로 해당 평가 항목을 각 공장 및 관련 부문에서 평가하여 집계함.

4) 태평양은 매월 노사 대표 월례 회의를 개최하며 이 자리에서 경영 자료 공개 및 제공 그리고 설명을 하고 있으며 동시에 근로자의 경영 참가 기회를 제공하는 것을 원칙으로 하고 있다.

5) 우리 제품 찾기 캠페인 전국 순회 활동(1994.10.10-16), 우리 상품 찾기 캠페인(1995.5), 노조 간부의 영업소 방문 판촉 활동(1995.10-12), 화이트키스 치약 찾기 캠페인(1997.8-10)

6) 현재 태평양은 1인당 교육 시간이 2000년에는 34.7시간에서 2002년에는 50.4시간으로, 연간 교육 인원도 2000년에는 29,058명에서 2002년도에는 42,241명으로 대폭 증가하였다.

7) MASTER 21은 'Man, Machinery And Space Technology Efficiency Revolution 21C'의 약자로서 사람, 설비, 공간 및 기술을 복합화하고 효율화하는 태평양 생산 부문의 혁신 운동이다.

제5장

현실에서 이상을 실현하는 기업[1)]

(주)풀무원

백윤정(한양대학교 경영학 BK21 연구교수)

1981년 서울 강남구 압구정동의 조그만 '무공해 농산물 직판장'이라는 야채 가게에서 출발한 (주)풀무원[2]은 1984년 5월 풀무원식품(주)으로 법인화하여 1995년 상장되어 현재에 이르기까지 20여 년 동안 두부와 콩나물로 대표되는 기업이다. 풀무원은 '내 가족이 안심하고 먹을 수 있는 식품을 전한다'라는 정신으로 식품의 양의 시대에서 질의 시대로 전환시키는 데 선구자적인 역할을 수행하였다는 점에서 우리 나라 식품 산업에 새로운 방향을 제시한 대표적인 기업으로 볼 수 있다. 최근 풀무원은 다양한 환경 변화에 대응하기 위하여 B2C 사업인 내추럴 홀푸드, 인터넷 쇼핑몰을 비롯하여 B2B 사업인 푸드머스닷컴, 문화 사업(김치박물관), 외식 사업, 바이오 사업과 같은 다각화를 통해 21세기 바이오 기업으로의 재도약을 추구하고 있다.

이러한 풀무원은 1997년 제6회 음식료품 제조 분야에서 '경제정의기업상'을 수상하였으며, 당시 참여한 음식료품 분야의 46개 기업 가운데 특히 기업 활동의 건전성과 종업원 만족도, 그리고 환경 보호 만족도에서 평균 이상의 점수를 받았다.

1. 주요 연혁 및 사업 현황

풀무원의 연혁은 다음 〈표 1〉과 같으며 크게 시간순으로 세 단계로 요약될 수 있다.

우선 1980년대 당시 우리 나라는 60년대와 70년대를 통해 본격적인 산업화를 이룩하면서 먹거리 역시 질보다는 양을 추구하고 있었다. 이러한 사회 분위기에서 풀무원은 벌레 먹고 소출도 적은 이른바 '유기 농법 재배'로 무농약 농산물을 최초로 브랜드화하여 시장에 내놓으면서 식품 시장에서 '안전 식품의 대명사, 풀무원'으로 서서히 자리잡게 된다. 1984년 풀무원식품(주)의 법인화를 계기로 본격적으로 사업을 전개하여 틈새 시장을 공략하는 한편 꾸준히 환경 캠페인을 전개한 결과, 유기 농산물의 가치를 고객들의 인식 속에 뿌리내리게 된다. 특히 이 시기에는 전통 식문화 계승 차원에서 1987년 김치박물관을 인수하였고, 1989년에는 식품 생산의 과학적인 뒷받침을 위하여 풀무원과학위원회를 구성하고 식생활연구실(현재 '식생활문화연구소')을 개설하였다.

1990년대에는 사회 전반적으로 건강에 대한 관심이 부각되면서 풀무원은 국산콩을 사용한 두부와 콩나물의 브랜드화, 유통의 콜드체인 시스템화를 통한 제품의 고품격화를 통해 급격히 시장을 확장했다. 90년대 초에는 면시장에 생면 개념을 최초로 도입하였고, 당시 단식이나 원 푸드 다이어트가 성행하던 다이어트 시장에 저열량식 특수영양식품인 '풀무원 다이어트'를 출시해 분말 대용식 다이어트 제품 시장의 선발업체로서의 입지를 다지게 되었다. 이러한 다양한 제품의 개발 및 사업 영역의 다각화는 1995년 상장을 계기로 활발하게 추진되었다. 이로써 '식문화의 질적 시대'를 본격적으로 열게 되었다. 상장한 직후인 1997년에는 경실련이 주관

<표 1> 풀무원 회사 연혁

안전 식품의 대명사 '풀무원' (1980년대)

1981. 5. 12.	압구정동에 '풀무원 무공해 농산물 직판장' 개설
	(풀무원 유기식품 설립)
1984. 3. 1.	건강 레이디 영업소 개설(방문 판매 사업 진출)
1986. 9. 20.	한국산업연구원 지정 '유망중소기업' 선정
1986. 11. 7.	'풀무원샘물(주)' 설립
1987. 5. 1.	서울 필동 소재 '김치박물관' 인수(전통 식문화 계승 사업 개시)
1988. 5. 1.	풀무원식품기술연구소 설립
1988. 8. 1.	'풀무원신선식품(주)'를 '명가식품(주)'로 상호 변경
1989. 1. 4.	'식생활연구실'(식생활문화연구소) 개설 및
	'풀무원과학위원회' 구성

식문화의 질적 시대 개척 (1990년대)

1993. 2. 1.	찬마루식품(주) 설립
1994. 10. 4.	풀무원다이어트센터 개설
1995. 9. 6.	(주)풀무원 건보식업계 최초 ISO 9002 인증 획득
1995. 10. 5.	(주)풀무원 주식 상장
1996. 3. 5.	풀무원샘물(찬마루샘물(주), 먹는 샘물업계 최초
	ISO 9002 인증 획득
1997. 3. 11.	경실련 경제정의연구소 주관 제 6회 경제정의기업상 수상
1999. 3. 12.	풀무원기술연구소, 연세대 연세공학원 입주
1999. 6. 30.	(주)풀무원, 관계계열사 찬마루식품(주) 흡수 합병
1999. 7. 1.	(주)풀무원 전사자원관리시스템(ERP) 가동
1999. 12. 9.	한국경제 · 정보통신부 주관 '99 기업정보화마인드 부문 대상 수상
1999. 12. 20.	매일경제 · 중소기업청 주관 정보화업무혁신 부문 대상 수상

21세기 바이오 산업의 리더 (2000년대)

2000. 3. 1.   한국유전자검사센터 가동 개시
2000. 4. 1.   식자재 공동 구매 B2B 업체 '주식회사 푸드머스'
                링크웨어와 공동 설립
2000. 5. 3.   부설 김치박물관 재개관(코엑스몰)
2000. 7. 1.   단체급식 전문 엑소후레쉬-CM개발 전략적 통합,
                ㈜ e-CMD 출범
2000. 7. 4.   풀무원테크 굿다이어트 사이트 오픈
2000. 8. 1.   두부 및 콩나물 제품 non-GMO 원료 사용 선언
2000. 11. 10.   2000년 대한민국광고대상 잡지 부문 은상 수상
                (non-GMO 광고 "보이십니까?" 편)
2000. 11. 23.   제3회 한겨레광고대상 환경친화상 수상
                ("유전자 변형콩 보이십니까?" 편)

하는 제6회 '경제정의기업상'을 수상하였다.

　　2000년대에 들어오면서 풀무원은 '21세기 바이오 산업의 리더'로 자리
잡기 위한 일환으로 향후 미래 식품 기술과 관련한 신소재 개발과 화학 첨
가물 없이 식품의 맛과 영양을 살리는 연구 및 환경 지향적 제품의 개발,
전통 식품의 과학화를 위한 신기술 개발 등 다양한 연구 개발을 시도하고
있다. 이를 위해 2000년에는 한국유전자검사센터를 개설하였고 국내 최
초의 바이오텍 전문 벤처 캐피탈 기업인 한국바이오기술투자를 설립하였
다. 또한 내추럴홀푸드 인터넷 쇼핑몰을 비롯하여 푸드머스닷컴과 같은
온라인 사업을 추진하고 있다.

다음 〈표2〉는 풀무원의 최근 3개년도 재무 자료를 요약한 것이다. 풀무원은 1997년 IMF를 맞으면서 당시 우리 나라 대부분의 기업들이 그러하듯이 고전을 면치 못하다가(당시 매출 증가율 -7.8%, 순이익 증가율 -54.1%) 과감한 사업 구조 조정과 더불어 내실 경영을 추구하면서 1999년에 들어 회복세에 접어들게 되었다. 특히 핵가족화와 대형 할인점의 출현에 의한 신유통망의 확대를 통해 포장 생식품 시장의 급격한 성장을 배경으로 2000년에 들어와서는 25%가 넘는 매출액 증가를 보이고 있다. 이러한 성장세에 힘입어 2002년 1분기 매출액은 전년 동기에 대비하여 29%가 증가한 569억 원이며, 영업 이익은 58%가 증가한 57억 원, 당기 순이익은 32억 원으로 68%가 증가함으로써 창사 이래 최대치를 기록하고 있다.[3]

그러나 이러한 다양한 지표상에서 나타난 계량적인 지수보다는 풀무원

〈표 2〉 최근 3개년 재무제표

(단위: 억원)

대차대조표				손익계산서			
	1999년	2000년	2001년		1999년	2000년	2001년
유동자산	851.1	567.8	575.7	매출액	1,285.7	1,635.9	2,088.3
고정자산	1,166.2	1,420.3	1,356.4	매출총이익	442.3	556.0	706.5
자산총계	2,017.2	1,988.1	1,932.1	영업이익	71.2	93.3	151.9
유동부채	614.8	415.3	481.3	영업외수익	95.7	97.8	71.3
고정부채	656.8	716.2	518.6	영업외비용	126.8	105.8	74.6
부채총계	1,271.6	1,131.5	999.8	경상이익	40.1	85.3	148.6
자본금	231.7	249.2	249.2	특별손익	—	—	—
자본잉여금	224.6	277.6	284.4	당기순이익	27.7	51.2	110.5
이익잉여금	289.5	328.2	405.4				
자본총계	745.7	856.7	932.3				

자료원: 풀무원 2002년도 사업보고서

이 본 사례집에 선정된 주요한 근거를 필자는 풀무원의 기원이 되는 "풀무원 농장"의 독특한 철학에서 찾고자 한다. 지금까지 20여 년 간에 걸친 풀무원이라는 기업의 역사는 바로 이러한 풀무원 농장의 이상(理想)을 실현하기 위한 부단한 노력의 결과로 볼 수 있다. 그러한 점에서 본 사례의 논조를 필자는 계량화된 지수에 초점을 두기보다는 한 기업이 이상적인 원칙을 어떻게 사업화하여 수익을 창출하였으며 그 과정이 어떠하였는지에 두고자 한다.

이러한 풀무원의 사례를 통해서 필자는 풀무원의 이상적인 철학이 기업이라는 영리를 추구하는 조직을 통해 어떻게 경제적 성과와 연결되는지를 알아봄으로써 경실련에서 추구하는 사회적 성과와 경제적 성과가 서로 상충되는 개념이 아닌 상호보완 관계에 있음을 살펴보고자 한다.

2. 식문화를 선도하는 경영

(1) 풀무원의 영원한 모태: 풀무원 농장

"기업은 무한 궤도 차량과 비슷한 속성을 가졌다. 이익이 있는 곳이면 어떤 규정도 제약도 초월해 싸우고자 한다. 그러나 풀무원은 처음부터 궤도 또는 원칙이 있다. 그 출발점은 풀무원 브랜드의 모태가 된 경기도 양주군에 있는 풀무원 농장의 원경선 원장님이었다." (〈매일경제〉, 남승우 사장의 '나의 사업 이야기', 2001. 4. 19)

풀무원을 이해하기 위해서는 풀무원의 모태가 된 '풀무원 농장'을 생각하지 않을 수 없다. 풀무원 농장은 1955년 '대장간에서 풀무질을 하여 강한 쇠를 만드는 것처럼 쓸모 있는 사람을 달구어 내자는 취지'로 경기도 부천에 오갈 데 없는 불우한 이웃을 위해 사회운동가인 원경선 원장이 만든 일종의 협동 농장이다. 여기에서는 공동으로 농사를 짓고 그 생산물을 똑같이 나누어 먹음으로써 기독교의 이웃 사랑 정신을 실천하고자 하였다. 풀무원 농장에서 유기농을 시작한 것도 이러한 기독교의 이웃 사랑 정신과 맥을 같이 한다고 볼 수 있다. 1960년대 당시 우리 나라가 급속도로 산업화 되는 과정에서 농약과 비료의 사용이 계속 증가하자 농약 폐해의 심각성을 인식하고 이웃에게 농약으로 오염된 식품을 전달할 수 없다는 생각에서 유기농법을 연구 · 보급하기 시작하였다. 당시 유기농법은 시대에 뒤떨어진 '구시대의 몹쓸 농사법'으로 인식되었지만, 원경선 원장은 나름의 소신을 갖고 1976년 경기도 양주군 옥정리로 풀무원 농장을 옮긴 후 오히려 본격적인 유기농 운동을 전개하였다. 이러한 이웃 사랑과 환경 사랑의 정신으로 인해 원경선 원장은 1992년에는 녹색인상, 1995년 UN 환경계획글로벌 500인상, 1997년 국민훈장 동백장을 수상하였고, 1998년 5월에는 제13회 인간상록수로도 추대되었다.

〈그림 1〉에서 이러한 풀무원 농장의 이웃 사랑과 생명 존중의 정신이 어떻게 기업인 풀무원의 철학과 비전, 경영 이념에 반영되는지를 제시하였다. 표에서 보듯이 풀무원 농장의 정신은 "내 가족이 안심하고 먹을 수 있는 바른 먹거리의 제공"이라는 풀무원의 기본 철학에 그대로 반영이 된다. 사업 초창기 원경선 원장은 남승우 사장을 불러 풀무원이 만들어 파는 상품에는 그것을 사용하는 사람의 생명을 존중하는 마음이 깃들어 있어야 한다고 당부했다고 한다. 이러한 철학은 풀무원이 하나의 기업으로 나

<그림 1> 풀무원의 철학

풀무원 농장의 기본 철학
이웃 사랑, 생명 존중

풀무원의 기본 철학
내 가족이 안심하고 먹을 수 있는 바른 먹거리의 제공

풀무원의 비전
모든 사람이 자연과 조화된 건강한 생활 문화를 누릴 수 있도록
최고의 제품과 서비스를 제공하는 '자연 건강 생활 기업'

풀무원의 경영 이념
인간과 자연을 함께 사랑하는 '고객 기쁨 경영'

아가야 할 구체적인 방향에도 영향을 미쳐 '자연 건강 생활 기업'이라는 풀무원의 비전으로 구현된다. 모든 사람이 자연과 조화된 건강한 생활 문화를 누릴 수 있도록 최고의 제품과 서비스를 제공한다는 비전은 구체적으로 풀무원의 경영 이념인 "인간과 자연을 함께 사랑하는 고객 기쁨 경영"에 반영된다. 여기에서 고객이란 '안심하고 바른 먹거리'를 먹는 모든 유형의 소비자들을 포함함과 동시에 이러한 먹거리를 제공하는 자연까지 포함시키는 포괄적인 개념이라고 한다. 이러한 인간과 자연까지 함께 생각하는 경영 이념은 구체적으로 자연과의 조화를 추구하는 자연주의(Naturalism)와 인간의 생명과 건강을 존중하는 인간 생명 존중 정신(Humanism), 그리고 전통적인 식생활 문화를 계승·발전시킨다는 전통

주의 정신(Traditionalism)으로 요약된다.

어느 기업이든지 나름의 철학과 비전과 이념은 있게 마련이다. 그러나 풀무원처럼 창업 당시의 철학과 원칙을 기업 활동을 통해 구체적으로 실현하고자 노력하는 기업은 많지 않다. 그리고 그 철학과 원칙이 창업자이자 현재 기업을 책임지고 있는 남승우 사장에서 비롯된 것이 아니라 현실의 관점에서 보면 이상주의를 꿈꾼다고도 볼 수 있는 사회운동가인 원경선 원장에 의해 제시된 것이기에 그 노력은 남다르다. 현재 원경선 원장은 풀무원의 감사직을 맡고 있다. 이러한 사실은 그가 아직도 풀무원의 정신적 지주로 대우받고 있다는 상징적 의미를 보여 주는 것이며, 풀무원 농장에서 비롯된 원칙은 여전히 영리를 추구하는 기업체인 풀무원이 활동하는 '궤도' 가 되는 것이다.

(2) 원칙이 있는 기업 풀무원

1) 풀무원의 식품 제조 원칙

풀무원의 제품 철학은 '내 가족에게 먹일 수 있는 제품만을 만든다' 는 것이다. 이러한 원칙에 기초하여 풀무원에서는 식품의 안전성과 무첨가성, 그리고 자연성이라는 세 가지 식품의 제조 실행 원칙을 수립하고 이것을 풀무원에서 생산하는 전 식품에 적용하고 있다. 이러한 제조 원칙을 통해서 화학 첨가물을 사용하지 않고 원료 단계에서부터 제조의 전 공정과 유통에 이르기까지 최고의 위생 상태를 유지하고자 한다. 남승우 사장은 풀무원이 이러한 원칙에 근거해서 기업을 경영하는 것은 바람직한 일이며, 이러한 원칙이야말로 기존의 수많은 식품 회사들 속에서 풀무원의 특수성을 부각시키는 "의미 있는 자기 규정"으로 보고 있다. 이러한 풀무원의 노력을 보여 주는 대표적인 사례는 다음과 같다.

'찬마루' 와 '명가' 브랜드의 탄생

평소 원경선 원장은 남승우 사장에게 풀무원이 만들어 파는 상품에는 그것을 사용하는 사람의 생명 존중 정신이 깃들어 있어야 함을 강조했다. 그것은 곧 제품의 원료와 가공에 있어서 안전해야 함을 의미한다. 이러한 원칙에 부합하기 위해서는 상대적으로 오염이 덜한 콩과 같은 잡곡은 국산을 쓸 수 있지만 쌀과 채소는 국산 유기 농산물을 사용해야 했다. 이러한 원칙을 고수하기 위해 '명가 고추장' 과 '찬마루' 브랜드가 탄생되었다.

1987년 생수 시장 진출에 뒤이어 장류 사업을 검토하였던 풀무원은 '풀무원 명가 고추장' 이라는 이름의 고추장을 시장에 출시하려 하였다. 그러

<표 3> 풀무원의 식품 제조 원칙

1. '신선하고 안전한 원료' 를 사용한다.
   • 독성 물질의 잔류 성분으로부터 안전한 원료를 선별 사용한다.
   • 화학 비료의 과다 사용으로 재배된 원료는 사용하지 않는다.
   • 장기 보관 및 품질의 안정화를 위해 방부 처리하거나 방사선 조사 처리한 원료는 사용하지 않는다.
2. 맛, 향, 색의 증진과 보존 기간의 연장을 목적으로 한 '화학적 첨가물' 은 사용하지 않는다. 천연 첨가물을 사용함을 원칙으로 한다.
   • 인체에 전혀 해가 없는 안전한 수준을 설정하여 사용한다.
   • 해당 천연 첨가물이 없을 경우는 국가가 승인한 것으로 영양학, 의학, 약학, 식품학계 권위자로 구성된 풀무원과학위원회의 심의를 거쳐 안전하다고 판단된 첨가물을 사용한다.
3. 식품이 본래 가지고 있는 맛, 향, 영양을 유지하면서 고객에게 전달될 수 있도록 '생가공 원칙' 을 준수한다

자료원: 풀무원 Homepage

나 원경선 원장은 고추가 유기농이 아닌데 '풀무원 명가'라는 이름을 붙여서는 안 된다고 반대하였다. 그것은 채소의 유기농 원칙을 거스른다는 것이었다. 당시 유기농 고추를 구한다는 것은 어려운 일이었을 뿐만 아니라 유기농 고추로 제품을 만들기에는 단가가 너무 높아 사업성을 확보하기 힘들었다. 이 과정에서 남승우 사장은 원경선 원장에게 비록 유기농 고추가 아니더라도 좋은 국산 고추를 써서 풀무원의 이름에 값하는 제품을 만들면 적어도 차선은 되지 않겠냐며, 이미 시장에서 신뢰를 얻은 풀무원 브랜드를 명가 고추장에 사용할 수 있도록 제안하였다. 그러한 과정을 거쳐 나온 타협안이 제조원은 명가식품으로 하고 판매원만 풀무원으로 한다는 것이었고, 결국 제품 브랜드에는 풀무원의 이름을 사용하지 않았다.

이를 통해서 남승우 사장은 "풀무원이라는 기업이 기업의 논리를 포기하고 유기농 운동을 할 것인가, 아니면 보다 포괄적으로 식품의 안전성을 추구하는 사업체가 될 것인가를 결정"해야 했으며, 이 과정에서 풀무원의 원칙을 현실의 기업 활동에 조화시키는 방안을 모색하게 되었다고 한다. 이러한 노력의 결과 나온 브랜드가 '찬마루'이다. 초창기 찬마루는 국산 콩이 아닌 수입콩을 원료로 해서 만든 두부를 팔기 위해 지어진 브랜드였다. 이후 수입 원료로 만든 제품들에 '찬마루'의 이름을 사용하였다. 물론 새로운 제품을 시장에 소개하는 데 있어서 기존 시장에서 인지도가 높은 브랜드를 사용하는 것이 기업의 입장에서는 커다란 이익이 될 것이다. 그러나 풀무원은 그것이 우리 농산물을 사용하지 않은 경우라면 이를 과감하게 포기함으로써 '풀무원'이라는 브랜드가 태초부터 갖고 있는 원칙을 고수하였다. 이러한 결정은 수입 농산물이라는 측면만을 제외한다면 동일한 제조 가공 원칙을 적용하였다 하더라도 원칙의 적용에는 예외가 될 수 없다는 입장에서 나온 것이라고 볼 수 있다.[4]

유기 농산물 농약 검출 사건

1996년 풀무원의 유기 농산물에서 '농약 성분과 발암 물질인 질산염'이 검출되었다는 보도가 있었다. 서울대농약연구소와 자체 농약 분석팀을 두고서 매년 유기 농산물의 잔류 농약 검사를 실시해 온 풀무원으로서는 당황하지 않을 수 없었다. 이때의 상황을 남승우 사장은 다음과 같이 회고하고 있다.

"나는 몹시 실망하여 소시모(소비자를 위한 시민의 모임)에 검사 결과를 정확히 알려 줄 것을 요청했다. 그 자료를 받아 검토한 결과 소시모가 검사한 농약 중에는 풀무원의 농약 분석팀이 분석하지 않은 것들이 검출되었음을 알게 되었다. 그러나 해당 농가에 알아본 결과 어떤 농약도 사용하지 않았음이 확인됨과 함께 그 인근 밭에서 문제가 된 농약을 뿌리고 있음을 알게 되었다. 농약 성분이 나왔다면, 가장 그럴싸한 가정은 그 근처의 다른 밭에서 뿌린 농약이 날아와 묻었을 가능성이 있겠다고 결론을 내렸다. 풀무원은 이 가정에 근거하여 소비자들에게 신문 광고를 통해 사과했다. 그러나 계약 농가도 우리도 손쓸 수 없는 곳에서 제공되는 원인을 막을 길이 없다는 불씨는 여전히 남았다. 전국토가 유기농으로 돌아서지 않고서야 바람을 타고 날아오는 농약까지 '관리' 할 자신이 내게는 없었다."[5]

실제로 이 사건이 있은 뒤에 풀무원은 농약을 뿌렸을 때 그 농약이 어디까지 날아가는지 알아보는 휘산(揮散) 실험을 김포 평야에서 일년에 걸쳐 실시한 결과 멀게는 몇 킬로미터 떨어진 곳에까지 영향을 미친다는 것을 알아냈다. 또 하나 풀무원 농약 분석팀의 검사에는 포함되지 않은 농약 성분이 검출되었다는 사실을 통해 일상적으로 뿌리는 농약의 종류가 급변하고 있음을 알게 되었다.

결국 풀무원은 유기 농산물을 산지에서 사다가 백화점에 풀무원 브랜드로 납품하는 사업을 포기하게 된다. 그것은 유기농과 관련한 풀무원 이미지의 실추는 결국에 가서는 풀무원에 대한 소비자의 신뢰 상실을 야기하여 풀무원의 존립을 위협할 수 있다는 판단에서이다. 이러한 판단에서 풀무원의 유기농 사업은 내추럴홀푸드가 인수하도록 하였다.

냉장 유통 시스템

풀무원의 식품 제조 원칙에는 식품이 본래 소유한 맛과 영양을 최대한 살리는 '생가공 원칙'이 있다. 풀무원의 주력 사업이 생식품인 것을 감안한다면 이러한 원칙의 준수야말로 풀무원이 추진하는 사업의 경쟁력을 결정짓는 것으로 볼 수 있다.

이를 위해서는 무엇보다도 제품의 신선도와 위생성을 확보할 수 있는 물류 시스템이 구축되어야 한다. 이를 위한 풀무원의 노력을 단적으로 볼 수 있는 사실은 아직까지도 본사 사옥은 임대하여 쓰면서 제품의 신선도를 유지하기 위해 필요한 공장과 물류 창고는 100% 직접 운영하고 있다는 점이다. 이와 더불어 기술적인 뒷받침이 이루어져야 한다는 판단 하에 풀무원에서는 일찍부터 생산한 제품을 최적의 상태에서 배송할 수 있는 "콜드체인 시스템"을 가동시켜 왔다. 현재 풀무원 제품의 물류 배송을 맡고 있는 엑소물류(주)에서는 위성을 통한 위치 정보 시스템을 이용하여 운송 차량의 위치는 물론 냉장칸의 온도까지 실시간으로 추적하고 있다고 한다. 만약 운송 차량의 고장으로 냉장칸 온도가 상승하게 되면 엑소후레쉬물류의 담당직원이 이에 대해 바로 조치를 취함으로써 가장 신선한 제품을 판매 매장까지 운송하게 된다. 이와 같이 제조 과정의 냉장 상태를 바로 냉장 차량으로 이어지도록 하고, 바로 냉장 상태의 물류 거점을 거쳐 유통 매장의 냉장 매대로 이어지도록 시스템화한 것을 풀무원의 강점으로 내세우고 있다.

이러한 기술적 인프라의 구축은 단시일 내에 투자를 한다고 이룩되는 것이 아니라는 점에서 풀무원의 핵심 역량으로 볼 수 있고, 이러한 점이 1990년대 풀무원의 매출이 급성장을 이룩하여도 대기업이 쉽게 냉장 물류 시장에 진입하지 못한 주요한 요인이 되었다. 현재 풀무원에서는 이러한 냉장 유통 시스템을 아예 전략적 차원에서 사업화하기 위해 엑소후레쉬 물류를 독립 법인화하여 풀무원 제품뿐만 아니라 타사 제품도 판매하는 냉장 유통 전문업체로 키우고 있다.

2) 풀무원의 환경 보호 원칙

풀무원은 자연이 건강해야 인간도 건강할 수 있다는 철학과 더불어 이 땅이야말로 자손에게 물려 줄 소중한 유산이라는 생각을 바탕으로 꾸준히 환경 보호 운동을 벌이고 있다. 풀무원은 환경 보전에 대한 구체적인 실천을 위해 1993년 1월부터 풀무원 제품에 '지구 사랑 마크'를 표기하고 제품 총판매액의 0.1%(연간 2억 원 규모)를 매월 적립해 환경보전기금으로 사용해 오고 있다. 지금까지 적립된 환경보전기금은 약 12억 원이며, 이 기금으로 샛강 살리기 운동 지원 및 자원 재활용 캠페인, 스테인리스 휴지통 제작, 충북 생태계 영상물 제작, 환경 오염원 지도 제작, 포장재 수거 운동 그리고 최근에는 설악산 쓰레기 봉투 제작 등을 지원하였다.

그러나 풀무원에서는 이상과 같이 자연을 보호하고 가꾸는 활동도 중요하지만, 우선적으로 기업이 제품을 제조할 때 친환경 원료를 사용하는 것을 환경을 보존하는 가장 기본적인 자세로 보고 있다. 농약 및 화학 비료의 사용은 환경을 파괴할 뿐만 아니라 결과적으로는 소비자의 건강을 위

<지구사랑 마크>

• '지구사랑' 마크에는 우리가 길이 후세에 물려 줄 지구에 대한 사랑의 마음이 담겨져 있습니다.
• 이 마음과 마음이 손을 잡아 또 하나의 하트를 그림으로써 더 큰 사랑으로 발전해 나가겠다는 풀무원의 강한 의지도 표현하고 있습니다.
• 하트 하나는 인간을, 또 하나의 하트는 자연을 의미해 인간과 자연이 조화된 아름다운 지구 환경을 나타내며, 환경 보호를 위한 전진의 의미를 담고 있습니다.

(자료원: 풀무원 Homepage)

협한다는 점에서 사업 초창기인 1984년부터 유기 농법을 적극 권장하고 있으며, 계열사인 내추럴홀푸드를 통해서 500여 계약 재배 농가로부터 유기농 농산물을 구매해 판매하고 있다. 이와 더불어 제품의 제조 과정에서도 환경 오염을 최대한 줄일 수 있도록 제품을 개발하고 생산하며, 여기서 나오는 쓰레기를 최소화하고 재사용할 수 있도록 환경 기술을 적극 검토하고 개발하고 활용하기 위해 1994년 다음과 같은 환경 보전 원칙을 제정하였다.

이상과 같은 풀무원의 환경 보호 활동의 특징은 대기업처럼 막대한 자금과 이벤트는 없지만 환경 보호 운동의 일상성(일회적인 이벤트가 아닌 꾸준히 이루어 옴), 자발성(전 구성원이 누구나 자발적으로 참여함), 친지역 사회성(공장 등이 위치한 지역 사회를 중심으로 이루어 옴)이라는 특징을 고려한다면 중소 기업이 수행할 수 있는 환경 운동의 좋은 사례로 볼 수 있다. 최근 들어서는 이러한 환경 보호 운동에 이웃 사랑 운동을 포함시켜 그 적용 범위를 확대하고 있다.[6]

<**표 4**> 풀무원 환경 보전 원칙

1. 우리는 오염 예방에 주력하고, 오염 물질의 사용과 배출을 최소화 한다.
2. 우리는 환경 오염을 최대로 줄일 수 있는 제품을 개발하고 생산한다.
3. 우리는 재자연화, 감량화, 재사용 등의 환경 기술을 적극 개발하고 활용한다.
4. 우리는 2000년까지 환경 관리 목표를 법적 규제치의 1/2이하로 지켜나간다.
5. 우리는 보다 엄격한 환경 관리를 위해 세부 실행 지침을 제정하여 준수한다.
6. 우리는 환경 보전을 위한 사회 활동을 능동적으로 참여하고 적극 지원한다.
7. 우리는 쾌적한 근무 환경을 조성하여 건강과 안전을 지켜 나간다.
8. 우리는 환경 보전을 생활화 하여 건강한 생활 문화 창조에 앞장선다.

자료원: 풀무원 Homepage

(3) 원칙의 실현을 위해 고객을 깨우는 기업 풀무원

풀무원의 지금까지의 궤적을 살펴보면 시장에 후발 주자로 위치하기보다는 새롭게 시장을 창출하는 선도적인 역할을 수행해 왔음을 알 수 있다. 사실 자본이나 기술, 인력 등 여러 부문에서 열세에 위치한 중소 기업이 대기업 위주의 산업 구조에서 생존하기 위해서는 아직은 생소한 틈새 시장을 공략하는 전략이 유리하다. 이를 통해 대기업과의 직접적인 마찰을 피할 수 있으며 중소 업체로서의 한계를 극복하고 자신의 역량을 최대한 발휘할 수 있다. 이러한 점에서 풀무원은 중소 기업의 현실적인 한계를 극복하기 위해 적절한 노력을 시도했다고 볼 수 있다. 예를 들면 우리 농산물과 유기농에 대한 중요성을 인식하지 못했던 1980년대 우리 나라 식품 시장에 그것의 중요성을 일깨움으로써 식품의 양의 시대에서 질의 시대를 열게 한 점과, 풀무원 다이어트를 만들어 국내에 본격적인 다이어트 시장을 열게 한 점을 지적할 수 있다.

다음은 풀무원이 창업 당시의 이웃 사랑과 생명 존중이라는 원칙을 현실에 적용하기 위해서 고객의 잠재된 요구를 어떻게 일깨웠는지를 사례를 통해 알아봄으로써 원칙의 실현을 위한 풀무원의 구체적인 노력을 살펴보기로 한다.

1) 두부와 콩나물에도 이름을 붙이자

풀무원 하면 가장 먼저 떠오르는 것이 두부와 콩나물이다. 실제 풀무원은 유기농 채소를 시장에 판매하면서 우리 나라 전통 식품인 두부와 콩나물을 신선하고 위생적으로 제조해 포장하고 여기에 이름을 붙여 브랜드화하고, 콜드체인 시스템을 통해 최종 소비자에게까지 가게 한 우리 나라 최초의 기업이다. 당시 석회 두부, 농약 콩나물로 사회가 시끄럽던 시절 국산콩을 이용해 깨끗하고 소비자가 믿을 수 있는 제품을 판매함으로써 고객으로부터 높은 호응을 얻었다. 최근 들어 건강에 대한 국민적 관심과 식생활 패턴의 변화로 국산콩을 사용한 두부의 선호도가 증가함에 따라 전체 포장 두부 시장은 약 20%의 신장세를 보이고 있다.[7] 특히 GMO 사건 이후 소비자들의 안전에 대한 관심이 높아져 고가인 국산콩을 사용한 제품의 구매가 꾸준히 늘고 있으며, 이러한 현상은 경기 하강기에도 포장 두부류의 지속적인 성장을 보이고 있다. 그 결과 풀무원은 포장 두부 시장이 70% 및 포장 콩나물 시장의 40%라는 높은 시장 점유율을 보이고 있다.[8]

특이한 사항은 풀무원의 경우 국산콩 두부와 수입콩 두부의 매출 비율이 3:7인 전체 시장에서의 매출과는 상반되는 7:3의 비율을 보임으로써 국산콩 두부의 매출이 압도적이라는 점이다. 이러한 사실을 통해서 우리 농산물을 강조한 풀무원의 원칙이 시장에 성공적으로 뿌리내렸음을 알 수 있다.

이러한 풀무원 두부의 성공은 국내에 머물지 않고 세계화를 시도하고 있다. 풀무원은 1995년 미국 LA에 두부 공장을 설립한 이래 지난 3월 뉴욕에도 300만 달러를 투자해서 두부 공장을 준공함으로써 미국 서부와 동부 지역에 생산 거점과 유통망을 확보하게 되었다. 이로써 연간 500만 달러의 매출이 가능하게 되었으며, 미국 내 제일의 콩 가공 식품 전문회사로서의 성장을 위한 기반을 다지게 되었다.[9]

2) 전통 식문화 계승의 일환으로 김치박물관을 인수

풀무원은 중구 필동에 이훈석 씨가 개인적으로 운영하고 있는 명가김치박물관을 1987년 인수한 이래 지금까지 운영해 오고 있다. 인수 당시 작은 중소 업체에 지나지 않던 풀무원이 아무런 수익을 내지 못하는 김치박물관을 당시 2억 원이라는 막대한 자금을 주고 인수한 것은 참으로 놀라운 일이 아닐 수 없다.[10] 더구나 그때만 해도 우리의 식문화에 대한 사회적 관심이 거의 없었던 상황에서 영리를 추구해야 하는 기업이 김치에 관심을 갖고 그것을 우리가 계승하고 발전시켜야 하는 문화 차원에서 생각했다는 것은 우리 나라 식문화사를 볼 때 주요한 사건으로 볼 수 있다. 그러나 풀무원의 입장에서 본다면 그리 놀라운 일은 아니다. 그것은 김치가 우리 나라 대표적인 음식이며 전통적인 식생활 문화를 계승·발전시킨다는 전통주의(Traditionalism) 경영 이념과 잘 맞는 식품이라는 판단의 결과이기 때문이다.

그 후 김치박물관은 2000년 5월 삼성동 무역센터 ASEM 컨벤션센터 지하 2층에 재개관을 하게 된다. 이를 계기로 일반인뿐만 아니라 점차 서구식 입맛에 길들여져가고 있는 우리의 어린이들과 한국의 김치 문화를 배우려는 외국인들에게 국내 최대의 김치 관련 전시 공간을 제공하는 문화의 장으로 자리잡게 된다. 이렇게 재개관을 통해 박물관의 컨셉도 보는 차원에서 직접 체험하는 공간으로 바뀌었다. 172평 규모에 김치 역사와 관련한 유물들, 다양한 김치의 종류, 김장 담그기 모형, 김치 만드는 과정, 김치의 발효 및 효능에 관한 자료들을 전시하고 있으며, 시식실을 마련하여 김치 체험의 장을 제공하고 있다. 현재 하루 평균 200~300명의 관람객이 이용하고 있으며, 월드컵을 계기로 세계에 우리의 식문화를 알리는 데 많은 효과가 있을 것으로 기대된다. 세계적으로 건강에 대한 관심이 높아짐에 따라 우리의 대표적인 발효 음식인 김치에 대한 관심의 증가와 때를 맞추어 우리의 우수한 식문화를 알리는 데 일조할 것으로 본다.

3) 생수 사건[11]

남승우 사장은 한 인터뷰에서 지금까지 풀무원을 운영하면서 가장 보람 있었던 일로 "생수 불법 영업의 오명을 벗기 위해 법정 투쟁에서 승소하여 먹는 샘물의 합법화를 이끌어 냈던 일과 먹는 샘물의 미생물에 대한 규정을 만들어 이를 제도화한 일"을 지적하고 있다. 이만큼 풀무원에게 있어 '생수 사건'은 풀무원의 운영 원칙을 잘 드러낸 사건으로 볼 수 있다.

풀무원이 생수 사업을 시작했던 1987년은 식품위생법의 규정에 따라 생수가 내국인에게 판매 금지되던 시기였다. 이에 따라 풀무원에서는 물맛에는 아무런 영향을 주지 않는 탄산수 형태의 물을 제조 판매하기 시작한다. 탄산수로 허가를 받을 경우 비록 20%의 특별 소비세를 내게 되지만, 그래도 합법적으로 판매를 하고자 이런 결정을 내리게 되었다고 한다. 그러나 그것조차 여의치 않게 되자 결국 '풀무원 샘물'도 당시의 많은 생수업체와 마찬가지로 불법으로 시장에 유통되게 된다.

당시 생수의 유통 자체가 불법이었기 때문에 생수 규격에 관한 아무런 기준도 세워지지 못한 채, 식품위생법의 '모든 음용수는 수도물의 규격을 준용한다'는 규정에 의해 제재를 받았을 뿐이다. 상황이 이렇다 보니 생수의 내국인 판매 금지 규정은 단순히 판매에만 국한되는 문제가 아니라 당시 불법으로 유통되던 생수에 대한 아무런 규정이 존재하지 않아 이를 사 먹는 국민 건강에 부정적인 영향을 미칠 수 있다는 심각한 문제점을 안고 있었다. 그러다 1988년 5월 풀무원 샘물을 비롯한 생수에서 병원균이 대량 검출되는 사건이 발생했다. 이러한 상황에 대해 남승우 사장 다음과 같이 이야기하고 있다.

"깨끗한 지하 암반수를 정수하여 포장한 생수에는 당연히 일반 세균이 존재하며 이는 인체에 아무런 해가 없다. 따라서 미국과 유럽에서는 외부에서의 오염을 막기 위해 지하 암반수의 일반 세균 규격과 포장 즉시의 일반 세균 규격을 정해 두었을 뿐 유통 중의 일반 세균 규격은 아예 없다. 아무리 소비자에게 사과문을 내보낸다고 하더라고 내국인에게 못 팔도록 규정되어 있어 생수에 관한 법이 존재하지 않는 상황에서는 언제라도 그런 소동을 면할 수는 없었다."

따라서 사건의 근본적인 해결을 위해서는 우선적으로 생수의 내국인 판매을 허용하는 법이 규정되어져야 하며, 이후 생수의 규격에 관한 규정이 이루어져야 했다. 이를 위해 우선 생수 업체들이 모여 생수 협회를 만들었으며, 보건사회부 및 국회를 방문해 그 규정의 부당성을 여러 차례 호소했다. 그러나 보사부와 국회가 번번이 결정을 보류하자, 결국 풀무원을 포함한 8개 생수 업체가 1990년 9월 19일에 고등법원에 행정 심판을 청구했다. 그러나 고등법원에서는 패소하여 대법원에 항소했고, 1994년 3월 8일에 대법원은 원심 판결을 파기하고 "보존 음료수를 국내 판매하지 못하도록 금지하고 있는 것은 헌법상 보장된 직업의 자유와 국민의 행복 추구권을 침해하는 것"이라고 판결했다. 3년 6개월을 끈 지루한 재판의 결과 생수의 '내국인 판매 금지' 규정은 그때부터 완전히 풀렸고 이에 따라 생수 규정이 제정되었다.

4) 생라면 실패 사례

그렇다고 풀무원이 항상 새로운 시장 개척에 성공한 것은 아니다. 그 대표적인 실패 사례가 바로 생라면 사례이다.

생라면 시장 진출은 생라면 시장이 급부상되고 있는 일본의 시장 변화에 근거하여 유탕라면 위주의 한국의 라면 시장도 곧 생라면 중심의 시장으로 개편되리라고 예상한 남승우 사장의 판단 결과였다. 풀무원은 1994년 인수한 털보네식품 음성공장에 생라면 라인을 증설하고, 1995년 2월에 국내 최초 생라면을 생산하게 되었다. 하루에 수십만 개가 팔려야 사업성이 보장되는데 대대적인 제품 광고에도 불구하고 5,000개 정도밖에 팔리지 않는 철저한 시장의 무관심 속에 결국 1년 만에 사업을 정리해야 했다.

그러나 사실 남승우 사장의 생라면 시장 개척의 결정은 순전히 사업성만 가지고 이루어진 것은 아니었다고 한다. 우리 나라에서 인기를 얻고 있는 유탕라면이 국민적인 대중 식품인데 비해 건강적인 측면에서 볼 때에는 생라면이 보다 바람직하다는 판단에서 시장 개척을 결정하였고, 지금까지 유기농을 중심으로 한 사업 성공이 이를 확신시켰다고 볼 수 있다. 그러나 보다 건강을 생각하는 제품을 만들고자 하는 의욕은 상대적으로 소비자의 필요를 파악하는 데 소홀하였다. 남승우 사장은 이러한 생라면 시장에서의 실패에 관해서 다음과 같이 그 원인을 분석하고 있다.

"이 사업 실패는 생라면에 대한 일반 의식이 미미한 데다 기존 유탕라면과 품질 대비 가격이 비쌌기 때문인 것으로 분석됐다. 이제야 작은 식당을 중심으로 생라면 시장이 형성되고 있는 것을 보면 풀무원 생라면은 매장 사업이 아니라 식당에서 조리해 파는 쪽으로 사업 방향을 설정했어야 옳았다. 시장 진입 전략이 잘못됐던 것이다."[12]

이와 같이 풀무원의 원칙에 입각하여 신시장을 개척하는 것은 시장 선도자가 주는 이점을 얻을 수 있음과 동시에 실패의 가능성이 높다는 양면성을 갖는다. 따라서 경영자는 냉철한 판단으로 기업이 추구하는 이상을 최적으로 실현할 수 있는 적기(適期)를 포착하는 것이 무엇보다 중요하다. 이러한 생라면 실패는 결국 뒤에 온 IMF 사태로 인해 풀무원에 많은 어려움을 낳게 하였다. 그러나 IMF 이후 생면 시장이 급격히 확장되면서 이러한 생라면의 실패 경험을 토대로 풀무원은 생면 시장에서 확고한 자리를 잡고 있다.[13]

(4) 원칙의 세계화를 꿈꾸는 기업 풀무원

2000년에 들어서면서 풀무원은 세계적인 바이오 기업으로의 도약을 꿈꾸고 있다. 유기농 두부와 콩나물을 생산하는 기업인 풀무원이 바이오 기업으로의 변신을 통해 풀무원 농장의 이웃 사랑과 생명 존중의 꿈을 세계 시장에서 실현하고자 하는 것이다. 남승우 사장은 풀무원의 미래에 대해 다음과 같이 이야기하고 있다.

"풀무원은 전형적인 제조 회사입니다. 하지만 자세히 들여다보면 자연을 가장 자연스럽게 전할 수 있는 기술을 연구하는 바이오 기업입니다. 그러므로 갑자기 바이오 기업으로의 변신을 꾀하는 것이 아니라 알려져 있지 않았던 바이오 기업의 성격을 더 적극적으로 외부로 알리는 겁니다. 콩나물을 예로 들면 온도와 습도, 공기중의 이산화탄소 구성비 등을 어떻게 해 주느냐에 따라 최상의 신선도를 유지하게 됩니다 그것이 바로 '바이오 기술' 입니다. 다시 말해 두부, 콩나물 사업 자체가 '바이오' 사업입니다. 풀무원은 이러한 연구를 통해 축적된 결과를 운영하는 한편, 식품 산업의 미래를 대비하기 위해 다양한 바이오 벤처에 투자하고 있으며, R&D 지원을 통해 전략적인 위치를 점유해 나가고 있습니다. 풀무원은 바이오 산업에 대한 투자를 바탕으로 21세기 바이오 산업의 리더가 되고자 합니다."[14]

사실 모든 기업들이 21세기를 맞이하여 나름의 비전을 수립하여 변화하는 환경에서 기업을 성공적으로 이끌기 위해 고심하고 있다. 그런 관점에서 본다면 풀무원의 21세기 비전을 많은 미래 학자들이 앞으로 급부상할 것으로 예견해 온 바이오 산업에 두었다는 것은 그리 새로운 것이 아니다. 그러나 그 바이오 산업으로의 도약의 시발점이 바로 두부와 콩나물이었고 그것을 가능하게 한 원칙이 한 작은 농장에서 비롯된 이웃 사랑과 생명 존중의 철학이었으며, 바이오 산업의 모색이 이러한 원칙의 세계화를 꿈꾸는 데에서 비롯된 것이라는 데 주목해야 한다. 남승우 사장은 다음과 같이 풀무원의 미래를 이야기하고 있다.

"풀무원의 미래를 생각하면 나는 늘 풀무원의 처음으로 돌아갑니다. 두부와 콩나물 그리고 콩입니다. 처음 내가 두부, 콩나물 사업을 하려 할 때 어머니가 '하필이면 두부, 콩나물이냐?' 고 하셨습니다. 그러나 풀무원은 그 두부와 콩나물을 좋은 재료로 정성들여 만들어 신선하게 유통시킴으로써 마침내 괜찮은 사업으로 만들었습니다. 그리하여 한국인의 마음 속에 풀무원과 두부, 콩나물이 동일시되어 자리잡게 된 것을 자랑스럽게 생각합니다.

장차 풀무원은 세계에서 가장 좋은 두부, 콩나물을 만들고 싶어합니다.

현재 풀무원의 두부와 콩나물은 기술과 품질에서 일본과 경쟁할 만한 수준입니다. 그리고 이미 미국에는 풀무원 두부 공장이 현지 법인으로 세워져 있고, 판매에서 성공을 거두고 있습니다. 이제 유럽과 중국에도 진출

<그림 2> 풀무원의 사업 구조

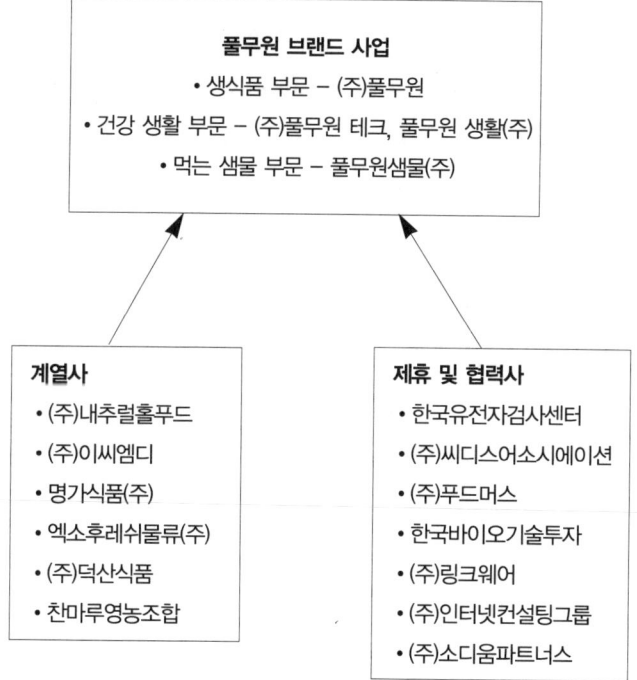

하고 싶어합니다. 2000년 2월에 청와대에서 바이오텍 관계 회사의 대표들을 불렀다. 풀무원도 거기 부르기에 갔습니다. 풀무원이 건강보조식품 장사니까 불렀으리라 생각하고 있는데 옆자리에 앉은 분이 '콩나물도 바이오니까' 불렀을 것이라고 했습니다. 풀무원의 콩나물이 외부 사람에 의해 '신선한' 규정을 받은 것입니다."[15]

이를 실현하기 위해 풀무원은 2000년 5월에 주로 바이오텍에 투자하는 회사인 KBIC(한국바이오기술투자)을 설립하였다. 이를 기초로 풀무원은 두부와 콩나물의 세계화를 위한 기술 축적을 꾀할 수 있도록 바이오텍연구소를 만들 계획을 구상하고 있다. 2002년 현재 풀무원은 바이오 부분에 대한 주요 투자를 일단락지었다. 또한 풀무원 브랜드의 세계화를 위해 다양한 분야의 사업들과 협력 체제를 구축하고 있다. 특히 전통제조업인 풀무원의 제품 생산 프로세스를 인터넷 환경에 적용해 나가기 위해 생산, 유통에서의 변화를 모색하며 공동 구매, 공동 배송하는 시스템에 웹 환경을 동원하기 위한 투자를 시도하고 있다.

3. 풀무원의 당면 과제

풀무원 사례를 준비하는 과정에서 느낀 점은 한 마디로 이상을 현실에 실현해 가기 위해 끊임없이 노력하는 기업의 모습을 보았다는 점이다. 1980년대 당시 두부와 콩나물의 브랜드화와 유기 농산물의 판매는 풀무원 농장을 세운 원경선 원장의 풀무원 정신에서 비롯되었다. 그러나 현재 우리 나라 포장 두부 시장의 70%를 풀무원 두부가 점하고 있으며, 이 제품이 풀무원 전체 매출의 30%를 점한다는 사실을 통해서,[16] 우리는 한 사회운동가의 이상적인 생각이 시장을 형성하고 사업을 이루어 결국 기업 수익의 원천이 됨을 눈으로 확인할 수 있었다. 이것은 곧 이상적인 원칙이 지극히 현실적인 기업의 수익 원천이 될 수 있음을 반증한 것으로 볼 수 있다.

기업이 추구하는 경제적 성과와 사회적 성과와의 관계에 관해서는 많은 논란이 제기되고 있다. 그러나 최근 기업 가치 창출을 위해 환경 친화적 경영의 전략적 필요성이 논의되고 있으며,[17] 지역 사회에 대한 적극적인 참여가 단순히 기업의 사회적 책임을 발휘하는 차원에서 벗어나 전략적 투자의 대상이 된다는 지적이 제기되고 있다.[18] 즉 기업이 하나의 자선 행위로 사회적 책임을 수행하는 것은 더 이상 사회에도 기업 자신에도 이익이 되지 못한다는 것이다. 기업으로 하여금 보다 지속적이고 적극적인 사회적 책임을 수행하도록 하기 위해서는 이것이 기업의 전략에 반영되어 기업의 혁신과 수익에 연결되어야 한다는 지적이다.

사실 계량적인 평가 지표상에서 볼 때 풀무원이 음식료품에 속하는 다른 기업들을 대표할 만큼 탁월한 점수를 보이지는 못한다. 그럼에도 불구하고 이번 경실련의 사례집에 채택된 가장 큰 이유를 필자는 풀무원이 보여 준 이상의 현실화를 위한 다양한 노력과 이를 통해 결국 사회적 성과가 경제적 성과와 결코 분리될 수 없으며, 오히려 상호 보완 관계가 있음을 보여 주었다는 점에서 찾을 수 있다.

끝으로 풀무원이 추구하는 이상의 지속적인 실현을 위해서 풀무원이 넘어야 할 몇 가지 과제를 지적하고자 한다. 무엇보다도 현재 사회 전반적으로 식문화에 대한 의식이 풀무원이 창업될 당시와는 비교가 안 될 정도로 상당한 수준에 이르렀다는 점이다. 이것은 힘겹게 소비자를 계도하면서 사업을 운영해야 했던 과거에 비해 쉽게 소비자에게 다가갈 수 있다는 장점이 되지만 높아진 시장의 기대 수준을 충족시키기 위해 과거 그 어느 때보다도 많은 노력이 요청된다. 고객과의 지속적인 신뢰를 유지하기 위해서는 보다 핵심 역량 위주의 양질의 제품과 서비스를 제공할 준비가 이루어져야 할 것이다. 이를 위해 풀무원의 핵심 역량을 지원할 수 있도록 사업 합리화와 조직 운영 합리화를 위한 지속적인 구조 조정의 노력이 병행되어야 할 것이다.

둘째, 초기 시장에서는 다른 경쟁 기업들이 풀무원을 이단아 취급을 하였으나 현재 많은 기업들이 동일한 컨셉을 갖고 시장에 들어오고 있다. 특히 과거와는 달리 엄청난 자본과 인력 및 유통망을 소유한 대기업이 풀무원이 선점한 시장에 뛰어듦에 따라 그 어느 때보다도 치열한 경쟁이 예상된다. 이러한 사실은 그만큼 풀무원이 지향하는 것이 이제는 사회 전반에 걸쳐 공감대가 형성되었다는 점에서 바람직한 현상으로 볼 수 있다. 그러나 대기업과의 치열한 경쟁을 이기기 위한 차별화된 전략의 수립이 요청되는데, 그 한 가지 방법은 바로 '원칙에 충실한다'는 것이다. 경쟁이 치열할수록 풀무원의 차별성을 보여 줄 수 있는 원칙의 실현을 위한 보다 부단한 연구와 노력만이 이러한 경쟁에서 이길 수 있는 길일 것이다. 앞으로의 풀무원의 모습에 많은 기대를 걸어 본다.

주

1) 본 사례는 (주)풀무원의 기획담당 상무이사와 CS센터장, 그리고 홍보팀장과의 인터뷰와 홈페이지의 자료 및 신문 기사에 근거하여 작성하였다. 사례를 위해 각종 자료를 제공한 풀무원 담당자들에게 감사를 드린다.
2) 이하 '풀무원'으로 칭함.

3) 〈매일경제〉, 2002. 5. 6.

4) 1993년에 설립된 찬마루식품(주)이 1999년 (주)풀무원에 흡수 합병됨에 따라 찬마루 브랜드가 이제는 풀무원 브랜드와 혼용되는 것이 아닌가라는 오해의 소지가 있을 수 있다. 그러나 찬마루식품(주)은 제조업체로서 이전에도 풀무원 두부와 찬마루 두부를 동시에 제조하였다고 한다. 결국 수입 농산물로 만든 찬마루 브랜드 제품에 대한 유통을 (주)풀무원이 맡았다가 구조조정 과정에서 생산의 효율성을 높이기 위해 수직적 통합을 시도하여 제조법인인 찬마루식품을 유통법인인 (주)풀무원이 흡수 합병한 것이다. 따라서 브랜드로서 풀무원과 찬마루의 의미에는 변함이 없다.

5) 〈매일경제〉, '나의 사업이야기', 2001.4.24.

6) 이러한 이웃 사랑 운동은 1988년 한국국제기아대책기구(풀무원 농장의 원경선 원장이 주도적으로 설립한 국제난민구호 단체)가 설립되고, 기아난민 돕기 모금 운동이 풀무원 주부 사원인 건강 레이디를 중심으로 자발적으로 시작되면서 비롯되었다. 이렇게 주부 사원을 중심으로 자발적으로 생겨난 이웃 사랑 운동은 90년대 초반 내근 일반 직원까지 운동이 확대되어 매월 일정 금액을 급여에서 기부하는 이웃 사랑 기금으로 확대되었다. 2002년에 들어서는 직원이 모금한 금액과 동일한 금액을 회사에서도 기부하는 '매칭 펀드 제도'를 도입하여 많은 직원이 모금 활동에 참여할 수 있도록 동기 부여시키고 있다.

7) 참고로 우리나라 포장 두부는 2001년 11,12월이 2000년 11,12월 대비 70% 이상 신장을 하였으며, 여기서 국산콩과 수입콩의 비율은 2000년 11,12월 약 2:8에서 2001년 11,12월 약 3:7의 비중으로 국산콩의 증가추세를 보이고 있다(풀무원 2002년 사업보고서).

8) 〈한국경제〉, 2002. 5. 13.

9) 〈파이낸셜뉴스〉, 소비재도 브랜드 시대-풀무원 두부, 2002. 4. 17.

10) 2000년 삼성동 무역센터에 김치박물관이 재개관하기 전까지는 무료로 운영되었다.

11) 〈매일경제〉, '나의 사업이야기', 2001. 4. 23.

12) 〈매일경제〉, '나의 사업이야기', 2001. 4. 30.

13) 현재 풀무원의 생면 시장에서의 점유율은 1999년 34.5%, 2000년 35.0%, 2001년 40.6%에 이르고 있다(자료원: 2002년 사업보고서).

14) 풀무원 Homepage.

15) 〈매일경제〉, 나의 사업이야기, 2001.5.2.

16) 풀무원 2002년도 사업보고서.

17) Holliday, C. 2001. *Sustainable growth, the Dupont way*, Harvard Business Review, 79:8, PP. 129-134.

18) Kanter, R.M. 1999. *From spare change to real change*. Harvard Business Review, 77:3, PP. 122-132.

제6장

차별화 전략을 통한 기업 경영

(주)웅진닷컴

이승창(항공대학교 경영학 교수)
조성도(천안대학교 경영학 교수)

몇 년 전 어느 대학에서 강의를 한 적이 있다. 강의가 끝난 후 한 학생이 나에게 질문을 했다. "회장님께서는 성공하시게 된 비결을 무엇이라고 생각하십니까?"

젊은 시절에는 누구나 성공을 꿈꾼다. 나에게 질문한 학생도 성공을 원했기 때문에 그 비결을 물었을 것이다. 그 때 나는 학생들에게 이렇게 이야기해 주었다.

"저는 분명히 성공했습니다. 사람들은 저의 사회적 지위와 회장이라는 직함을 보고 성공했다고 말하곤 합니다. 방금 질문한 학생도 그랬을 것입니다. 그러나 제가 성공했다고 이야기하는 의미는 다릅니다. 저는 누구보다도 판매에 자신이 있고 판매에 있어 전문가가 되었기 때문에 성공했다고 자신있게 말하는 것입니다. 따라서 성공의 비결이란 한 분야의 전문가가 되기 위한 끊임없는 노력일 것입니다."

경쟁 시대, 성공 전략은 단 하나다. 남보다 뛰어난 능력을 갖춰 한 분야의 전문가가 되는 것이다. 나는 성공의 잣대를 전문가가 되었느냐, 그렇지 않느냐로 삼아야 한다고 생각한다.

— 1999년 6월 9일자 〈매일경제〉, 윤석금 회장의 '나의 사업 이야기' 중에서

단기 매출 증가보다 더 중요한 것은 구조 개선이다. 매출이 오를 때 만족하지 말고 회사 구조를 개선하는 것이 장기적인 발전을 도모하는 방법이다. 회사를 혁신하고자 한다면 교육을 통해 직원들의 생각을 바꾸는 것도 중요하지만 이와 함께 구조와 제도 개선이 뒷받침되어야 한다.

— 1999년 6월 7일자 〈매일경제〉, 윤석금 회장의 '나의 사업 이야기' 중에서

1. 회사 연혁과 성장 과정

웅진닷컴은 윤석금(尹錫金) 현 웅진그룹 회장이 1980년 '도서출판 헤임 인터내셔널'을 설립하면서 시작되었다. 당시 브리태니커 한국지사 판매 상무로 재직하면서 전 세계 세일즈맨 중 최고 실적자에게 주는 '밴튼상'을 수상할 정도로 발군의 판매 실력을 보이던 윤석금 회장에게 창업은 매우 위험한 선택이었다. 판매에 대한 자신감, 좋은 책을 구별할 줄 아는 식견, 강한 도전 의식이 당시 그가 가진 전부였을 뿐, 자본도 확보하지 못한 상태였다. 외국 회사에서 일하면서 외국 자본의 위력을 알고 있던 윤석금 회장은 외국 자본을 유치하기 위해 일본으로 갔다. 브리태니커 세계 판매인 대회에서 알게 된 일본인을 통해 사업 계획을 이야기해 볼 수 있는 10여 개 회사의 대표 전화번호를 얻은 윤석금 회장은 그 회사들과 직접 접촉했다. 매우 무모한 도전이었으나 그 중 1개 회사가 자세한 설명을 요구해 왔고, 브리태니커에서 윤석금 회장의 업무 태도나 실적을 꼼꼼히 따져 본 일본 헤임인터내셔널 미우라 사장은 7억8천만 엔(한화 78억 원 상당)을 투자하였다.

이렇게 해서 설립한 회사는 1980년 7월 30일 과외 금지 조치와 함께 비약적 성장의 기회를 맞게 된다. '정부의 과외 금지 조치로 더 이상 과외를 받을 수 없게 된 중고생들은 앞으로 어떻게 공부할까?'라는 문제의 해결점을 찾은 것이다. 정답은 '카세트 테이프'였다. 카세트 테이프를 제작해서 판매하는 것이 과외 금지에 위배되는 것이 아니라는 것을 확인하고, 곧바로 전국에서 가장 유능한 과외 교사들을 섭외하여 그들의 강의를 녹음했다. 대대적인 신문 광고도 실시했는데, 헤드 카피는 "아무리 친절한 선생님도 10번씩 반복해서 가르치기는 어렵습니다"라는 것이었다. 이렇게 만들어진 〈헤임고교학습〉은 고가에도 불구하고 날개 돋친 듯이 팔려나가 고교 학습 참고서의 대명사가 되었다. 〈헤임고교학습〉 판매를 위해 전직 교사들을 판매인으로 채용하였다. 이들은 교사 특유의 설득력과 신뢰로 학생과 학부모에게 어필했다. 이를 계기로 웅진은 전문 판매인 육성의 중요성에 대해 눈을 뜨게 된다.

1983년 사내 공모를 통해 회사 이름을 '도서출판 헤임인터내셔널'에서 '웅진출판'으로 바꾸고 본격적인 출판 활동을 시작했다. 당시 우리 나라 어린이 책은 매우 심각한 상태였다. 대부분 외국 도서의 모방물이거나 번역본으로 우리 현실과 맞지 않는 내용과 서양식 건물과 서양 아이의 푸른

<표 1> 웅진닷컴 회사 연혁

1980. 4	회사 설립
1981. 6	〈헤임고교학습〉 발행
1983. 9	〈어린이마을〉 발행
1986. 8	〈웅진아이큐〉발행
1989. 3	조세의 날 대통령 표창
1993. 7	결혼 전문 잡지 〈마이웨딩〉창간
1994. 2	〈웅진씽크빅〉 출시
1994. 11	기업 공개 – 증권거래소 상장
1996. 10	남녀고용평등우수업체 선정 노동부 장관 표창
1997. 6	문화의 날 보관문화훈장 수훈
1998. 4	경실련 · 한겨레신문 공동 주최 제7회 경제정의기업상 수상
1998. 12	어린이 인물 잡지 〈생각쟁이〉 창간
1999. 8	코리아나화장품 매각
2000. 4	웅진출판(주)에서 (주)웅진닷컴으로 사명 변경
2001. 4	경실련 · 한겨레신문 공동 주최 제10회 경제정의기업상 수상
2002. 1	『그 많던 싱아는 누가 다 먹었을까』 MBC '느낌표' 캠페인 도서 선정

눈을 가진 삽화 일색이었다. 일본 것을 베낀 것은 그 정도가 더욱 심각해 당시 국내에서 발간된 아동 서적의 80% 이상이 일본의 글과 그림을 무분별하게 따라한 것이었다. 그러다 보니 우리 민족에 맞는 정서를 키우지 못하고 서양이나 일본인의 정서를 받아들이고 있었던 것이다. 이런 책으로는 도저히 민족적 자긍심과 정체성을 확보할 수 없다고 생각한 윤석금 회장은 '우리 아이들에게 우리 삶을 보여 준다'는 취지를 갖고 〈어린이마을〉을 기획했다. 〈어린이마을〉은 우리 나라 4계절의 변화, 동식물, 생태, 풍속을 통해 '우리 것의 소중함'을 보여주는 책이다.

1984년 8월 완간한 〈어린이마을〉은 3년여의 제작 기간과 8억 원의 제작비를 투입하였고, 교육자, 동식물학자, 아동문학가, 화가 등 연 300여 명의 제작진이 참여했다. 그러나 서양 것에 익숙하던 현실에서 우리의 전통과 자연을 다룬 책은 너무나 생소한 것이었고 발간 초기에는 판매도 부진했다. 이런 위기를 극복하기 위해 새로운 돌파구를 찾은 것이 여성 인력을 활용하는 것이었다. 당시에는 대학을 졸업한 고학력 여성이라도 결혼하면 대부분 가사에 전념하는 것이 미덕이었고, 판매인이 된다는 것은 생각조차 하기 힘든 일이었다. 세일즈는 남성의 영역이라는 의식이 팽배하던 시절에 '교육물을 판매하는 데는 남성보다 여성이 더 적합하다'는 데 착안해 대졸 여성 판매인을 모집했고, 그들에게 〈어린이마을〉에 대한 집중적인 교육을 실시했다. "지금까지 한국 아동 교육과 아동 문화가 이룩한 성과의 총결산이 무엇인가를 알려 주는 첫 시도이다. 앞으로 한국 아동 교육 및 출판 문화 발전에서 획기적인 역할을 담당할 것이다"라는 매스컴의 격찬과 함께 6개월 후부터 판매인을 지원하는 주부들이 대거 몰려들었고, 아동 출판물로는 전무후무한 700여만 권, 450억 원의 판매고를 올렸다.

〈사진 1〉 서울국제도서전의 웅진닷컴 부스. 이 행사에서 풍선 아트와 〈매기와 알록무늬 비스트〉 캐릭터 인형들을 이용한 이벤트가 펼쳐져서 어린이 관람객들에게 큰 호응을 얻었다.

　　1986년 들어 웅진닷컴의 자금 사정이 갑자기 악화되었다. 매출액은 늘었지만 할부 판매 계정이 늘어나고, 판매인이 늘어나면서 수당 등 초기 비용이 급격히 증가하여 운전 자금이 부족하게 된 것이다. 방문 판매는 일단 계약만 성사되면 판매인에게 실적의 25%에 해당하는 수당을 먼저 지급해야 하는 초기 운전 자금의 수요가 매우 왕성한 영업 방식이다. 따라서 제품이 많이 팔릴수록 돈이 모자라는 상황이 벌어진 것이다.

　　웅진닷컴은 이런 어려움을 타개하기 위해 고심하던 중 '정기 구독 학습지'를 만들기로 결정하였다. 이렇게 해서 세상에 나오게 된 〈웅진아이큐〉는 국내 최초 컬러 학습지로, 최고급 일러스트를 사용하고, 최고급 종이에 인쇄하여 품질의 고급화와 차별화를 지향하였다. 1년 정기 구독 형태로 판매하여 먼저 선금을 받고 그 자금으로 제품을 만들어 매달 보내주기만 하면 되는 것이었다. 1년 구독료 54,000원인 〈웅진아이큐〉는 6개월만에

20만 명의 정기 구독자를 확보하였다. 인쇄와 판매 비용 등 원가를 제하고도 150억 원의 여유 자금을 확보하여 자금 압박을 해결한 것은 물론 회사 도약의 발판을 마련할 수 있게 되었다.

〈웅진아이큐〉의 성공 요인은 크게 세 가지로 요약할 수 있다. 첫째, 당시 우리 나라에서는 학습지는 어떤 제품이 선택될 것이냐는 문제만 있을 뿐인 수요가 확실한 시장이었다. 웅진닷컴은 이러한 상황을 파악하고 적절하게 시장에 진출한 것이다. 둘째, 〈웅진아이큐〉는 제품의 고급화와 차별화를 통해 단순한 시험지가 아닌 '고급 교재'를 지향하던 고객의 욕구를 충족시켰다. 셋째, 대졸 주부 에이전트를 주력으로 한 엘리트 방문 판매 조직을 통해 〈웅진아이큐〉를 고객에게 효과적으로 소구시켰다는 점이다.

〈웅진아이큐〉의 성공으로 웅진닷컴은 업계 1, 2위를 다투는 위치로 성장했고, 그 후 10년 동안 급격히 사세 확장을 하게 되었다. 1987년에는 '아침햇살', '초록매실'로 알려진 웅진식품주식회사를 설립하고, 1988년에는 코리아나화장품, 1989년에는 정수기 등 환경 제품을 생산·유통하는 웅진코웨이(개발)주식회사를 설립하였다. 이것은 학습지를 비롯한 출

〈사진 2〉 1994년 1월 〈웅진용유수학〉이라는 이름으로 〈웅진씽크빅〉이 첫선을 보였다. 반복 연습을 통해서는 창의력과 응용력을 키울 수 없다는 문제 의식에서 창의력과 사고력 향상을 위하여 개발되었으며, 1995년 국어 과목을 개발하면서 브랜드명을 〈웅진씽크빅〉으로 통합하였다.

판 분야의 자금력을 바탕으로 한 것인데 사업 다각화의 좌표는 "정신 문화에서 생활 문화까지"이다.

사업 확장에 있어 무분별한 규모의 확장보다는 웅진이 가장 자신 있다고 생각하는 '인적 판매 네트워크를 이용한 사업 확장'을 시도했다는 것에 주목할 만하다. 웅진코웨이의 정수기 방문 판매는 웅진닷컴의 출판 방문 판매에서 얻어진 운영 노하우를 활용해 조직되었다. 판매하는 제품은 달라도 '방문 판매'라는 인적 네트워크 방식의 특징과 공통점이 일치한다. 정수기 렌탈제를 시행하면서 조직한 '코웨이레이디(코디)'도 웅진닷컴의 〈웅진씽크빅〉 학습지 교사 조직 형태를 제품군에 맞게 적절히 변형한 것이다. 학습지 교사는 전문적 지식을 갖추고 있어야 하며 회원에 대한 서비스 마인드와 영업 능력도 지녀야 한다. 이러한 조직 운영 성공을 바탕으로 인적 자원들을 관리하기 때문에 코디는 출범 4년 만에 6,500여 명의 커다란 조직으로 성장하였다.

웅진식품도 초기 인수·설립 당시에는 건강 식품 방문 판매 사업을 하였다. 최근에는 시장 추세에 맞춰 전통 음료 개발과 시중 판매에 주력하지만 영업직군을 우대하는 정책이나 운영 방법 등은 방문 판매에서 얻어진 경험에 의한 것들이다.

그러나 사업 다각화가 성공적이고 바람직한 것이었는지는 시장 변화, 경영 성과, 종업원 만족에 따라 계속적으로 평가되어야 할 것이다.

IMF 경제 위기가 닥쳤던 1997~1998년 연일 계속되는 기업들의 도산과 소비 심리 위축은 웅진닷컴에게도 예외가 아니었다. 소비 심리 위축은 매출 하향세로, 곧 자금난으로 이어졌다. 경제 위기로 인한 자금 부족과 내수 침체는 기업의 경영 형태를 근본적으로 바꾸어 놓았다. 새로운 상품을 기획하고 공격적 마케팅을 펼치기보다는 안정 위주의 소극적 경영 전략이 주류를 이루게 되었다. 출판 업계도 예외가 아니어서 신간 발행이 현격하게 줄어들고 도서 판매량이 감소하면서 업계 전체가 위축되었다.

사업 다각화를 추진하느라 새로운 자금 수요가 어느 때보다 활발했던 웅진닷컴도 창사 이래 최대의 위기를 맞았다. 급기야 금융 위기를 타개하기 위한 결단을 내렸다. 15개 계열사를 7개로 줄이고, 1999년에는 최우량 계열사인 코리아나화장품을 매각한 것이다. 코리아나화장품은 그룹 내 랭킹 2위, 화장품 업계 빅4를 차지하던 탄탄한 기업으로 누가 봐도 '팔기는 아까운' 회사였다. 특히 화장품 방문 판매의 새로운 전형을 보여 주며 비약적인 성장을 하고 있던 터였다. 그러나 코리아나화장품을 과감하게 매각하고, 매각에 따른 여유 자금으로 웅진닷컴과 웅진코웨이의 부채를 갚아 자금 사정을 호전시켰다. 윤석금 회장은 코리아나화장품 매각으로 얻어진 사재 120억 원을 막 성장을 시작하던 웅진식품에 출연하여 경영 안정화를 시도하였다.

아무리 불황이라도 히트상품은 나오게 마련이다. 경제 상황과 사회 분위기를 맞춰 개발한 제품은 성공할 수 있다. 다른 경쟁자들이 새로운 제품 개발을 하지 않을 때 과감하게 공격적인 전략을 펼치는 것은 오히려 기회가 될 수 있다.

IMF 당시 우리 나라에서는 고도의 성장을 거듭하면서 뉴스메이커로 조명 받던 사회 인사들이 대거 비리에 연루되는 일이 벌어졌다. 이제까지 존경받던 인물들이 하루아침에 사회적 범죄를 저지른 사람으로 전락하고 만 것이다. 이런 상황에서 아이들은 돈을 많이 번 사람, 높은 지위에 오른 사람은 모두 나쁜 사람이라고 생각하고, 특별히 존경할 만한 인물을 찾지 못하고 있었다. 가치관의 혼란으로 인한 결과는 TV 속의 스타만을 좇고 자신의 미래에 전형이 될 만한 인물을 찾지 못하는 '꿈의 부재'로 이어진다.

〈사진 3〉 어린이 인물 잡지 생각쟁이

　이런 상황을 겨냥해 출시한 제품이 어린이 인물 잡지 〈생각쟁이〉이다. 컴퓨터, 정보 통신, 금융, 회계, 예술 등 현시대를 살아가는 위대한 인물들의 삶을 통해 어린이들에게 올바른 위인의 모습을 보여 주자는 것이 이 책의 기획 의도이다. MS사의 빌 게이트, 일본 소프트뱅크 손정의, GE 최고 경영자 잭 웰치, 바이올리니스트 장영주, 인터넷 아마존 서점의 제프 베이조스 등이 〈생각쟁이〉가 다룬 '위인' 들이다.

　〈생각쟁이〉는 '현시대 위인의 노력하는 모습을 보여 주자' 는 취지를 살리기 위해 전집 형태보다는 월간지로 만들었다. 시사적 인물을 다루므로 그때 그때 주목받는 전문가를 다룰 수 있고, 잡지는 전집에 비해 가격이 저렴하다는 장점도 있었다. 그러나 대부분의 잡지는 광고를 통해 수익을 창출하는데, 어린이 잡지에는 게재할 수 있는 광고가 한정되어 광고에 의존하다가는 질을 담보할 수 없게 된다. 이러한 점을 극복하기 위해 광고 대신 판매에 의존하여 수익을 창출하는 구조를 선택했다. 즉 정기 구독용

잡지로 발간하여 초기 자금을 확보하고 서점 판매 대신 방문 판매 조직을 활용해 유통 단계를 줄여 수익성을 높이는 판매 전략을 세운 것이다. 대신 표지 장정을 기존의 잡지와 달리하여 매월 모아 놓으면 전집처럼 볼 수 있도록 하는 등 전집과 잡지의 장점을 결합했다. 〈생각쟁이〉는 '현존하는 인물의 위인 전기'라는 점 때문에 과월호가 가지는 가치를 또 다시 얻게 된다. 이런 점을 활용해 과월호를 묶어 다시 전집 형태로도 판매하여 이중 판매 효과를 얻고 있다.

〈생각쟁이〉는 창간 6개월 만에 10만 정기 구독자를 확보하고 정기 구독에 의한 선불로 월간 80억 원의 여유 자금을 만들어 냈다.

웅진닷컴은 지난 1994년 창의력 학습지 〈웅진씽크빅〉을 창간하였다. 이미 〈헤임고교학습〉, 〈웅진아이큐〉등의 성공에 힘입어 학습물 개발에 대한 노하우를 축적하고 있던 터라 지금까지와는 다른 차원의 학습지를 기획하고 있었는데 그 주제가 바로 '창의력'이었다. 당시만 해도 주입식 교육과 암기 위주의 교육이 주를 이루던 때인지라 사회적으로 '열린 교육', '창의력 개발'이라는 교육 원칙이 일반화되지 않은 상태였다.

1990년대 들어 세계화·정보화가 급속히 진행되면서 새로운 가치관이 형성되기 시작했다. 끝없이 펼쳐지는 정보의 바다에서 필요한 정보를 적절하게 활용할 줄 아는 능력이 각광받기 시작한 것이다. 그러기 위해서는 사지선다형 시험이나 단순한 지식 암기보다 생각할 줄 아는 힘, 즉 창의력이 필요하다. 웅진닷컴에서는 세계화·정보화의 시대에는 많이 아는 것보다는 새로운 생각을 할 줄 아는 사람이 더 똑똑한 사람이 될 것이라는 식견으로 이제까지와는 다른 '생각하는 힘을 기르는 교재' 제품 개발에 돌입한 것이다.

〈웅진씽크빅 수학〉 첫 장에는 동화가 한 편씩 실려 있다. 국어책이 아닌 수학책에 웬 동화인가라는 생각을 하겠지만, 이 이야기들은 수학적 개념을 동화로 이해시키기 위한 것들이다. 또 〈웅진씽크빅〉에서는 단순한 답을 찾을 수 있는 문제는 하나도 없다. 한 번쯤 더 생각해 봐야만 풀 수 있는 문제들로 구성되어 있다.

그러나 회원제 학습지 사업을 경쟁 업체에 비해 늦게 시작한 만큼 차별화 전략이 시급했다. 우선 대대적인 광고 마케팅 전략으로 시장을 공략했다. 당시 "코끼리를 냉장고에 넣는 방법을 아십니까?"라는 광고는 창의력이 무엇인지를 설명하는 획기적인 광고였다. 후에 코끼리를 냉장고에 넣는 방법에 대한 유머 시리즈가 등장할 만큼 센세이션을 불러일으켰다.

둘째, 경쟁사들과는 다른 '웅진씽크빅 공부방' 이라는 시스템을 처음 도입하여 차별화시켰다. 사업 시작에 앞서 회사측이 조사해 본 결과 고학력 주부들이 재취업을 원하지만 마땅한 자리가 없고, 육아·가사 문제 때

〈사진 4〉 웅진은 고학력 여성들을 판매인으로 기용하여 그들의 장점을 회사 경영에 활용하고 있다. 이는 남성 위주의 세일즈 업계에서는 혁명적인 발상으로, 웅진의 세일즈 매니저 중 여성이 차지하는 비율이 1990년 말 70%에 이르렀고, 1999년 말부터는 90%를 웃돌게 되었다.

문에 취업을 하기가 어렵다는 대답을 했기 때문이다. 학습지 사업의 성공 요건 중 하나는 우수한 인력을 얼마나 많이 확보하느냐에 있다. 웅진닷컴 에서는 주부들이 자신의 집에 공부방 시설을 갖추면 회원들이 교사의 집 으로 찾아와 공부하는 '웅진씽크빅 공부방'을 열었다. 당시만 해도 '재택 근무'라는 형태가 일반화 되지 않은 시절이라 주부들로부터 폭발적 인기 를 얻었다. 주부들이 집에서 회원 관리를 하고 1주일에 1~2번 정도 회사 에 출근하는 공부방 시스템은 잠재되어 있던 주부 인력들의 사회 참여를 도모하였고, 〈웅진씽크빅〉의 성공에 큰 기여를 했다.

〈웅진씽크빅〉이 도약의 날개를 단 것은 2000년 제7차 학습 과정이 실 시되면서부터이다. 제7차 학습 과정의 요지는 창의력 배양과 개별 학습자 중심의 교육이다. 창의력의 중요성이 공식적으로 인정되면서 이미 수년 전부터 창의력 학습을 주창해 온 〈웅진씽크빅〉에 소비자들의 관심이 모아 지게 되었다. 지난 5년간 〈웅진씽크빅〉은 학습지 업계 성장률 1위를 기록 하며 고속 성장을 거듭하고 있다.

웅진닷컴은 2000년 창립 20주년을 맞아 사명을 웅진출판에서 웅진닷 컴으로 변경하였다. 온라인 사업을 본격화하면서 온라인과 오프라인의 시너지 효과 창출과 디지털 시대에 부응하는 미래지향적 기업으로 도약 하기 위한 것이었다. 당시는 닷컴 기업들이 승승장구할 때여서 '웅진닷 컴'이라는 이름이 첨단 교육 기업으로서의 이미지를 나타낸다는 의견을 통해 변경된 것이다.

그러나 회사명을 바꾸고 얼마 되지 않아 닷컴 기업들이 줄줄이 도산하 기 시작했다. 기업의 내실을 다지지 않고, 규모만 흉내낸 결과였다. 그러 나 웅진닷컴은 꾸준히 성장해 온 탄탄한 기업임에도 불구하고 닷컴 기업 으로 분류되어 마치 경영상의 문제가 있는 것처럼 오해를 받게 되었다. 이런 의심은 주가 하락으로 드러났다.

웅진닷컴에서는 이 상황을 극복하기 위해 IR팀을 새롭게 정비하였다. 공인회계사 출신을 IR팀장으로 영입하고, 수동적이던 IR 활동에서 벗어나 적극적 형태로 IR 전략을 전환하였다. 애널리스트 대상의 국내 기업 설명회를 개최하여 기업을 제대로 알리기 위해 노력했고, 국내뿐 아니라 해외 IR 활동에도 주력했다. 미국, 홍콩, 싱가포르 등지를 돌며 해외 투자자를 유치하는 적극적인 해외 IR 활동으로 외국인 주주가 늘어나면서 비로소 주가를 회복했을 뿐만 아니라 이전보다 훨씬 상승하는 효과를 가져왔다.

2. 웅진닷컴의 경영 특징과 성과

(1) 경영 정신과 기업 문화

웅진닷컴은 사람의 힘으로 움직이는 회사이다. '인화, 사랑, 봉사'의 경영 정신에서도 보듯 언제나 '사람'이라는 개념을 가장 중요한 전제로 삼고 있다. 그 중에서도 '인화'는 웅진닷컴의 가장 근간이 되는 정신이다. 직원 2,300여 명, 방문 판매 상담 교사 1만7천여 명, 학습지 교사 1만여 명의 거대한 조직이 제 역할을 하기 위해서는 서로를 이해하고 아껴 주는 인화의 정신을 가장 강조하고 있다. 웅진닷컴에서는 이러한 기업 풍토를 통해 '화합하는 조직', '경영자와 직원들의 사이가 가장 좋은 기업'의 이미지를 가지고 있다. 얼마 전 웅진닷컴 본사 마당에서는 월드컵 경기를 전 직원들이 함께 응원하면서 맥주와 바비큐 파티를 벌인 적이 있다. 축구 경기를 통해 전 직원이 참여하는 축제 마당을 만든 것이다. 이것은 사람을 가장 중시하는 기업 문화와 최고 경영자에서부터 사원에 이르기까지 끈끈한 유대감을 형성해 가는 웅진 문화의 표출이라고 볼 수 있다.

웅진의 경영 이념은 기업 인간주의, 기업 도덕주의, 기업 합리주의이다. 기업 인간주의는 사람을 귀하게 여겨야 한다는 이념이다. 각 조직원이 현재 보유한 재주보다 미래의 가능성을 중시한다는 의미도 담겨 있다. 웅진은 기업 인간주의를 통해 종업원들을 결속시키려고 노력해 왔다. 실제 업무를 추진할 때도 수직적인 명령이나 지시에 의해 일하기보다 부서별 팀미팅을 통해 독특한 분담 체제를 만들어 추진하고 있다.

기업 도덕주의는 기업이 사회의 이익을 대변해 주고 그 속에서 자기의 영역을 찾으려고 할 때 비로소 달성할 수 있다는 것이다. 고객이 좋아하지 않는 기업은 결국 망하고 만다는 의식에서 나온 생각이다. 실제 웅진닷컴은 다른 출판사들이 외국 서적을 베껴서 단기적인 매출을 올릴 때 한국의 정서를 담은 〈어린이 마을〉이나 한국 생태계를 총망라하는 〈한국의 자연 탐험〉 등을 발간하는 도전을 통해서 성장해 왔다. 눈앞의 사업성보다 어린이의 정서 함양과 성장에 큰 영향을 끼치는 책을 발행하는 것이 장기적으로 더 큰 성공을 거둘 수 있다는 생각이었다.

기업 합리주의는 기업의 선진화를 위해 이성적 논리와 과학적 사고가 중요하다는 의미를 담고 있다. 웅진닷컴은 세계적인 종합 출판 문화 기업을 지향하고 있기 때문에 전통적 가치관과 합리적인 서양적 가치관을 모두 강조하고 있다.

웅진닷컴은 창의력 계발을 통해 끊임없이 변화하는 기업으로서의 이미지를 구축하고 있다. 웅진닷컴에서 개발하는 모든 학습물에는 기본적인 원칙이 있다. 그것은 아이들을 위한 모든 제품에는 생각하는 힘, 즉 '창의력'을 키울 수 있도록 해야 한다는 것이다. 이것은 비단 제품에서 뿐 아니라 웅진닷컴에서 일하는 직원들에게도 철저히 요구되는 덕목이다. 신입사원을 뽑는 중요한 기준 중 하나도 '얼마나 많이, 남과 다르게 생각하느냐' 하는 점이다. 이렇게 창의력을 중시하는 기업 풍토는 웅진닷컴에 '젊은 기업'이라는 역동적 이미지를 심어 주고 있다. 실제 웅진닷컴은 김준희 대표이사(44세)를 비롯한 임원 대부분이 40대로 구성되어 있으며, 그 중에는 35세의 젊은 임원도 있다. 간부급들도 대부분 30~40대가 주축이 되는 젊은 기업이다. 이렇게 구성원들이 젊고 창의력이 훈련되어 있다 보니 변화를 추구하는 힘도 그 어느 회사보다 강력하다.

웅진닷컴은 자본력보다는 인적 자원에 의해 운영되는 회사이다. 기업의 성패는 조직의 구성원들이 신바람나게 일을 하는가 그렇지 않은가에 달려 있다. 웅진닷컴에서는 현장에 있는 영업 직군 인력들이 열심히 일할수 있도록 여건을 마련해 주고 신속하게 지원하는 것이 최선의 영업 전략이다.

웅진닷컴에서 실시하는 신바람나는 경영의 제 1원칙은 '사람의 마음을 알아주는 것'이다. 경영진과 직원들이 많은 대화를 나누고, 직원들의 의견을 경청한다. 똑같은 일이라도 지시와 명령으로 받아들이면 그 일이 진정한 '나의 일'이라고 느끼기 어렵다. 자신의 의사가 자유롭게 전달되고 받아들여질 때 업무의 책임감도 강해지고 잘못도 적극적으로 개선할 의지가 생긴다.

사업 초기에는 상하 직급간에 함께 밥을 먹는 것을 정례화하고, 때로는 목욕탕에 함께 가서 동료 의식을 키웠다. 윤석금 회장은 온라인 사업을 시작하던 초기에 매주 온라인사업본부 직원들과 이야기하는 자리를 마련했다. 새로운 정보를 공유하고, 사업 방향에 대한 의견을 자유롭게 나누는 이 자리에서는 그룹 총수도 신입 사원도 아무런 구별이 없었다. 현재의 김준희 대표이사는 간담회를 실시하여 비슷한 또래에서 느끼는 문제 의식이나 직원들의 의견을 듣고 있다. 신입 사원, 주임, 팀장 등 각 직급별로 따로 간담회를 마련해 자칫 중간에서 막힐 수 있는 의견이나 업무상의 고민을 함께 해결해 나가고 있다. 김준희 대표이사와 직원들 사이에는 핫라인(Hot- Line)이 개설되어 있어 누구든 실명 또는 익명으로 대표이사에게 의견을 개진할 수 있다. 또 온라인사업본부 직원들과는 메신저를 통

<표 2> 경제정의 지수에서 웅진닷컴 종업원 지수

종이 제지 출판 업종	종업원 지수(15점)
웅진닷컴	10.866
기업1	9.681
기업2	8.774
기업3	9.672
기업4	8.383
기업5	9.345
기업6	7.618
기업7	8.786
기업8	6.245
기업9	7.357

자료원 : 제10회 경제정의기업상 시장 자료집

<표 3> 전체 직원 중 남녀 직원수

전체 정직원(2002. 7)	여자 직원	남자 직원
2,311명	1,712명	599명

자료원 : 웅진닷컴 내부 자료

해 언제든 서로 대화할 수 있는 창구를 마련해 놓고 있다. 이렇게 직원들의 작은 소리에도 귀를 기울이고, 이를 받아들이려는 노력은 조직원들이 모두 회사를 사랑하고 신바람을 일으키는 역할을 하고 있다.

웅진닷컴은 인간의 정신적 성장을 돕는 교육·출판물을 생산하는 기업이다. 그 어느 회사보다도 높은 도덕성과 건전성이 요구되는 분야라고 할 수 있다. 기업이 올바른 가치관을 갖는 것은 그대로 제품에 투영되고 있다. 투명한 회계와 세무 의무 준수는 조세의 날 대통령 표창을 통해 입증되었으며, 1998년과 2001년 '경제정의기업상' 2회 수상을 통해 사회적으로도 인정받았다. 지난 22년 동안 웅진닷컴은 건전하고 투명한 기업 경영을 제 1의 원칙으로 삼고 실천해 오고 있다. 이미 2002년 4월부터는 차입금을 완전히 없앤 사실상의 무차입 경영을 실현할 만큼 건전한 재무 구조를 가지고 있다. 매달 경영 성과를 전 직원에게 발표하여 공감대를 형성하고, 전략구매부를 신설하여 구매 활동의 공정성과 투명성을 시도하는 등 기업의 건전성과 투명성 확보를 위한 다양한 노력을 기울이고 있다.

웅진닷컴 인사 제도의 특징은 '능력에 의한 철저한 인센티브'이다. 사업 형태가 판매에 의해 수수료를 취하는 형식이기 때문이기도 하지만, 능력 있는 사람은 그 만큼 대우를 해야 한다는 원칙 때문이기도 하다. 판매를 많이 한 사람은 그 만큼 회사에 대한 기여도가 높은 사람이므로 고소득을 올리고 더 빨리 승진할 수 있도록 보장해 주는 것이다. 인사 제도의 두 번째 원칙은 친인척의 철저한 배제이다. 회사 내에서는 학연, 지연, 혈연에 의한 모임이 공식적으로 금지되어 있으며, 누구와 친인척 관계라고 해서 특별한 혜택을 받는 일도 없다. 혹시 이러한 일이 드러났을 때는 엄청난 불이익을 받게 된다. 세 번째 원칙은 능력과 자질에 따라 평등한 기회를 부여하되, 파격 발탁 인사를 통해 직원들에게 회사에 대한 비전을 갖게 한다. 연공 서열보다는 능력에 의해 승진이 결정되는데, 계열사 웅진식품 조운호 대표이사를 37세에 대표이사로 발탁한 것이나, 온라인 사업에 대한 전문 지식을 가진 35세의 김영훈 이사를 임원으로 발탁한 것이 그 좋은 예이다.

웅진닷컴에서 일하는 모든 직원들에 적용되는 하나의 규정이 있다. 선물을 주고받는 범위는 책 한 권 정도로 하라는 것이다. 그 이상의 선물은 허용하지 않는다. 웅진닷컴에서는 이러한 윤리 의식을 규정화 하기 위해 '웅진 임직원 윤리 규범'을 제정하였다. 일상 생활에서 미리 비윤리적 행위를 방지하고, 공정한 행동에 대한 가치 판단의 기준을 마련한 것이다. 특히 인쇄소 등 외주 업체와 거래가 많아 부당 행위가 일어날 소지가 높은 부서에는 업무 특성상의 우월한 지위를 남용하지 못하도록 철저히 단속하고 있다.

〈표 2〉, 〈표 3〉에서 보는 바 같이 웅진닷컴은 제지, 출판업종 내에서 타기업에 비해 종업원 관련된 경제정의 지수가 높으며 여성 인력이 큰 비중을 차지하고 있다.

(2) 경영 제도와 사업 성과

1) 경영 제도

IMF 위기를 극복하고 웅진닷컴이 비약적으로 성장할 수 있었던 원인은 강력한 구조 조정에 있다. 당시 15개의 계열사를 7개로 줄이면서 계열사 전체가 전면적인 구조 개편을 단행한 경험을 통해 웅진닷컴은 '회사가 잘 나갈 때 강한 변화를 추구해야 한다'는 경영 방침을 세웠다. 구조 조정이라고 하면 무조건 직원을 해고시키는 것으로 생각하기 쉬운데, 진정한 구조 조정은 그런 형태가 아니다. 웅진닷컴에서 실시하는 구조 조정의 형태는 업무 효율화를 통한 인력 재배치이다. 사내 인력 공모를 통해 원하는 업무를 순환 보직하고, 계열사 전출을 장려하고 있다. 최근 규모가 커지는 웅진코웨이개발 등은 많은 인력 충원이 필요한 상태이기 때문에 계열사 전출을 통한 구조 조정을 실시하고 있다.

경영 혁신 의지도 구체적이다. 2002년에 웅진그룹은 매출 2조 원을 내다볼 정도로 비약적 성장을 거듭하고 있다. 그러나 더 장기적인 안목으로 기업 경영을 전개하기 위해 보스턴컨설팅그룹과 미래 전략 컨설팅을 진행하고 있다. 웅진닷컴, 웅진코웨이, 웅진코웨이개발, 웅진식품 등 주력 계열 4사의 경영 진단 결과에 따라 더욱 강력한 경영 혁신을 실시할 예정이다.

웅진닷컴은 1994년 11월 액면가 5,000원의 주식을 17,000원에 상장하였다. 2002년 4월 기준으로 웅진닷컴의 주주 구성은 〈그림 1〉과 같다. 창업자이자 웅진그룹 CEO인 윤석금 회장이 약 22%를 보유하고 있으며, 특수 관계자가 8%를 차지하고 있다. 외국인 비율이 36%나 되는 것이 특이

<그림 1> 웅진닷컴 주주 구성(2002년 6월 현재)

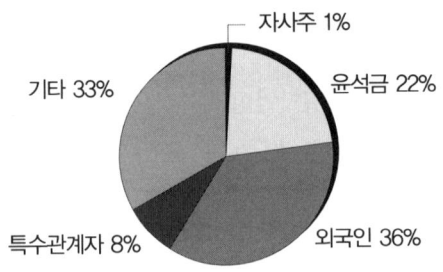

자료원 : 웅진닷컴 내부 자료

한데, 이것은 그만큼 사업 수익성과 안정성이 높은 것으로 볼 수 있다.

2002년 1월에는 자사주 639만 주를 매각하여 400여억 원의 수익을 얻었다. 이 금액 중 200억 원은 차입금 완전 상환으로 무차입 경영을 실현하였고, 나머지 100억 원은 지방 물류 센터 건립, 100억 원은 신규 사업에 전액 재투자할 예정이다.

2002년 3월 22일자로 웅진닷컴은 김준희 부사장을 대표이사로 선임하였다. 김준희 대표이사는 서울대 법학과 출신으로 소위 '운동권 출신' 들이 웅진닷컴 편집부에 입사할 때 함께 입사하였다. 유신 반대 시위를 주도한 혐의로 구속된 전력 때문에 취업이 쉽지 않았던 그는 웅진닷컴에 입사하여 능력을 발휘하게 된다. 〈헤임고교학습〉, 〈웅진아이큐〉개발의 주역인 출판 편집자 출신으로, 편집부 최고 책임자인 편집국장을 거쳐, 경영지원본부장, 방문판매사업본부장을 지냈다. 초대 경영지원본부장이던 1994년 웅진닷컴을 거래소에 상장시켰으며, 1998년에는 〈웅진씽크빅〉 사업을 관할하는 교육문화사업본부장으로서 성장의 발판을 마련한 인물이다. 2000년에는 웅진닷컴에서 출자한 인터넷 교육 벤처 에듀빅닷컴의 사장으로 온라인 사업에 대한 경험도 가지고 있다. 이렇게 웅진닷컴 내에서 두루 요직을 거친 김준희 대표이사는 오래 전부터 '출판 전문 경영인' 으로 평가받아 왔다.

'변화를 두려워하는 용기 없는 행동' 은 기업의 가장 큰 리스크이자 기업 발전을 방해하는 장애물이다. 변화는 크고 거창한 것만은 아니다. 기업에서 변화를 추구하는 것은 작은 것에서부터 시작된다. 웅진닷컴에서 실시하는 변화의 시발점은 '제안 활동' 이다. 웅진닷컴의 제안 활동은 직원들이 창의적으로 착안한 아이디어를 현실에 접목하는 제도이다. 일상 업무 속에서 작은 개선을 통해 비용이 절감되거나, 업무 효율이 높아지도록 유도하는 것이 목적이다. 제안한 내용에 대해서는 1, 2차에 걸쳐 해당 부서에서 답변을 해야 하고, 실시 예정자가 누구인지, 제안으로 얻어지는 효과가 무엇인지를 반드시 표기하도록 하고 있다. 창의적인 제안 활동을 통해 7명이 하던 업무를 2명이 수행할 수 있게 되는 경우도 있었다. 좋은 제안을 하는 사람에게는 상금을 주고, 전 직원 앞에서 발표하는 시간을 갖게 하며, 제안 실적을 승진 고과에도 철저하게 반영하고 있다.

변화를 위한 또 하나의 노력은 업무 매뉴얼을 통해 합리적인 업무 개선을 하는 것이다. 부서마다 자금과 시간을 들여 업무 매뉴얼을 제작해 활용하고 있다. 업무 매뉴얼이 있으면 능률이 오르고 인수 인계가 용이해진다. 담당 직원이 바뀌더라도 업무 손실이 최소화 되며, 잘못된 점을 발견하더라도 개선이 쉬워진다. 이것은 그저 감각에만 의존하는 경영이 아니라 과학적이고 합리적인 경영을 위한 노력으로 볼 수 있다.

2) 사업 현황
사업 구조

웅진닷컴은 〈웅진씽크빅〉, 〈웅진유니아이〉 등의 학습지 사업, 〈한국의 자연 탐험〉, 〈21세기 웅진학습백과사전〉 등 전집 방문 판매 사업, 〈마이웨딩〉, 〈앙팡〉 등 8종의 잡지 발간 사업과 『이윤기의 그리스 로마 신화』, 『그 많던 싱아는 누가 다 먹었을까』 등 수백 종의 단행본을 출판하고 있는 종합 출판사이다. 이밖에도 〈웅진 꼬마 · 어린이 수학동화〉, 〈웅진 한글짝꿍〉 등의 유아 교육 사업, 초등학생 학습 전문 사이트 '웅진씽크빅아이' (www.thinkbig.co.kr), 연산 학습 전문 사이트 '셈셈아이'(www.semsemi.co.kr) 등을 운영하는 온라인 교육 사업 등을 활발하게 펼치고 있다.

(〈표 4〉 참조)

방문 판매와 회원제 학습지가 결합한 형태의 유아 교육 사업

현재 웅진닷컴의 사업 형태는 교육 사업이 약 54%, 출판 사업이 약
46% 정도를 차지하고 있다. 교육 사업은 '교육 서비스 사업' 이라는 말을

〈표 4〉 웅진닷컴 주요 제품군

(2002년 7월 현재)

분류	사업본부	대상 연령	제품/사업 형태	판매 방식	유통 채널
교육 사업 (54%)	씽크빅	5~12	-씽크빅 시리즈(6과목) -국어, 영어, 수학 외 -학습 관리 서비스	-방문 학습 관리 & 공부방 -월 회원제	교사 8,916명
	유아 교육	0~7	-4개 전집 제품 학습 관리	-방문 학습 관리 -월 회원제	교사 1,051명
	영어 교육	4~12	-영어 학습지 -학습 관리	-공부방 시스템 -월 회원제	교사 540명
	온라인 교육	0~12	-유료 온라인 학습 컨텐츠를 활용한 기존 학습지 지원 효과 (씽크빅 회원은 무료) -www.thinkbig.co.kr -www.uni-i.co.kr -ww.semsemi.co.kr	유무료 온라인 컨텐츠	출판 사업 (46%)
출판 사업 (46%)	방문 판매	0~12	-60여 종류의 전집 출판물	-가정 방문 -직접 판매 및 회원제	방문판매인 17,000명
	단행본	전체	373종, 1,145권	직판/서점	직판/서점
	잡지	전체	8종류 잡지 〈앙팡〉, 〈마이웨딩〉등		

자주 사용하는데, 이는 회사에서 개발한 교재를 가지고 전문 교사가 학습 관리 및 지도를 해 주는 형태로 이루어지기 때문이다. 최근에는 전체 사업에서 학습지가 차지하는 비율이 점점 커지고 있다. 학습지 사업은 꾸준한 수요가 보장되고, 매달 현금으로 선불 결재된다는 장점이 있다. 웅진닷컴이 무차입 경영이 가능한 것도 이렇게 학습지 사업을 통해 현금 유통이 자유롭기 때문이다.

최근에 개발한 방문 판매 제품들은 전집 판매에서 그치는 것이 아니라, 학습 지도를 함께 판매하는 부가 서비스 형태가 주를 이룬다. 〈웅진 꼬마·어린이 수학 동화〉, 〈한글 짝꿍〉, 〈웅진 가베놀이 마을〉 등은 전집을 판매하고, 일정 기간 동안 월 회비를 받고 전문 교사가 지도를 한다. 이렇게 하면 회사측에서는 전집을 판매하고 회원을 지도하는 동안 고객의 지속적인 관리가 이루어지기 때문에 추가 매출도 가능해진다. 이런 사업 형태는 초등학생보다는 유아 사업에 더 적합하다. 그것은 유아기는 전적으로 사교육으로 이루어지는 시기여서 학부모들이 교구재 구입을 당연한 것으로 받아들이는 소비자 의식이 조성되어 있기 때문이다. 또 엄마가 가르치지 못하는 것을 전문 교사가 대신해 주기 때문에 회비 지출을 아까워하지 않는 경향이 있다.

최근 조기 교육의 중요성이 더욱 부각되고 고객들의 의식이 높아지는 추세라서 유아 교육 시장은 더욱 커지고 있다. 웅진닷컴에서도 영유아 제품 개발 전담 부서를 설치하고 유아 제품 시장 확대를 꾀하고 있다.

내부 기획과 제작 아웃소싱

웅진닷컴의 모든 제품에 대한 기획, 개발은 자체 내 인력이 진행하고, 제작에 따른 공정은 아웃소싱 하고 있다. 이렇게 만들어진 제품은 각 영역에 맞는 사업본부 판매인들이 판매를 하고 각 사업본부 직원들은 이들이 판매할 수 있도록 지원하는 업무를 한다. 가령 전집을 만든다고 가정하자. 편집개발본부의 해당팀에서는 이 제품에 대한 자세한 개발 기획을 하게 된다. 제품에 대한 기획이 완료되면 작가들을 섭외한다. 원고와 이미지 자료들이 완료되면 이것은 디자인, 제판, 인쇄 과정을 거쳐 완제품으로 만들어진다. 이 과정에서 편집과 디자인의 많은 부분을 외주 업체를 활용하여 보다 효율적이고 전문적인 손을 거치게 된다. 이렇게 아웃소싱을 적절히 활용하는 것은 불필요한 인력을 줄이는 비용 절감과 '인력 효율화'의 기능도 가지고 있다. 완성된 제품은 방문판매사업본부에서 판매를 하게 되는데 제품 관련 보조 자료를 만들고 제품 판매 기획, 프로모션 기획 등은 방판사업부에서, 신제품에 대한 교육 등은 방판교육부에서 진행하는 식으로 사업을 전개한다.

개발하는 제품 중 자체 개발 제품의 비율은 약 60%, 라이센싱은 약 40% 정도이다. 판매에 있어서는 방문 판매가 현금 판매 90%, 신용 판매 10% 정도를 차지하고, 학습지의 경우는 99% 이상 현금 판매를 하고 있다. 학습지의 판매 수수료가 매출액 총액 대비 약 50% 정도인데, 판매 수수료가 높은 것은 교사에게 지급하는 수수료율이 타사에 비해 높기 때문이다. 〈웅진씽크빅〉은 창의력 중심 교재이다 보니 회원에게 설명해야 할 내용이 많아 관리 시간이 상대적으로 길다. 이러한 특성을 감안하여 관리를 잘하는 교사에게 인센티브를 주는 제도가 정착되어 있어 판매 수수료율이 높은 것이다.

2002년 사업 성과와 시장 전망

웅진닷컴은 2001년에 4,540억 원의 매출을 올렸고 200억 원의 순이익을 달성했다. 2002년에는 매출 5,402억 원, 순이익 304억 원, 2003년에는 매출 6,420억 원, 순이익 460억 원을 예상하고 있다.

〈그림 2〉의 매출 구조를 보면 알 수 있는 것처럼 IMF 당시인 1997년과 비교해 볼 때 1,000억 원 이상의 매출 증대가 있었다. 그간 방문 판매 매출은 68%에서 39%로 줄어들었으며, 유아 교육과 〈웅진씽크빅〉 매출이 크게 성장하였음을 알 수 있다. 이는 국내 교육이 사교육 의존도가 높고 유아 교육에 대한 관심이 증가하고 있는 것을 반영한 것이다. 한국교육개발원에

<그림 2> 웅진닷컴 매출액 및 구조 변화

1997년 총 매출액 : 2,914억 원

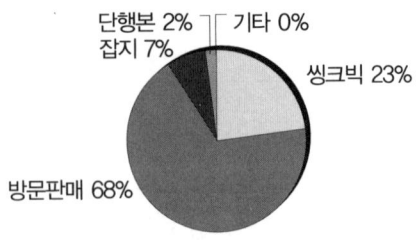

단행본 2%
잡지 7%
기타 0%
씽크빅 23%
방문판매 68%

2001년 총 매출액 : 4,540억 원

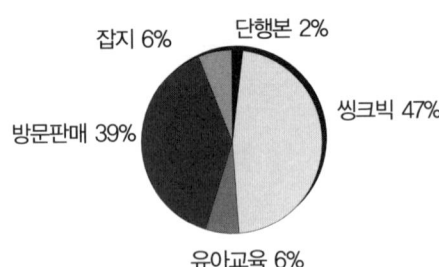

잡지 6%
단행본 2%
씽크빅 47%
방문판매 39%
유아교육 6%

자료원 : 웅진닷컴 내부 자료.

따르면 국내 학습지 시장은 2001년에 3조 1천200억 원 시장이었으며, 2005년까지 연평균 13%씩 성장할 것으로 예상하고 있다. 0~12세를 대상으로 한 출판 시장도 2001년 2조 7천300억 원에서 연평균 10%씩 성장할 것으로 예상하고 있다. 그리고 2002년에 1조 1천400억 원이었던 영어 교육 시장은 2005년까지 연평균 18%씩 성장할 것으로 예측하고 있다.

윤석금 회장은 김준희 대표이사에게 웅진닷컴에 대한 모든 경영을 맡기고 자신은 웅진그룹 회장으로서 신규 사업과 그룹 경영에 전념하겠다는 뜻을 밝혔다. 윤석금 회장은 오래 전부터 전문 경영인 체제가 기업의 올바른 형태라고 역설해 왔다. 이미 웅진코웨이, 웅진코웨이개발, 웅진식품 등 계열사가 전문 경영인 체제로 운영되고 있으며, 이에 대한 성과가 성공적인데 따른 결정이었다. 웅진닷컴의 전문 경영인 체제가 타회사보다 늦어진 이유는 윤석금 회장이 출판 사업에 대한 애착이 유난히 강했기 때문이다. 어느 자리에서든 '영원한 출판인'으로 남고 싶다고 피력해 왔던 윤석금 회장이 김준희 대표이사에게 애착이 많던 출판 사업의 전권을 일임한 것은 그 만큼 신뢰하고 있다는 뜻이기도 하다. 웅진닷컴 내부에서도 김준희 대표이사의 취임을 매우 환영하는 분위기이다. 편집자로 출발해 최고 경영자에 이른 것은 분명 내부 직원들에게도 '나도 저렇게 될 수 있다'는 긍정적인 비전을 제시해 주기 때문이다.

(3) 웅진닷컴 경영의 특징 – 차별화

웅진닷컴은 창업 초기부터 '차별화'를 기업의 주요 전략으로 채택해 왔다. 무분별하게 따라해서 쉽게 돈을 벌기보다는 시간이 조금 더 걸리고 과정이 어렵더라도 남과는 다른 제품을 개발해 고객들의 사랑을 받았다. 제품 개발 이외에도 교육, 인재 육성, 고객 서비스에 있어서도 독창적인 아이디어로 차별화 전략을 시도해 왔다.

1) 제품의 차별화

웅진닷컴의 스테디셀러 〈한국의 자연 탐험〉은 우리 나라 자연 생태 도서의 새 장을 연 제품이다. 1989년까지만 하더라도 우리 나라에 나와 있는 자연책은 대부분 외국, 특히 일본의 동식물 사진을 사용한 것들이다. 이런 점에 착안하여 '아프리카 초원을 누비는 동식물은 알아도 우리 땅에서는 어떤 동식물이 자라는지 알지 못하는 우리 어린이들에게 백두산 천지에서 제주도 바닷속까지 알게 하겠다' 는 취지로 기획된 책이다. 총 84권을 완간하는데 8년 동안 연인원 200여 명, 개발비 16억 원을 쏟아부었다. 이렇게 만들어진 〈한국의 자연 탐험〉은 사라지거나 소멸 과정에 있는 한국 생태계의 소중한 자료라는 찬사를 받으며, 제26회 문화체육부 추천 도서, 제34회 한국출판문화상 아동 부문을 수상하였다.

어린 시절 '퀴리 부인처럼 과학자가 되고 싶다', '헤밍웨이 같은 작가가 되고 싶다' 는 삶의 전형을 갖는 것은 매우 중요하다. 이런 구체적인 꿈을 심어주는 역할을 하는 것이 위인 전기이다. 그러나 기존의 우리 나라 위인 전기는 어려서부터 어머니가 특별한 꿈을 꾸어 태어났고, 어떤 뛰어난 행동을 보여 위인이 되었는지에 초점이 맞춰져 있을 뿐, 정작 그들이 보인 노력에 대한 설명은 없다. 위인 전기의 인물도 장군, 정치가, 열사가 주를 이뤄왔다.

웅진닷컴에서는 위인 전기를 기획하면서 기존의 위인 전기와는 차별화를 시도하였다. '태어나면서부터 위인' 이 아니라, 그 사람이 '위인이 되기 위해 어떤 노력을 얼마나 했는지'에 초점을 맞춘 것이다. 장군, 정치인뿐 아니라 각 분야의 1인자가 된 전문가들도 위인의 반열에 넣었다. 이것은 이제까지와는 확연하게 다른 관점이다. 과장과 미화가 없이 성장 과정에 초점을 맞춘 책을 읽고 자란 아이는 자신도 노력하면 얼마든지 훌륭한 사람이 될 것이라는 자신감을 갖게 된다. 위인 전기를 쓰는 사람이 동화작가에 한정되었던 것에서 탈피하여 이호철, 신경림, 천승세, 송기원 같은 문필가에게 집필을 맡겼고, 각 분야의 전문가를 발탁하여 집필토록 했다. 예를 들어 김홍도와 고흐의 글은 화가이자 미술평론가인 이철수 씨에게 맡겨 전문 분야에 대한 이해를 높이도록 했다.

이 외에도 〈이원수 아동문학전집〉, 〈웅진 애니메이션 한국의 역사〉, 〈웅진 애니메이션 세계의 역사〉, 〈웅진 꼬마·어린이 수학동화〉, 〈21세기 웅진학습백과사전〉 등 웅진닷컴에서 개발한 제품에는 언제나 기존의 것과는 다른 '차별성'을 가지고 있다.

2) 인재 채용의 차별화
평가 기준은 실력뿐

출판 기획은 다른 어떤 일보다 고도의 지적 능력을 필요로 한다. 좋은 출판물을 만들기 위해서는 좋은 편집자를 확보하는 일이 최우선 과제이다. 그러나 창업 초기에는 유능한 인재를 모으는 일이 쉽지 않았다. 이름도 생소한 작은 출판사에 입사하려는 엘리트는 없었기 때문이다. 이 때 편집 책임을 맡았던 서울대 윤구병 교수는 "혹시 학생 운동을 했던 사람도 괜찮겠느냐?"고 제안을 했고, 윤석금 회장은 "실력이 있는 사람이라면 아무 문제없다."고 흔쾌히 받아들여 소위 '운동권 출신'들이 대거 웅진닷컴에 입사하게 된다. 그 때는 실력은 있어도 학생 운동 전력이 있으면 취업이 되지 않던 시절이었다. 이 일 때문에 웅진닷컴은 한동안 당국의 감시를 받기도 했는데, 소위 명문 대학 출신이었던 이들은 입사 후 능력을 발휘해 초기 웅진닷컴이 성장하는 데 든든한 밑거름이 되었다. 이 때 입사한 사람 중에는 현재 웅진닷컴에서 중추적 역할을 하고 있는 임원으로 성장한 이들도 있다. 대표이사를 맡고 있는 김준희 대표이사, 박익순 편집개발본부장 등이 바로 그들이다.

여성 인력의 적극 활용

웅진닷컴은 국내 어느 회사와 비교해도 뒤지지 않을 만큼 가장 활발하게 여성 인력을 활용하고 있는 회사이다. 지난 22여년간 영업인을 우대하는 방침으로 국내 판매인들의 사회적 위치를 격상시키는 데 기여하였다. 그 중에서도 여성 판매 인력 양성에 특히 심혈을 기울여 왔고, 큰 성공을 거두었다. 1980년대 초반 도서 전집 판매를 시작하면서 '교육물은 남성보다 여성들에게 적합하다'는 데 착안, 여성 판매 조직을 만들었다. 당시만 해도 아무리 대학 교육을 받은 여성이라도 결혼하면 집에서 가사만 하는 것이 당연하게 여기던 시절이었으므로 여성이 세일즈를 한다는 것은 엄청난 파격이었다.

여성 인력을 전문 판매인으로 성장시키기 위해 가장 힘쓴 부분은 '교육'이다. 회장이 직접 사업국 조직을 돌며 교육을 실시하였고 교육 내용은 판매인으로서 갖춰야 할 상품에 대한 지식뿐 아니라, 올바른 자녀 교육, 여성의 사회적 역할, 전문직 여성으로서의 자부심을 심어주는 것이었다.

능력 있는 여성이라면 남녀의 차별 없이 등용시키는 제도도 여성 전문 판매인을 육성하는데 큰 도움이 되었다. 현재 웅진닷컴 방문판매사업국

〈사진 5〉 여성들의 활동이 두드러진 웅진닷컴은 2만7천여 교사 중 90% 이상이 여성이다.

최고위급인 본부장 12명 중 여성이 4명이나 되고, 방문 판매 조직 약 17,000여 명 중 90% 이상이 여성이다. 학습지 〈웅진씽크빅〉 사업을 총괄하는 본부장도 여성이고, 잡지 사업 본부장도 여성이다. 지역별 사업 단위인 〈웅진씽크빅〉 지국 233명 중 여성 지국장이 84% 정도로 남성 16%에 비해 월등히 많다. 전체 학습지 교사는 1만여 명인데 그중 90% 이상이 여성이다. 특히 지국장들은 각 지역에서 사업 책임을 맡고 있는 영업 최일선에 있는 관리자들인데, 이들은 대부분 처음 평교사로 입사하여 영업 실적을 인정받아 팀장을 거쳐 지국장에 오른 사람들이다. 지국장 중 여성이 84%라는 것은 마케팅·영업처럼 남성 전유물이던 영역에도 여성이 발휘하는 능력과 역할이 지대하다는 것으로 볼 수 있다.

　편집 개발·잡지 분야 여성들의 활약도 두드러진다. 웅진닷컴은 학습물 개발과 편집 실무에서도 여성이 능력을 발휘하는 기업이다. 웅진닷컴의 전체 사무국 직원 2,311명 중 남성이 약 26%, 여성이 약 74%로 여자 직원이 남자 직원보다 훨씬 많다. 특히 편집개발본부와 생활잡지사업본부에서 여성 활동은 매우 두드러진다. 웅진닷컴의 브레인이라고 할 수 있는 이 부서의 전체 직원 279명 중 여성이 182명, 남성이 94명으로 2:1 정도의 비율을 보인다. 학습개발부, 단행본개발부 부서장, 팀장도 대부분 여성인데 이 분야가 여성에게 적합한 일이라는 이유도 있지만, 제품 개발이라는 중요한 임무를 여성에게 맡기고 회사에서 전적으로 지원하고 있음을 알 수 있다. 웅진닷컴은 이렇게 차별 없는 여성 인재 등용에 힘입어 지난 1996년 남녀고용평등우수업체로 선정되어 노동부 장관 표창을 받기도 했다.

직원 교육에 대한 투자

웅진닷컴에서 가장 아끼지 않고 투자하는 부분은 제품 개발비와 교육비이다. 2002년에는 전년도 134억 원보다 27% 늘어난 170억 원을 제품 개발비로, 전년도보다 164% 증가한 145억 원을 교육비로 책정해 놓고 있다.

웅진닷컴에서 이처럼 교육비에 투자하는 것은 '교육만이 경쟁력을 높일 수 있다'고 믿기 때문이다. 웅진닷컴 교육의 요점은 긍지를 심어주고 전문성을 길러주는 것이다. 판매인은 자신이 하고 있는 일에 대한 자부심, 제품에 대한 신뢰 등 긍정적인 사고를 하는 것이 중요하다. 판매인은 어떤 교육을 받고, 어떻게 느꼈느냐에 따라 실적이 확연하게 달라진다. 웅진닷컴에서는 판매인의 자긍심을 키워주는 교육을 통해 개개인의 역량을 강화하고 있다.

직원 대상으로는 각 직급에 해당하는 다양한 교육 프로그램을 개발하여 전문성을 키워주고 있다. 매월 외부 전문가를 초빙해 전직원을 대상으로 특강을 실시하고 있다. 초빙된 외부 전문가는 경영자, 제안왕, 오지여행가, 사회복지사, 자기개발 연구가 등 다양한 분야에서 활동하는 인물들이다. 외부 전문가의 지식 공유를 통해 개인의 발전을 가져오는 것이 곧 회사의 발전을 도모한다는 생각에 따른 오래된 전통이다. 업무에 바쁜 직원들을 위해선 사이버 교육을 실시해 좋은 반응을 얻고 있다. 온라인을 통해 회계, 마케팅, 인사, 사무 능력 등 다양한 분야를 선택해 들을 수 있는 시스템을 마련해 사내 학점으로 인정해 주고 있다.

웅진닷컴에서는 각 사업 및 조직에 따른 차별화 된 교육으로 동기 부여를 해 주는데도 주력하고 있다. 〈웅진씽크빅〉 교사, 팀장, 지국장, 총국장, 단장 등 직급에 맞는 교육 프로그램이 개발되어 있고, 유아 전문 교사는 동화 구연 전문 교육 같은 업무와 관련 있는 교육 프로그램을 반드시 이수하도록 하고 있다. 영업 최일선에 있는 지국 행정 여직원 교육, 전 계열사 비서 대상 교육 등 교육을 차별화·세분화시켜 업무의 전문 지식을 쌓도록 하고 있다.

전사적인 고객 서비스 활동

웅진닷컴은 교육의 형태가 점점 고객 중심으로 이동되고, 단순한 '판매'가 아닌 '교육 서비스' 형태로 변화되는 추세에 맞춰 고객 서비스에 대한 차별화를 시도하고 있다. 고객 서비스의 질을 높이기 위해 제일 먼저 한 일은 조직을 새롭게 정비한 것이다. 고객 관련 모든 업무는 고객만족센터에서 처리하도록 해서 고객 창구를 일원화시켰다. 그리고 고객 만족(CS)에 관한 지침을 마련해 전직원이 생활 속에서 실천하도록 하고 있다. 예를 들어 전직원이 전화를 처음 받을 때 인사말도 " ~부 ~입니다"에서 "정성을 다하겠습니다. ~부~입니다"라는 고객 지향적 멘트로 바뀠다.

웅진닷컴에서는 고객에 대한 차별화를 위해 전사적 차원에서 다음과 같은 캠페인을 펼치고 있다. 첫째. 고객 만족 경영(CSM)을 선언하고 고객 만족도 향상에 힘을 모으고 있다. 고객의 중요성을 더 깊이 인식하고 고객 서비스 마인드를 심화시키기 위해 전직원에게 고객 만족 경영에 대한 필수 교육 과정을 이수하도록 하고, 고객 응대 사례 모니터링, 고객 만족 사례 공모 등을 통해 고객 만족도를 높여 가고 있다. 둘째. 다양한 제도를 마련해 내부 고객 만족도를 향상시키고 있다. 지난 4월 웅진닷컴에서는 학습지 교사 중 팀장 이상 792명을 전원 정직원으로 인사 발령했다. 그 동안 학습지 교사들은 능력에 따라 높은 급여를 받지만 계약직이라는 신분 때문에 안정적인 직업이 아니라고 인식되어 왔다. 웅진닷컴에서 학습지 교사 중 팀장 이상을 전부 정직원으로 전환한 것은 직업의 안정성을 높여야 생산성이 높아진다는 판단에 의한 것이다. 이후 회사 지출 비용은 증가되었지만, 내부 만족도와 회사에 대한 자부심은 상당히 높아진 것으로 분석하고 있다. 셋째. 사회 봉사 활동을 강화하여 직접적인 고객이 아니더라도 웅진닷컴에 대해 좋은 이미지를 가질 수 있도록 관리하고 있다. 2002년 4월 창단한 '웅진 사랑의 봉사단' 은 소년·소녀 가장 돕기, 결식 아동 돕기 등 사회 공헌 활동을 펼치는 봉사 활동 단체이다. 웅진닷컴은 전직원의 자발적인 참여를 유도하는 동시에 회사 차원에서 적극적으로 활동을 지원하고 있다. 이밖에도 해외 동포 등 책의 혜택을 받지 못하는 사람들에게 도서를 보내는 활동을 수년 전부터 꾸준히 해오고 있다. 앞으로는 이런 사회 봉사 활동을 보다 확대시켜 사회에 기여하는 올바른 생각을 가진 교육·출판 기업의 이미지를 고객들에게 심어줄 계획이다.

3. 고객 접점이 강조된 배경과 당면 과제

웅진닷컴이 고학력 여성 인력 중심으로 판매 조직을 구성하고 집중적인 교육과 차별 없는 승진 기회를 제공한 것은 시장에서 살아남기 위한 경영 전략이었다. 고객에게 필요한 제품을 기존의 제품과 차별화시켜 개발하고, 우수한 영업 사원을 통해 전달함으로써 시장에서 성공할 수 있었다. 교사 출신을 판매인으로 영입해 제품 전달력과 신뢰성을 높인 〈헤임고교학습〉, 대졸 주부를 전문 판매인으로 활용한 〈어린이마을〉, 업계 최초로 공부방 시스템을 도입해 주부 재택 근무로 차별화시킨 〈웅진씽크빅〉. 이들은 모두 평범한 사람에서 전문 판매인으로 변화되어 고소득을 올리고 있으며, 각 제품의 성공에 결정적인 역할을 했다. 처음부터 판매인들의 기용이 성공적인 것은 아니었다. 대졸 주부를 공채해서 〈어린이마을〉을 판매할 초기에는 입사 1~2주일만에 회사를 그만두는 경우도 비일비재했고, 가족들의 반대, '내가 대학을 나왔는데 어떻게 세일즈를 해!'라는 선입견 때문에 그들을 변화시키는 것이 쉽지 않았다. 그러나 판매인 교육에 집중적으로 투자함으로써 판매인 스스로가 제품에 대한 자신감과 직업의식을 갖고 고객을 접하도록 했기 때문에 성공할 수 있었다.

결국 웅진닷컴이 성공할 수 있었던 것은 사람 중심의 경영 이념을 가지고 고객이 요구하는 제품을 제작했을 뿐 아니라 고객 접점의 종업원을 중요시하여 적절히 활용했기 때문이다. 이들에 대한 올바른 이해와 적절한 활용이 있었기 때문에 웅진닷컴은 자본금 7천만 원으로 시작해 2002년 말 매출 5,402억 원을 내다보는 건실한 중견 기업으로 성장할 수 있었던 것이다.

앞으로 웅진닷컴이 직면하고 있는 환경은 기회와 위험이 동시에 존재하고 있다. 교육, 출판 시장에서 경쟁 업체들과 더욱 치열한 경쟁을 해야 하는 상황이며, 특히 전체 매출에서 가장 큰 부분을 차지하고 있는 「웅진씽크빅」은 현재의 업계 3위에서 1, 2위로 도약할 수 있는 마케팅 전략 마련이 요구된다.

두 번째는 지나치게 인적 판매 중심의 경영에서 피할 수 없는 과다한 수수료 제공으로 인한 비용 부담에 대한 대책이 마련되어야 할 것이다. 학습지의 경우 회비의 50%를 수수료로 환원한다는 것은 교사 복지와 인센티브 제공으로 인한 동기 부여는 가능할지 몰라도 자칫 그 비용이 회사의 수익을 감소시키고 고객에게 비용 부담을 전가시키는 문제가 발생할 수도 있다. 따라서 경쟁이 심해지는 상황에서도 판매인과 고객의 욕구를 동시에 충족시킬 수 있는 경영 방법을 개발할 필요가 있다.

세 번째는 신규 사업에 대한 구체적인 마스터플랜을 마련해야 할 것이다. 정보화, 국제화 시대에 맞추어 웅진닷컴으로 사명을 바꾸고 영어 교육 사업과 온라인 사업을 강화하고는 있는데, 이 과정에서도 온-오프라인의 시너지를 강조하여 지속적으로 고객 접점의 종업원에게 투자하고 교육에 전념하는 등 차별화 된 전략이 필요하다.

많은 기업들이 정보화를 노동력 대체로 생각하고 있으며 정보화를 통한 지식 경영을 강조하면서 인간 존중이나 인간 관계를 경시하고 있다. 하지만 지식 경영을 강조하는 학자들은 지식 경영이 성공하기 위해서는 지식을 공유하고 축적할 수 있는 정보화뿐만 아니라 개인의 주관적 경험과 노하우가 전달되고 공유될 수 있는 인간 존중과 신뢰의 분위기가 중요하다고 이야기하고 있다. 따라서 온-오프라인 사업의 시너지가 강조되는 시장 환경에서 지금까지 웅진닷컴이 실시한 오프라인 중심의 신바람 경영,

사람 중시의 경영을 어떻게 적절히 활용하느냐가 매우 중요하다.

　마지막으로 웅진닷컴은 지금까지 윤석금 회장 중심으로 경영되면서 교육·출판 전문 기업으로 성장해왔다. 학습지, 전집, 잡지, 단행본, 온라인까지 교육·출판 업종에서 할 수 있는 거의 대부분의 영역을 소화하고 있다. 그러나 국내 최대의 종합 출판사에 머물지 않고 출판 편집자 해외 근무, 외국 유수의 출판사와 업무 교류 등을 통해 국제 경쟁력을 갖출 필요가 있다. 또 윤석금 회장 이후 전문 경영인 김준희 대표이사 체제가 웅진닷컴의 이후 성장에 결정적 역할을 하게 될 것이므로 관심을 갖고 지켜봐야 할 부분이다.

제7장

정도 경영을 실천하는

(주)동원F&B

고윤배(안산1대학 세무회계학 교수)

동원F&B는 2001년에 경제정의실천시민연합이 바람직한 경영 활동을 실천해 사회적 공헌도가 높은 기업에게 수여하는 제10회 '경제정의기업상'(음식료 업종 부문)을 수상하였다. 수상 기업 선정을 위한 7개 분야의 평가 결과에서는 〈기업 활동의 건전성〉과 〈종업원 만족도〉 항목에서 타기업들에 비하여 상당히 높은 평가를 받았다.

　국내 4대 종합 식품 업체 중 하나인 동원F&B는 2000년에 동원산업(주)의 식품 사업 부문과 무역 부문이 업종 전문화를 위해 분할 독립하여 설립된 기업이며, 역사가 짧으므로 모기업과 창업자를 함께 살펴보아야만 제대로 이해할 수 있는 기업이다. 동원F&B에는 '정도 경영'의 선장격인 김재철 회장의 창업 정신을 기반으로 기업의 이윤 극대화만을 추구하는 수준에서 벗어나 기업도 사회의 일원이며 서로 다른 이해 당사자가 모인 집합체라는 경영 철학이 깊이 흐르고 있다. 이러한 시각에서 사회의 공동 구성원이며 기업의 이해 관계자들인 종업원, 소비자, 협력업체 등을 만족시키고자 애쓰는 정도 경영을 실천하는 동원F&B의 노력과 성과를 확인해 보자.

1. 참치 캔의 세계 제일 동원F&B

1998년 6월 하순 무더운 서울의 저녁. 할리우드 블록버스터에 대한 기대감으로 많은 사람들이 극장 안을 가득 메우고 있었다. "상상할 수 없는 거대함이 다가온다"는 영화의 캐치프레이즈에 잔뜩 기대를 품은 관객들은 영화의 전반부부터 그 '거대함'의 등장을 학수고대하고 있는 듯했다.

이제 영화의 한 장면을 보면 고질라에 할퀴어 난파된 어선 곁에 주인공이 웅크리고 앉았다. 천천히 바닥에서 무언가 집어들었다. 클로즈업 된 것은 통조림 캔. 주인공이 손가락으로 캔의 먼지를 닦아내자 '상상할 수 없는 놀라움'에 관객의 탄성이 일제히 터져 나왔다. '동원IQ참치'가 대형 화면에 선명하게 드러난 것이다. 대사가 없는 장면이라 극장의 고요함 속에, 그 탄성은 더욱 크게 들렸다. 순간, "어머머, 웬일이니?" 저 뒷줄에서, 여자의 외마디가 들려왔다. 관객들이 술렁거렸다. "와! 동원이 센데!"

이건 우연이 아니었다. 이미 17년간 18억 캔 이상의 참치 캔이 고객에게 사랑 받아 왔기 때문에, 세계 제일의 참치 회사이기 때문에 가능했던 '만들어진 우연'이었다.

〈동원그룹 내 소식지 《신바람 뉴스》, 1998년 7월호에서〉

미국의 블록버스터 영화 〈고질라〉에 뜻밖에도 동원IQ참치가 등장하여 '대한민국 참치 동원참치'의 위치를 확인해 주었던 것이다. 한국의 동원참치가 세계적인, 아니 세계 제일의 참치 캔임을 간접적으로 보여 주었던 이 일은 협찬도 계약도 없이 일어난 의외의 일이었다.

지난 1982년 11월 통조림으로 가공해 국내 시장에 첫선을 보인 후 지금까지 동원이 생산해 판매한 수량은 25억 캔이 넘는다. 참치 캔을 한 줄로 늘려 놓으면 지구를 4바퀴 반 돌고도 남을 엄청난 양이다. 이렇게 참치 캔으로 유명한 동원F&B는 어떤 기업인가? 세계 제일의 참치회사 동원F&B를 살펴보자.

(1) 동원 F&B의 기업 연혁과 경영 이념

1982년 국내에 첫선을 보여 한국의 식생활 문화 변화에 한몫을 하고 있으며, 동원의 이름이 소비자에게 알려지게 한 동원참치를 생산하는 기업이 바로 동원F&B이다. 동원F&B는 수산물 가공 식품을 비롯하여 290여 종의 다양한 식품을 생산하는 명실상부한 한국 굴지의 종합 식품 회사로 2000년 11월 1일 동원산업(주)의 식품 사업 부문이 식품 사업의 전문성을 강화하고 사업 집중화를 통한 경쟁력을 제고하기 위하여 분사하여 새롭게 출발한 회사이다.

<표 1> (주)동원F&B의 회사개요

대표자	박인구(朴仁求)
설립일	2000년 11월 1일
자본금	150억 원
사업내용	음식료품의 제조 · 가공 · 판매 · 유통업, 수출입업, 유통 도소매업, 물류업 등
주요 제품	통조림, 육가공, 김치, 생수, 냉동 제품, 어육 연제품, 음료, 면류, 각종 전통 식품 등
종업원 수	3,500명

<표 2> 동원F&B 회사 연혁

날짜	내용
1969. 4.	동원산업(주) 회사 설립(설립자: 김재철)
1969. 8.	탑재모선식 참치 어선 31동원호 원양 어업 착수
1979. 4.	재단법인 동원육영재단 설립
1982. 11.	참치 통조림 국내 시장 최초 출시
1987. 5.	한국의 경영자상 수상(김재철 회장–한국능률협회)
1993. 3.	한국마케팅 프론티어상 수상
1995. 9.	중국 청도 동원식품 유한공사 설립
1999. 2.	김재철 회장 제23대 무역협회 회장으로 선임
1999. 12.	99년 글로벌소비자선호대상 참치캔부문 대상 수상
2000. 3.	고려대 언론대학원 건립 기금 50억 원 기탁
2000. 11.	(주)동원F&B 분할(식품 사업 부문)
2001. 2.	김재철 회장 '제1회 CEO 대상' 수상 (한국전문경영인학회)
2001. 2.	성남 공장 HACCP 관련 '식품의약품안전청장상' 수상
2001. 4.	전 공장(창원, 성남, 광주, 진천) ISO 9001 2000년 버전 업계 최초 획득
2001. 4.	대한축구협회와 공동으로 '2001 동원Cup 전국 유소년 축구 리그' 개최
2001. 4.	경실련 · 한겨레신문사 공동 주최 '제10회 경제정의기업상' 수상
2001. 4.	노동부 주관 '신노사 문화 우수 기업' 선정
2001. 4.	성남 공장, '2001년 근로자의 날 산업 포상' 수상
2001. 6.	보건복지부 주관 푸드뱅크 우수 식품기탁사 현판 수상
2001. 6.	식품 업계 최초 어묵 부문 HACCP (위해요소 중점 관리 기준) 인증 획득
2001. 9.	동원참치 한국산업고객만족도(KCSI) 1위 선정 –한국능률협회컨설팅
2002. 1.	동원참치 가공 부문 등 HACCP (위해요소 중점 관리 기준) 인증 획득
2002. 3.	동원참치 참치 캔 부문 브랜드 파워 1위 선정(3년 연속) –한국능률협회컨설팅
2002. 3.	대한축구협회와 공동으로 '2002 동원Cup 전국유소년 축구리그' 개최

동원F&B는 2001년 2억 개 이상을 판매하여 참치 캔 분야에서 국내 시장 점유율 70% 이상을 유지하고, 1982년 출시 이후 시장 점유율 부동의 1위 자리를 고수하고 있다. 국민 식생활 문화에 필수적인 식품 사업에서 참치 캔을 비롯 각종 수산 캔, 연제품, 냉동 제품, 조미 김, 음료 및 생수, 김치, 면류, 각종 전통 식품 등 사업 영역을 꾸준히 확장하고 국가 경제 및 국민 식생활 문화 창달에 기여하면서 국내 굴지의 종합 식품 회사로 성장하고 있다.

　동원F&B의 창업 이념은 '성실한 기업 활동으로 사회 정의의 실현'이다. 이것은 창업자의 기업관이 반영된 것으로서 창업 이래 지금까지 사시(社是)로 지켜오며 회사 경영의 정신적 지주가 되고 있다. 회사명 동원F&B에서의 '동원'은 국민 건강을 지향하는 식생활 문화를 창달하고자 '의식동원(醫食同源)', 즉 '좋은 식품이 보약'이라는 정신을 신념으로 담고 있다. 끊임없는 연구와 투자로 신제품 개발에 노력하며 '의식동원'의 철학을 기초로 고객에게 더욱 좋은 제품을 공급하기 위해 최선을 다해 나아가겠다는 뜻이다.

<그림 1>동원F&B의 비전

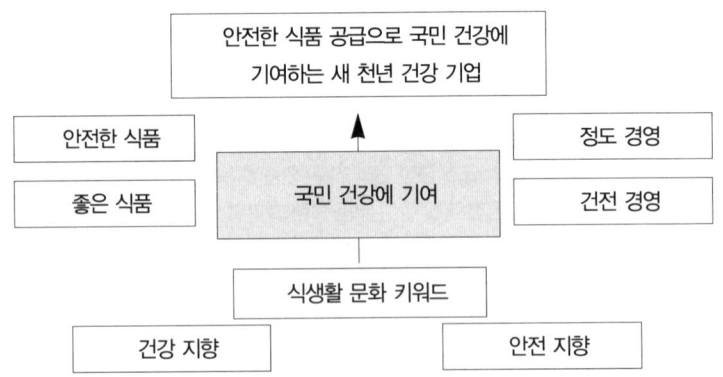

뒤에 연이은 'F&B'는 'Food & Beverage', 'First & Best', 'Field & Basic' 등을 의미한다. 'Food & Beverage'는 290여 종이 넘는 식품을 생산하는 종합 식품 회사로서 동원F&B가 식음료 사업 분야의 전문 기업으로 나간다는 강한 의지를 나타낸다. 또한 회사가 지향하는 목표는 업계를 선도하는 최상의 기업 수준을 실현하는 것임을 표현하기 위해 'First & Best', 기본을 중시하고 현장에 충실하는 사고를 행동 규범으로 실천한다는 의미에서 'Field & Basic'으로 표현되기도 한다.

21세기 식생활 문화의 키워드(Key-Word)는 '건강과 안전 지향'이다. 이러한 흐름 속에서 동원F&B는 '새 천년 건강 기업'을 지향하고 있는데 이것은 고객의 건강을 책임지는 기업이 되겠다는 고객에 대한 약속과 정도 경영, 건전 경영으로 기업 스스로도 건강한 기업이 되겠다는 의지를 담고 있다.

'건강한 기업만이 건강한 식품을 만든다'라는 믿음을 바탕으로 하고 있는 동원F&B의 경영 이념은 세 가지로 요약된다. 첫째, 고객에게 기쁨을 주는 경영이다. 고객은 회사의 사업 기반이자 동원F&B의 존재 근거이므로 항상 고객과 생각을 같이 하고 고객의 입장에서 의사 결정을 한다는 것이다. 이것은 고객을 항상 기쁘게 하여 고객과 함께 발전하겠다는 의지이다. 둘째, 사람을 존중하는 경영이다. 조직의 구성원을 하나의 독립된 인격체로 존중하며, 구성원이 일을 통하여 성장할 수 있도록 지원하여 우수한 인재로 육성하겠다는 것이다. 셋째, 새로운 가치를 창조하는 경영이다. 사회에 끊임없이 새로운 가치를 제공하기 위해 조직 역량을 강화하여 보다 높은 이상과 탁월함을 추구하고 실현하는 도전적이고 혁신적 경영을 해 나가겠다는 의미이다.

⑵ 최근의 경영 성과

분할 후 식음료 사업의 전문성 강화와 철저한 성과 위주 경영 및 강도

<표 3> 국내 4대 식품업체의 매출 및 손익현황

(단위: 억원, %)

	동원F&B		A 사		B 사		C 사	
	금액	구성비	금액	구성비	금액	구성비	금액	구성비
매출액	5,527	100.0	23,109	100.0	7,410	100.0	10,979	100.0
매출 원가	3,965	71.7	16,624	71.9	5,692	76.8	8,259	75.2
매출 총이익	1,562	28.3	6,485	28.1	1,718	23.2	2,720	24.8
영업 이익	247	4.5	1,886	8.2	197	2.7	777	7.1
경상 이익	181	3.3	725	3.1	159	2.1	-133	-1.2
당기순 이익	132	2.4	536	2.3	115	1.6	-158	-1.4

자료원 : 동원F&B 내부 자료 재정리, 2001년 기준

<표 4> 국내 4대 식품업체의 주요 재무비율

(단위: %, 회, 일)

		동원F&B	A 사	B 사	C 사
성장성	총자산증가율	-4.33	-7.08	-6.95	-5.41
	자기자본증가율	6.49	-2.90	6.04	-2.78
안정성	자기자본비율	47.07	44.24	40.57	36.60
	유동비율	83.41	36.76	88.50	85.30
	부채비율	112.47	126.03	146.50	173.21
활동성	총자산회전율	1.80	0.85	1.97	0.60
	재고자산회전일	48.94	38.19	25.86	188.80
	매출채권회전일	32.16	12.07	41.87	22.37
수익성	자기자본순이익율	9.14	4.46	7.53	-2.36
	총자산순이익율	4.30	1.97	3.06	-0.86
	매출액영업이익율	4.47	8.16	2.66	7.08

자료원 : 동원F&B 내부 자료 재정리, 2001년 기준

높은 구조 조정, 비용 절감 노력으로 외형 성장세가 뚜렷하고 수익성이 대폭 개선되어 최근 기업 분할 후 주가 상승률이 높은 대표적 기업으로 인정받고 있다. 2001년도에는 매출액 5,527억 원과 당기 순이익 132억 원을 기록하였고, 2002년 1분기에는 지난해 같은 기간에 비해 14% 늘어난 1,522억 원의 매출과 98억 원의 당기 순이익을 달성하였다. 한편 이러한 영업 실적을 기반으로 일부 부채를 조기에 상환하여 제1기 사업년도 말 136.5%였던 부채 비율을 112.0%로 획기적으로 개선하여 더욱 안정적이고 견실한 재무 구조를 갖추게 되었다. 최근 국내 4대 식품 업체의 매출 및 손익 현황과 주요 재무 비율은 〈표 3〉〈표 4〉와 같다.

종합 식품 회사인 동원F&B가 생산하는 제품들은 대체로 시장에서 상위의 시장 점유율을 차지하고 있다. 소비자들로부터 가장 좋은 반응을 받고 있는 참치 캔과 꽁치 캔, 고등어 캔, 각종 죽류, 스위트 콘 등의 제품들은 최근 수년간 시장 점유율 부동의 1위 자리를 고수하고 있다. 그밖에도

<그림 2> 제품별 국내 시장 점유율

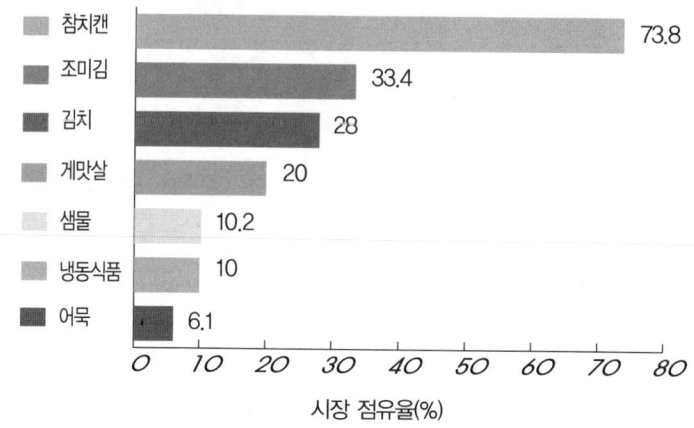

샘물, 김치, 어묵, 맛살, 냉동 식품, 잼류, 국수 등은 시장 점유율 3위 이내를 차지하고 있다. 제품별 시장 점유율은 〈그림 2〉와 같다. 특히, 조미김은 현실적으로 국내 소비재 생산업계의 세계적 브랜드 보유 수준이 아직 미미한 상황에서 최근 산업자원부가 발표한 100대 일류 상품에 선정되기도 했다.

2. 바다 식량 개척과 정도 경영의 항로

(1) 선장 출신 창업주

동원F&B의 정도 경영이 가능하도록 토대를 마련한 것은 창업주 김재철 회장이다. 그는 청년 시절 위험스럽고 고생이 많았던 원양 어선에 승선

〈사진 1〉 식품시장 환경조사 분석부 마케팅 전략회의 모습. 동원F&B는 1982년 한국 시장에 처음으로 참치 캔을 선보이며 식품 사업을 시작한 이래, 세계 각국으로 수출하는 글로벌 기업으로 성장하고 있다.

해 바다와 애환을 함께 한 선장 출신이다. 부족한 식량 자원의 확보가 절실했던 시절, 자원의 보고라는 바다의 중요성을 깨닫고 바다 식량 개척의 모험에 뛰어들었던 그는 일본 등 다른 나라에 비해 터무니없이 낙후되었던 원양 업계를 개척하고 성장시킨 사람으로 세계 최대의 수산회사를 만들어 낸 사업가이다.

김재철 회장은 '성실한 기업 활동으로 사회 정의 실현'이라는 창업 이념과 국민 건강에 기여하는 First & Best 식품 회사라는 비전을 제시하여 명실상부한 국내 굴지의 종합 식품 회사를 키워 낸 장본인이기도 하다. 1999년부터 2002년 현재까지 무역협회장 일을 맡아 사실상 동원그룹 경영에 크게 관여하지 않고, 전문 경영인들이 이끌어 가도록 하고 있는 그는 '부도를 내거나 적자를 내는 경영은 죄악'이라는 신념으로 사회적 신용을 가장 우선시한다. 기업인은 흑자를 많이 내서 국가에 세금을 내고 또한 고용 창출과 주주 배당도 해야 한다며 기업인의 책임을 강조한 평소의 주장이 이를 반영한다.

그는 국세청까지도 놀라게 했던 성실한 납세의 일화로 세상 사람들의 주목을 끌어 세간의 화제가 되었고, 창업 이념이 결코 입에 발린 말이 아니라는 것을 입증하여 동원그룹의 이미지를 건전 기업으로 정착시켰다. 이 외에도 고려대에 50억 원을 기증하고 서울대에 '동원생활관'을 건립 기증하는 등 일련의 모범적인 기부와 선행에 앞장섰고, '한국의 경영자상', '한국 CEO대상' 등을 수상했다. 그의 창업 정신은 기업의 경영 철학에 반영되어 정도 경영의 실천으로 나타나고 있다.

지금이나 그 당시나 재벌 기업 오너들의 재산 상속에는 세금을 덜 내기 위한 여러 가지 편법 사례가 많이 나타나고 있다. 기업이 이익을 많이 내어 세금을 납부하는 것도 국가 발전에 기여하는 것이라는 평소 생활 신조

국세청도 놀란 양심 납세, '바보세'를 내다.

동원산업(현 동원F&B)의 김재철 회장이 자신이 보유하고 있던 주식을 아들에게 넘겨 주면서 62억 원의 증여세를 국세청에 물었다. 재산을 넘겨 줄 때 상속세나 증여세를 무는 것은 법이 정한 것이니 당연한 일이겠으나 우리는 그 소식에 신선한 충격과 함께 감동을 느끼지 않을 수 없다. (중략)

기업인이라면 돈을 벌기에 혈안이 돼 있고, 따라서 정당한 방법으로 치부하기보다는 권력과 결탁해 특혜 금융으로 돈을 모으든가 그렇지 않으면 늘 탈세와 부정 행위를 해야만 한다고 믿어져 온 우리 사회에서 정직한 납세 자체가 믿기 어려운 일인 듯 싶다. 바로 그 때문에 거액의 증여세를 자진 신고 받은 국세청조차 가명 계좌를 통해 훨씬 많은 지분을 위장 분산한 것일 게라고 의심하고 세무 조사를 했다고 한다. 그 결과 탈세 사실이 전혀 없다는 것이 드러나 의심한 것 자체를 부끄러워했다는 것이 우리를 더욱 흥분시킨다. 뿐더러 김 회장의 자진 납부 금액이 사상 최다라는 점도 잊어서는 안 된다.

지금까지 우리 사회에서 누구 누구하는 대재벌 기업인이 숱하게 '합법적'인 절차에 따라 상속세와 증여세를 물었다. 그러나 강제 추징을 제외하고 이번 김 회장보다 더 많은 금액을 지출했다는 소식은 불행히 듣지 못했다. 분명히 김 회장보다 더 큰 사업을 하고, 더 재산이 많은 이들이 우리 사회에는 숱하게 많은데 어떻게 해서 그들은 이보다 적게 세금을 물고 빠져나갈 수 있었는가 의심하지 않을 수 없다. 항간에는 증여나 상속세는 '바보세'라는 설이 파다하게 떠돌며 그 때문에 대재벌들은 세금을 적게 물기 위해서 법의 허점을 교묘히 이용해 오고 있다는 얘기도 있다. 심지어 내야 할 세금의 10%만 물어도 많이 무는 것이라는 설까지 널리 유포되고 있다. 그 진위야 어떻든 우리는 동원의 김 회장이 "탈세가 아니라 절세를 하는 합법적인 방법이 얼마든지 있다"는 것을 알면서도 "방법 면에서 부도덕하면 왠지 하고 싶지 않다"고 하는 고귀한 소신을 밀고 나간 점에 감격하지 않을 수 없다. (중략)

그는 우리 사회에 진전한 기업인의 에토스를 보여 주었다. 우리는 그의 정직성에서 우리 사회 회생의 가능성을 다시 볼 것이다. 그리고 감히 우리 사회의 어두운 곳을 향해 '이 사람을 보라'고 외치고 싶다. 국민과 함께 그에게 충심으로부터의 박수를 보낸다.

–〈조선일보〉 사설 '이 사람' 1991년 3월 9일자

를 지켜 온 창업주 김재철 회장은 1990년 11월 62억 3,800만 원이라는 거액의 증여세를 자진 납부하였다. 이 같은 사실은 김 회장이 전혀 내색을 하지 않아 세상에 알려지지 않고 있다가 이듬해인 1991년 3월 언론에서 이를 알고 화제를 삼아 신선한 충격을 불러 일으켰다. 국민일보는 1면 톱기사로, 조선일보와 한국일보 등은 사설까지 실어 모범 기업인으로 치하하였다.

김 회장은 경영권 이양의 일환으로 보유하고 있던 동원산업 주식 59만 주를 장남에게 이전하고 증권감독원에 신고하여 관계자들을 놀라게 했다. 이처럼 공식 절차를 거친 대규모 증여는 너무 정직한 게 아니냐는 시선을 받기에 충분했다. 국세청으로서는 혹시 주식의 위장 분산이 없는지 내사해 봤으나 전혀 그런 사실이 없었다고 한다. 김 회장은 그 당시까지 증여 세액 중 단일 세액으로는 사상 최다 액수인 약 70억 원의 증여세를 어김없이 자신 신고하고, 자진 신고에 따른 10% 감면을 적용받았다.

어떻게 보면 평범하고 당연한 일인데, 기업인의 도덕과 윤리가 문제시되고 '정직한 행동'이 '우매한 행동'으로 간주되는 잘못된 기업 풍토에서 이처럼 깨끗한 기업인도 있다는 점이 여론의 화제가 되어 신선한 미담의 주인공이 되었다.

'자원의 보고' 바다를 경영하자

육당 최남선은 "우리의 근세사에 있어 가장 비통한 일은 바다를 잊어버린 것이다"라고 지적했다. 우리 민족이 바다를 잊음으로써 첫째 웅대한 기상이 없어졌으며, 둘째 백성을 가난하게 하였을 뿐 아니라, 셋째 문약에 빠져버리게 되었다는 지적이다.

창업자인 김재철 회장은 고향의 강진농고 시절 진로를 고민하던 중 존경하던 담임 최석진 선생으로부터 의미 있는 설득을 듣게 되는데, 이 말은 그의 일생을 결정짓는 큰 계기가 되었다.

"지금 우리 나라는 경제적으로 낙후를 면치 못하고 있지만 언젠가는 오 대양을 누빌 시기가 올 것이다. 생각해 봐라. 우리 나라는 국토가 좁고 지하 자원도 없는데 뭘 가지고 세계에 나가 경쟁하겠느냐. 바다를 개척하는 길밖에 없다. 바다는 무진장한 자원의 보고다. 우리 나라가 더 잘 살려면 우수한 젊은이들이 바다를 개발해야 한다."

결국 국립 부산수산대학에 진학해 수산학도로서 실력을 키운 뒤 수산고 등학교에서의 교편 잡기를 마다하고 위험하고 고생스런 원양 어선에 승선해 배를 탄 지 3년 만에 그것도 스물 여섯의 젊은 나이에 선원으로서는 최고의 자리인 선장이 되었다. 선원이 되기를 자청하여 10년 동안 쌓아 온 역량을 바탕으로 그는 독자적인 회사 설립에 착수하여, 1969년 4월 식량 자원의 보고인 바다를 개척하여 '바다 농장'을 건설하려는 의지를 세우고 마침내 동원F&B의 모태인 동원산업(주)을 설립하였다.

창업 초기부터 항상 새로운 어법, 새로운 어장 개발 등 끊임없는 개척자적 도전 정신으로 매진해 온 동원은 세계적 수산 회사로 성장하게 되었다. 오늘날 우리의 젊은이들이 장보고의 후예답게 세계로 과감히 나아가 대양을 횡단하고 거친 세계의 어장을 종횡무진으로 누비도록 앞장섰던 것이다. 이렇게 적도의 태양 아래에서 땀흘렸던 체험을 담은 김 회장의 글들이 초중고교의 국어 교과서에 실리기도 했다. 동원F&B는 부족한 식량 자원의 확보를 위해 바다 식량 개척의 모험에 뛰어들었던 창업 초기의 김 회장의 개척 정신을 이어가며 성장하고 있다.

⑵ 정도 경영의 실천 : 건강한 기업만이 건강한 식품을 만든다

동원F&B의 정도 경영은 기업과 관련된 각종 이해 관계자 집단에게 만족을 주고자 하는 노력으로 나타나고 있다. 특히, '경제정의기업상' 수상에는 인재 육성, 노사간 신뢰 형성, 경영 정보 공유 등의 노력으로 내부 고객인 종업원들을 만족시키기 위한 활동이 인정받았는데, 이밖에도 거래처인 협력사들과의 바람직한 관계 형성, 소비자 보호와 만족도 제고, 환경 보호, 기업 이익의 사회 환원 노력으로 표출되고 있다.

1) 종업원 만족을 위한 노력

동원F&B는 특히 노사 관계 항목에서 높은 점수를 받았다. 7개 공장마다 노무 담당자를 두고 현장 근로자와 꾸준한 대화를 해 노사간 불신이 싹틀 틈을 주지 않았다. 노사 합동 워크숍 시행, 노사 합동 축구 대회, 인사 고충 상담 전화 · 최고 경영자 핫라인 운영 등 열린 경영을 실시하고 있다. 외부 고객(外部顧客), 즉 소비자를 만족시키기 이전에 내부 고객(內部顧客)이라 할 수 있는 종업원들을 먼저 만족시키기 위한 노력을 전개하고 있다. 종업원들의 직장 생활 만족을 통해 자연스럽게 고객 만족이 실현되도록 하고 있는 것이다.

동원F&B는 열려 있는 현장 우선의 경영 활동으로 노사 협력을 이끌어 냈다. 노사가 정보를 공유하고 원활하게 의사를 소통하기 위해 현장이 우선이라는 신념 아래 최고 경영자가 모든 근로자들의 애로를 직접 듣고 개선하기 위한 노력을 진행했다. 이러한 노사 화합 및 열린 경영 실천을 위한 노력이 인정되어 2001년 4월 노동부가 주관하는 '신노사 문화 우수 기업'에 선정되어 인증을 받기도 했다.

이 회사는 생산 현장의 패밀리 활동 및 경진 대회, 사무 환경 개선, 사장 이하 경영진의 지속적인 현장 방문 활동, 고충 상담 전화 및 팩스 운영, 제안 제도, 신바람 뉴스 등의 각종 의사 소통 프로그램을 지속적으로 운영하고 있다. 특히 성남 공장은 매주 수요일 공장장과 근로자 대표인 조 반장과의 대화의 장을 갖는 등 노사간 흉금 없는 대화를 통해 공장의 성과는 물론 회사의 전반적 사항에 대한 정보를 공유하고 정기적으로 각종 노사화합의 자리를 마련해 왔으며 최상의 작업 환경을 조성하여 생산성 향상을 극대화하고 있다. 노사간의 원활한 의사 소통 채널을 구축해 노사간 신뢰를 형성하기 위한 노력을 기울이고 있는 것이다. 각종 세미나, 부서장 회의, 노사 협의회, 노동 조합 미팅, 노사 합동 워크숍 등에서는 회사의 경

〈사진 2〉 맛살 생산 공장에서 제품을 최종 가공하고 있는 장면

영 성과와 현황을 투명하게 공개하고 있다. 근로자들에게 경영 실태를 이해하고 애사심을 기를 수 있는 기회를 제공하는 것이다. 또 기업의 이익을 공평하게 분배한다는 차원에서 특별 상여금을 지급하여 노사간 신뢰를 강화했다.

동원F&B 창립과 더불어 초대 사장으로 취임한 박인구 사장은 기업 경영의 성패는 직원과 경영층 간에 얼마나 신뢰를 쌓느냐에 따라 달라진다는 평소의 믿음을 바탕으로 제일 먼저 직원들과 허심탄회한 대화를 하기 시작하였다. 전국 각지에 산재해 있는 31개 사업장을 단 한 군데도 빠짐없이 방문하여 간담회 및 의견 청취를 하며 최고 경영자의 생각과 경영 방침을 설명하고 이해를 구하였으며, 직원들의 집체 교육 때에도 매번 대화의 시간을 운영하였다. 또한 분기별 노사 협의회가 열릴 때, 혹은 노동 조합의 행사장에도 직접 참가하여 조합 근로자뿐만 아닌 노동연맹 관계자들과도 격의 없는 대화를 통하여 친밀감 형성은 물론 상호 이해를 구하는 데도 각별한 노력을 기울였다. 이러한 노력을 통해 형성된 공감대를 바탕으로 동원의 윤리 강령 '동원F&B인의 행동 기준'을 제정 발표하여 상호 신뢰를 바탕으로 한 건전한 기업 문화 형성의 초석을 마련하였다. 이 행동 기준은 동료·상사·회사뿐만 아니라 거래처 협력사에 대한 행동 기준을 총망라한 것이다.

말문이 열려야 조직이 활성화 될 것이라는 인식 아래, "조직 내의 의사 소통이 원활할 때 활력이 넘치고 새로운 것에 대한 도전과 창조가 가능하다"며 회장실에 사내 의견 수렴용 팩시밀리를 설치했다. 이른바 '신바람 FAX' 제도를 도입한 것이다. 누구나 기명 또는 무기명으로 이용할 수 있도록 하고 발신자의 신분 보장과 함께 이용으로 인한 불이익은 없도록 하여 직원들의 참여를 유도하고 있다. 내용은 일터의 신바람을 일으키는 일과 저해하는 일 등 어떤 내용이라도 제한을 두지 않는다고 한다. 그 동안 직원들은 경영 혁신을 위한 아이디어 및 인사 상담 영업 고충 등에 대한 다양한 의견을 회장만이 접할 수 있는 팩시밀리에 보내 이중 일부는 경영 활동에 반영되었다고 한다.

감원과 실직 등 고용 불안에 따른 어두운 분위기 속에서 우리 나라 직장인들의 어깨는 다른 어느 때 보다도 처져 있다. 이런 때는 조직에 활기를 불어넣고 개개인이 신바람 나게 일할 수 있는 분위기 조성이 필요하며, 그 수단으로 칭찬과 격려만큼 큰 힘을 발휘하는 것도 없다. 기업의 성장 발전을 위한 가장 중요한 자산인 조직원의 잠재력을 극대화하기 위한 동기 부

〈사진 3〉 진천의 햄 생산 공장에서 제품을 최종 점검하고 있는 장면

여 측면에서 질책보다 칭찬과 무의식적 인정이 더 큰 효과를 발휘한다.

동원F&B에서는 칭찬 문화 구축을 위해 매월 1일과 15일 2회씩 정기적으로 칭찬 대상 임직원을 선정하여 홍보하고, 특정한 날을 정하여 '칭찬의 날'로 운영하고 있다. 선행을 했다거나 성과가 우수하고 문제 해결에 탁월한 능력을 보여 준 임직원을 대상으로 각 부서의 추천을 받거나 내부 선정 절차를 거쳐 선발하고 있다. 각 부서에서는 칭찬할 사안을 찾아서 적극적으로 칭찬해 주도록 하고 간부 사원은 인정과 격려를 통해서 신바람 나는 조직 운영이 되도록 노력하고 있다.

동원F&B 박인구 사장은 최근에 3천5백여 명의 전 직원 가족에게 편지를 보내 직원들의 건강을 위해서는 금연이 반드시 필요하다며 가족들의 격려와 협조를 당부했다. 직원 가족들을 대상으로 직접 작성한 '성공적인 금연을 위해서'라는 편지에서 박 사장은 "직원들 본인들의 건강을 위해서 금연은 반드시 필요한 것으로 금연은 무엇보다 본인의 의지가 중요하지만 가족들의 격려와 협조 또한 절대적으로 필요하다"며 임직원 가족들의 적극적인 지지와 협조를 당부하였다.

박 사장은 평소에 CEO는 직원들의 건강까지 책임져야 한다며 금연뿐만 아니라 직원들에게 운전 중 휴대폰 사용 금지, 안전 벨트 착용, 1차선 주행 줄이기 등을 강조하며 직원들의 건강에 대하여 남다른 관심을 나타내 왔다. 이러한 직원들에 대한 건강 관심으로 동원F&B는 최근 금연율이 급속히 증가하여 임직원의 약 10%만이 흡연중이며 교통 사고율도 전무한 상황이다.

동원F&B는 외부 전문가를 초빙하여 임직원 대상 강좌의 형식으로 끊임없이 '지식 수혈(知識輸血)'을 하고 있다. 직원 능력 향상을 위한 사원 교육 제도의 하나로 근로자들이 경영 환경을 잘 알 수 있도록 하기 위해

〈사진 4〉제1000회 목요 세미나 모습. 동원 F&B는 직원의 교양 향상을 위하여 매주 목표일 외부 강사를 초빙하여 세미나를 실시하고 있으며, 우리 나라에서 유일하게 현재 1,300회를 넘어섰다.

매주 목요일 오전에 모든 임직원들이 강당에 모여 사내외 전문가들로부터 강의를 듣고 세미나를 한다. 동원그룹이 '목요 세미나'를 처음 시작한 것은 1974년 9월 26일. 그로부터 28년이 지났지만 목요 세미나는 매주 빠짐없이 열린다. 일반 기업에서 사원 대상 교양 강좌 세미나가 28년 동안 1,300회를 넘어선 것은 국내에서 가장 오랜 역사로 국내 기업 문화사의 한 획을 긋는 좋은 사례로 평가되고 있다.

세미나 횟수가 1,300회를 넘다보니 한국에서 유명하다는 강사치고 이곳에서 강연을 하지 않은 이가 드물다. 이현재 전 국무총리, 이한빈, 최각규 전 부총리, 박승 한국은행 총재, 이필상 고려대 교수, 허태학 삼성에버랜드 사장, 이금룡 옥션 사장 등 정관계 인사와 교수, 기업인, 언론인, 정신과 의사 등 강사의 면면에서 알 수 있듯 강의 내용도 다양한 분야에 걸쳐 있다. 이러한 '목요 세미나'는 급변하는 경영 환경에 회사 임직원들의 자질 향상과 신속한 대응력 향상 및 기업 문화 확립에 큰 도움이 되고 있다.

2) 규정을 넘어선 식품 안전 확보와 고객 만족 노력

식품 산업은 소비자들의 혀끝을 만족시켜 주어야 하는 동시에 건강과 안전을 최우선적으로 책임져야 하는 첨단 산업이다. 특히 식품업계에서도 제조물 책임법(PL)의 시행으로 소비자의 건강에 전혀 위해를 주지 않는 안전한 제품을 생산하는 일이 어느 때보다 중요해지고 있다.

이미 2000년 '식품안전경영대상'을 수상한 동원F&B는 식품 생산과 관련한 법과 규정에 정한 기준보다 더 높은 수준의 식품 안전을 확보하여 소비자들에게 믿을 수 있는 식품을 생산하고자 아주 적극적인 자세를 취하고 있다. 이러한 노력의 결과 소비자들의 인정을 받아 2000년 '한국산업고객만족도'(KCSI) 1위 기업에 뽑히고 K-BPI 선정 브랜드 파워 1위 기업에 선정되는 성과가 있었다.

동원F&B는 더욱 안전한 식품의 생산과 공급을 위해 2000년에 식품의약품안전청으로부터 맛살 부문에서 HACCP를 따냈는데, 계속적인 준비 과정을 거쳐 2001년에는 식품 업계 최초로 어묵 부문 HACCP 적용 업소로 지정되었다. 이것은 전사적으로 추진하고 있는 안전한 식품 생산 노력이 인정을 받은 것으로 기업 이미지 향상에 크게 기여하였다. HACCP란 Hazard Analysis Critical Control Point(식품 위해 요소 중점 관리 기준)를 뜻하는데, 식품 위생 안전성 기준의 중요한 척도로 식품의약품안전청이 지난 1995년부터 위생적으로 안전한 식품에 대해 인증해 주고 있는 제도이며 우리 나라 국정 100대 과제로 추진하고 있는 사업이다.

동원F&B의 경영진들은 "소비자의 신뢰를 받기 위해서는 불필요한 투자보다는 소비자에게 안전한 식품을 공급하기 위한 품질의 고급화, 불량률 제로화가 필요하다"며 "동원F&B는 소비자에겐 신뢰를, 투자자에겐 이윤을, 종업원에게는 미래를 주는 종합 식품 기업으로 거듭날 것"이라고 밝히고 있다. 또 동원이란 상표가 세계 최고의 안전 식품을 대표하는 리딩 브랜드로 자리매김하도록 역량을 집중하겠다는 강한 의지도 내비치고 있다.

이러한 노력의 일례로, 동원 양반김은 철저한 계획 생산과 품질 관리로 차별화된 맛을 낸다는 평을 받는다. 청정 해역에서 자란 고급 원초(元草)를 제철에 수매하는 것이 양반김 특유의 맛을 내는 비결이다. 특히 생산 과정에서의 금속 탐지기, 중량 선별기, 이물질 선별기 등 품질 관리 시스템도 제품의 신뢰도를 높이는 요소이다. 또한 주요 생산 거점인 청주 공장은 ISO 9001 인증을 취득했다. 품질 개선 사례로 창원 공장의 참치 통조림 살균 라인 로더/언로더의 개조 및 설치를 통해 참치 플레이크(flake)의 발생량을 감소시킨 공정을 들 수 있다.

3) 협력 업체와의 WIN-WIN 전략

동원F&B는 '동원F&B인의 행동 기준'을 만들고 기업의 각 이해 관계자들의 만족도를 높이고자 노력하고 있는데, 협력사들에 대해서는 아래와 같은 행동 기준을 설정하고 있다. 협력 업체와의 상생(win-win) 네트워크를 만들어가기 위해 설비 구입 자금 지원, 품질/공정 개선 기술 지원, 어음 대신 현금으로 거래 대금 결제, 투명한 거래 관계를 유지하고 부당 행위 근절하기 위한 인터넷 입찰, 품질향상교류회 운영과 신뢰 관계 형성을 위한 정기 간담회 개최, 우수 업체 포상과 같은 구체적 노력을 하고 있다.

동원F&B는 동원산업과 더불어 2000년부터 구매 자금 대출을 이용하

<동원F&B인의 행동 기준 : 對 협력사>
- 협력 업체의 건실한 성장 · 발전은 동원F&B의 성장 · 발전과 직결된다.
- 우리는 협력 업체의 제반 경영 활동을 적극적으로 지원한다.
- 우월적 권한 및 지배적 지위를 이용한 부당 행위를 하지 않는다.
- 협력 업체의 선정은 서비스, 품질, 가격 등을 고려하여 규정에 따라 합리적으로 결정한다.
- 협력사 품질 향상을 위해 함께 노력하되, 기준 미달 또는 규정 위반 시에는 엄중히 그 책임을 묻는다.
- 협력사에게는 정해진 기일 내에 약속한 조건에 의하여 대금을 지불한다.
- 협력사로부터 금품 수수 및 접대를 받지 않는다 .

여 모든 납품업체에게 현금 결제를 해주고 있다. 거래하고 있는 중소 기업들은 납품 대금을 어음 대신 현금으로 받을 수 있어 현금 유동성이 좋아져 자금난 해소에도 도움을 받고 있으며 연쇄 부도 등 어음 거래에 따른 폐해를 막을 수 있게 되었다.

동원F&B는 창립 초기에 만든 '동원F&B인의 행동 기준'에서 협력사로부터 금품과 접대를 받지 않는다고 정하고 이를 실천하고 있는데, 이것은 "직원들이 먼저 건강해야 소비자들에게도 건강한 식품을 공급할 수 있다"는 정도 경영의 의지를 표현하고 있다.

인터넷을 통한 B2B 거래가 확산되는 환경 변화에 대응하여 인터넷 입찰(Bidding) 시스템을 자체 개발하여 인터넷상에서 구매자와 판매자가 연결되는 가상 시장을 통한 인터넷 입찰 구매를 실현하고 있다. 이러한 동원F&B의 입찰(Bidding) 시스템은 다양한 효과를 거둘 수 있지만 협력 업체와의 관계에 있어서는 기존의 거래 관행을 혁신하고 거래의 투명성, 객관성, 신뢰성을 높일 수 있었다. 구매 가격, 공급업체 선정 등의 거래 과정을 공개하고 완전 경쟁 시장을 형성함으로써 거래의 투명성과 객관성을 강화할 수 있으며, 이에 따라 구매자와 판매자 사이의 높은 신뢰감을 형성하게 되었다. 이 밖에 비용 절감 효과를 얻을 수 있었는데 예를 들어, 마른 김 인터넷 입찰을 통해 납품 업체들 간의 경쟁을 유도하고 제반 구매 경비를 낮추어 약 18%의 비용 절감 효과를 거두기도 했다.

동원F&B는 협력 업체와의 지속적인 품질 향상 활동 및 안전한 식품 공급 관계를 유지하기 위해 동원F&B 협력 업체 대표들과 '품질향상교류회'를 갖고 있다. 행사는 협력 업체 대표가 참석한 가운데 '믿을 수 있는 식품 만들기' 등의 주제로 세미나, 워크숍, 동원F&B 공장 현장 체험, 현장 견학 등의 일정으로 실시된다. 동원F&B는 지난 2000년 12월 협력 업체 제반 경영 활동의 중요성을 일깨워 '對협력사에 대한 행동 강령'을 선포하고 품질 경영 문제를 통한 품질 경쟁력 향상과 전공장의 ISO 9000/HACCP 시스템화를 위해 노력해 왔다. 특히 고객에게 믿을 수 있는 식품을 공급하기 위해 식품 제조 업체의 품질 관리가 무엇보다 중요하다는 인식을 강화하고 있다. 이처럼 협력 업체가 안정적인 품질 시스템 확립을 위한 공인 품질 인증을 획득할 수 있도록 지원하여 협력 업체 중 26개 업체가 KS, FDA, ISO, EU, HACCP 등 품질 인증을 받게 됨에 따라 체계적인 품질 관리 시스템 확립으로 클레임 감소 및 안정적인 품질을 유지할 수 있는 체계를 갖추게 되었다.

4) 이익의 사회 환원 노력 : '더불어 사는 기업'

동원F&B는 기업은 성실한 경영 활동의 산물을 바탕으로 사회에 기여하고 사회 정의를 실현해야 한다는 소신을 기반으로 동원육영재단을 운영하고 있으며, 푸드 뱅크(Food Bank) 사업과 각종 기부 행위에 적극적으로 참여하고 있다.

동원F&B는 외환 위기 이후 발생한 노숙자, 결식 아동, 무의탁 노인, 비인가 시설 등 끼니를 거르는 불우한 이웃에게 나눔의 사랑을 실천하고자 보건복지부와 함께 식품을 무상으로 공급하는 푸드 뱅크 사업에 참여하고 있다. 2001년 6월에는 보건복지부와 한국사회복지협회, 식품공업협회가 주관하는 푸드 뱅크(Food Bank) 사업 관련 우수 기탁자로 선정되기도 했다. 푸드 뱅크 사업은 제조 유통 판매 과정에서 남은 잉여 식품을 어려운 이웃에게 전달하여 유용하게 활용하도록 하는 사업으로 저소득층의 실질 소득 향상에 기여하고 지역 사회의 복지 공동체 구현에 기여하는 프로그램이다. 동원F&B는 기업의 이익을 사회에 환원한다는 취지 아래 푸드 뱅크 사업에 적극적으로 참여해 오고 있는데, 사회 복지의 실현이라는 공로를 인정받아 어려운 이웃과 사랑의 음식을 나누는 '더불어 사는 기업' 으로 선정되었다.

동원육영재단은 동원그룹의 창업자인 김재철 회장이 창업 이후 도움이 필요한 학생들에게 10여 년 간 장학금을 지급하여 오던 장학 사업을 한층 더 조직적이고 체계적으로 실시하고자, 동원산업의 설립 10주년을 맞이하여 기업 이윤의 사회 환원과 사회적 책임을 다하기 위한 취지에서 1979년 7월 2일(문교부 설립 허가) 재단법인으로 설립하였다. 1979년 3억 원의 기본 재산으로 시작된 동원육영재단은 2001년 현재 135억 원의 기본 재산을 운용하여 도움이 필요한 영재들에게 장학금을 지급하고, 대학과 연구 단체에 연구비 지원 사업을 하고 있는 재단이다. 그 동안 도움이 필요한 젊은 영재들 2,000명에게 약 26억여 원의 장학금을 지급하였고, 식품 관련 및 국내외 현안 문제를 연구하는 대학과 연구 단체에 학문과 과학 기술 사업으로 45억 원을 지원하였는데 어느덧 20년이 넘었다. 이 밖에도 '동원컵 전국 유소년 축구 리그', 명사 초청 강연, 자녀 교육을 위한 학

〈사진 5〉 수재민을 돕는 사업에 동참

부모 교양 강좌 등의 목적 사업을 시행하여 사회의 장래를 짊어지고 나갈
후진들의 지 · 덕 · 체 함양을 위해 노력하고 있다.

　동원F&B는 축구의 저변 확대를 위해 동원컵 전국유소년축구리그를 공
식 후원하고 있다. 축구의 저변 확대를 위해서는 성인 축구 위주에서 탈피
해 어릴 때부터 축구의 뿌리를 튼튼히 하는 게 중요하다는 인식하에 동원
컵 전국유소년축구리그를 공식 후원하고 있는 동원F&B 박인구 사장은
"오늘의 선진 축구는 유소년 축구에서 비롯됐으며, 한국 축구의 중흥을
위해 전폭적으로 지원할 것"이라는 의지를 밝혔다. 투자도 하지 않은 채
좋은 성과만 올리기를 기대하는 조급증이 팽배한 우리 사회에 좋은 교훈
을 주는 사례가 되고 있다. "스포츠 역시 다른 분야와 마찬가지로 많은 투
자와 시간을 필요로 하며 그것 없이 좋은 수확을 기대하는 것은 넌센스"
라고 지적하는 박 사장은 축구를 함으로써 노사간에 화합과 단결력을 강

화하자고 주장하기도 한다.

5) 환경친화적 기업 활동

참치 캔을 한 해 2억 개 이상 생산하고 있는 동원F&B는 '금속캔재활용협회' 회원으로 활동하여 캔 재활용 활동에 참여하고 있으며, 자연 보호 활동과 환경 제품 소비를 위한 홍보를 목적으로 자연보호중앙협의회에 기금을 전달하고 환경 보호 및 자연 사랑에 관한 업무 제휴를 조인하는 등 자연 보호 운동에 큰 관심을 갖고 적극 협력하고 있다. 특히 하남시와는 하남시 주최 하남환경마라톤대회를 협찬하고 대회 운영을 지원하였다. 이 마라톤 대회는 생태 도시 하남시를 홍보하여 자연 환경 보호에 대한 시민들의 주위를 환기시키고 더불어 마라톤을 통해 국민 건강 및 체육 활동을 활성화시키는 효과를 가져왔다.

또 '1사 1산 가꾸기' 운동을 통해 하남시에 있는 검단산 보호 운동에도

〈사진 6〉 육영 재단상 시상식 장면

적극 나서고 있다. 활동 내용을 보면 등산 안내도 설치, 알림판 설치, 나무 표시판 부착, 등산로 축대 설치 등인데, 이러한 노력은 동원F&B가 환경 친화적 기업이라는 기업 이미지를 구축하는 효과를 가져오고 있다. 이밖에도 동원F&B는 환경부가 후원하는 '지구사랑 글짓기 대회'를 개최하여 청소년들에게 자연과 환경의 소중함을 일깨워 주는 행사를 진행하고 있는데 현재까지 연인원 100만여 명이 참가하는 성과가 있었다.

3. 동원F&B의 미래

오늘날의 많은 기업인들은 적자생존의 법칙을 강조하면서 사회적 책임의 범위를 기업 이윤 획득과 고용 창출에만 한정시키려고 하고 있는 것이 일반적인 풍조이다. 개별 기업이 살아야 결국 사회 전체가 경쟁력을 갖는다는 논리이다. 그러나 우리 나라에도 모든 시민들이 살기 좋은 사회를 만드는 데 협력해야 하듯 기업도 사회를 구성하고 있는 일원이기 때문에 당연히 적극적인 역할을 떠맡아야 한다는 주장이 늘어가고 있다. 이렇게 생각하는 사람들은 기업이 사회의 요구를 받아들일 때 환영받게 되고 지속적으로 발전할 수 있다고 주장한다. 기업은 유기체로서 사회와 불가분의 관계에 있으므로 사회가 발전하면 기업의 사회적 책임에 대한 인식도 달라져야 한다는 것이다.

이러한 시각에서 지금까지 성실한 사회 구성원으로서의 역할을 다하고 있는 동원F&B를 소개했다. 동원F&B는 창업 이념인 '성실한 기업 활동으로 사회 정의의 실현'을 추구하는 정도 경영을 통해 사회적 책임을 다하고 있다. 특히 창업자의 성실한 납세 의식과 건강 식품 공급에 대한 소명 의식, 임직원을 기업의 내부 고객으로 인식하여 그들을 먼저 만족시켜야 한다는 종업원 만족 중심의 조직 문화, 소비자에게 안전한 식품을 공급하기 위해 규정보다 더 엄격한 기준을 적용하여 믿을 수 있는 먹거리를 생산하는 적극적 자세, 환경 보호와 기업 이익의 사회 환원과 관련한 다양한 활동들은 높이 평가할 만하다. 짧은 역사를 가지고 있지만 창업 정신인 정도 경영을 실천하는 기업인 것이다.

동원F&B는 지금까지 바람직한 기업 활동을 하면서도 재무적 성과가 좋은 기업으로 성장하고 있다. 그러나 지속적인 성장 발전을 통해 미래에 더 좋은 기업이 되기 위해서는 풀어야 할 과제들도 있다. 사례 분석 과정에서 확인한 과제들은 다음과 같다.

첫째, 좋은 제품을 생산하고 식품 안전을 확보하기 위한 첨단 기술력을 갖추어야 한다. 식품 산업은 소비자들의 혀끝을 만족시켜 줘야 하는 동시에 건강과 안전을 최우선적으로 책임져야 하는 첨단 산업이다. 그래서 주요 선진국은 반도체나 액정 표시 장치(LCD), 자동차와 정보 통신처럼 식품 산업을 첨단 산업으로 육성하고 있다. 국가간 이동이 활발해지면서 식품 산업은 고수익의 '알짜 산업'으로 변하고 있기 때문이다. 식품 산업은 농업이나 수산업으로 분류되던 1차 산업에서 바이오 혁명을 주도하는 생명 산업으로 발전하고 있다. 동원F&B는 최근에 우리 나라의 전통 식품을 소비자들의 구미에 맞는 식품으로 육성하는 시도를 활발하게 전개하고 있으며, 국제적 품질 기준에 부합하게 식품의 안전도를 높이기 위하여 각종 인증을 획득하는 품질 혁신 노력을 강화하고 있는데, 이러한 시도들이 결실을 맺도록 꾸준한 투자와 연구 개발이 이어져야 할 것이다.

둘째, 세계인을 대상으로 하는 한국 음식의 세계화를 이루어야 한다. 동원F&B의 박인구 사장은 "지역 색이 강한 음식을 세계화시키고 있는 게 바로 다국적 식품 회사들이다. 네슬레, 하인즈, 나비스코, 유니레버 등 유명한 식품 회사들이 자기들 입맛대로 세계인의 입맛을 길들이고 있다. 하지만 한국 기업 중에는 아직 세계인의 입에 오르내리는 식품 회사도, 세계인들이 즐기는 음식을 만들어 내는 기업도 없다. 한국 사람의 세계 음식 문화에 대한 적응 속도는 점점 빨라지는데 한국 음식의 세계화 속도는 더디기만 하다"라고 밝힌 바 있다. 그렇다. 동원F&B는 동원산업(주)을 모태로 하여 짧은 역사 속에서도 국내 굴지의 종합 식품 회사가 되었다. 그러나 식품 산업은 좁게는 한국인이 먹고사는 문제이고 크게는 세계인을 대상으로 하는 규모가 큰 산업이다. 동원F&B가 끊임없는 성장을 하기 위해서는 세계 시장에 한국 음식을 소개하고 전파하는 역할을 할 수 있어야 가능할 것이다. 과거처럼 내수 시장에서 고성장을 누리기 힘들어졌기 때문이다. 동원F&B가 한국을 뛰어넘어 세계인이 선호하는 유명 브랜드가 될 수 있어야 하겠다. 최근 산업자원부가 발표한 100대 일류 상품에 일본 등 해외 지역에서 매우 좋은 반응을 얻고 있는 '동원 양반 김'이 선정된 것은 이러한 꿈이 실현 가능하다는 사실을 보여 주고 있다. 동원F&B가 글로벌 경쟁력을 강화하기 위해서는 해외의 선진 기업들과 전략적 제휴를 강화해 나가고 해외 생산 기지 확대 및 수출 지역과 품목의 다변화를 추진하여 미래의 성장 기반을 다지고 세계적 브랜드가 되도록 노력해야 할 것이다.

마지막으로, 정도 경영이 기업 경쟁력 강화의 원천이라는 사실을 보여 줄 수 있어야 한다. 동원F&B는 지금까지 사회적으로 바람직한 정도 경영을 실천하면서도 경영 실적이 비교적 양호한 기업으로 평가되었다. 그러나 동원F&B의 역사는 매우 짧으며 정도 경영의 공과를 확실하게 밝히기에는 시간이 더 필요하다고 볼 수 있다. 동원F&B가 2001년에 경제정의 실천시민연합으로부터 '경제정의기업상'을 수상했지만 앞으로도 계속 사회적 공헌도가 높은 바람직한 경영 활동을 실천하며 성장해 나갈 것이라는 확신을 갖기에는 충분한 검증 기간이 필요하다는 의미이다. 소비자들과 사회로부터 환영을 받고 경쟁에서 앞서려면 보다 많은 노력을 기울여야 할 것이다. 동원F&B가 사회 구성원 모두에게 만족을 주는 정도 경영을 실천하고자 노력하는 도덕성을 겸비한 회사라는 평가를 받는 동시에 일반 기업들이 추구하는 이윤 창출에도 성공하는 모범적 기업이 될 수 있기를 바란다.

제8장

바른 기업
"바로 알고 바로 살며, 서로 도와 하나 되자"

(주)퍼시스

구종권(경영학 박사)

퍼시스 가족들은 지난 몇 년 동안 우리 나라 기업들이 겪은 위기 상황을 지켜보면서 매우 안타까운 생각들을 하고 있었다. 퍼시스의 성장은 수많은 기업들의 성장과 우리의 경제 발전에 의해 가능했기에, 주도적인 성장과 발전을 거듭해야 할 기업들이 하나 둘 쓰러져 가는 모습을 지켜봐야만 하는 심정이 가슴아팠던 것이다. 고객의 힘으로 설 수 있었던 퍼시스이기에 고객의 아픔을 외면할 수 없었기 때문이다.

퍼시스 가족들은 2001년 봄을 매우 뜻깊은 해로 기억한다. 1998년 4월(7회) '경제정의기업상'(기타 제조 부문)을 수상한 바 있으나, 2001년 4월(10회)에는 경제정의실천시민연합(경실련) 주최 '경제정의기업상' 에서 모든 업종과 기업을 아울러 대상 부문을 수상하였기 때문이다. 이 상은 우리 나라 기업들이 국가 경제 발전에 이바지하고 국민으로부터 사랑과 존경을 받는 기업상(企業像)을 정립하고자 제정되었다. 국가와 사회는 국민으로부터 존경받는 기업 혹은 정의로운 기업을 필요로 하며, 기업이 바로 설 때 바른 국가와 정의로운 사회가 가능하기 때문이다.

퍼시스 가족들은 '경제정의기업상' 의 수상을 자랑스럽게 생각한다. 이 상은 모두가 하나가 되어 회사를 키워 온 결실이며, 시민들이 경제 정의를 실천하는 회사로 인정했기 때문이다.

1. 퍼시스의 연혁과 사업 현황

(1) 회사 연혁과 기업 이념

"사무실은 단순히 먹고살기 위해 마지못해 일을 해야 하는 곳이
아닙니다. 일은 생활이며 생활은 곧 일입니다. 사무실은 작업의 공
간에 그치는 것이 아니라 삶 자체의 공간으로 확장되어야 합니다.
이것이 사회의 한 기업, 한 개인으로서 역할과 임무를 성실히 수행
하는 자신의 모습임을 느껴야 합니다."

이 말은 퍼시스를 설립하면서 창업자가 사무 공간의 중요성을 강조한
말이다. 사무실은 생활 터전이요, 일은 곧 삶이라는 이 말은 퍼시스의 존
재 이유를 명쾌하게 제시하고 있으며, 일과 일터에 대한 창업자의 철학과
퍼시스의 존재 가치를 엿볼 수 있다.

1983년에 설립된 퍼시스는 국내에서는 사무용 가구의 개념이 아직 부
족했던 시기에 시스템의 개념을 도입한 전문 사무용 가구를 생산하는 회
사로 설립되었다. 퍼시스(FURSYS)는 'FURniture'와 'SYStem'의 합성
어를 의미한다. 한 우물을 판다는 신념으로 한 분야에 기업의 모든 역량을
집중한 결과 설립 이래 현재까지 줄곧 업계 1위를 고수해 오고 있다.

우리 나라의 사무용 가구 제조업은 6.25 이후 미군을 통해 국내에 첫선
을 보인 철재 사무용 가구를 시발로 하여 목재 사무용 가구, 라미네이트
사무용 가구 등으로 변천해 왔다. 전쟁 이후 미군 부대를 통해 흘러나온
미국 표준의 철재 사무 가구가 중소 규모의 제조 업체를 통해 제조, 판매
되기 시작하였다. 이 때의 사무 기기는 전화와 타자기가 주로 사용되었다.

<표 1> 퍼시스 회사 연혁

1983. 3. 11	한샘공업주식회사 설립(서울시 성동구 성수2가 227-40)
1984. 9. 01	한샘건축연구소 통합
1987. 4. 30	책상 및 의자 우수 디자인(GD마크) 획득(한국디자인포장센터)
1987. 6. 01	상호 변경 "(주)한샘 퍼시스"
1988. 11. 30	무역의 날 '1백만 불 수출탑' 수상
1989. 12. 09	가구디자인연구소 설립(서초구 양재동 120)
	-과학기술인가번호 91-4호
1990. 11. 01	한국 3000대 기업 등록법인 우량 기업 1위 선정(한국능률협회)
1990. 11. 30	'무역의 날' 국무총리 표창 수상(제54125호)
1991. 3. 04	'조세의 날' 국세청장 표창 수상(국세청 제16436호)
1991. 9. 17	본사 사옥 신축 이전(서울시 송파구 오금동 45-3)
1992. 11. 30	무역의 날 '5백만 불 수출탑' 수상
1994. 8. 31	기업 신용도 평가 A1 등급 선정(한국신용정보,
	한국신용평가, 한국기업평가)
1994. 11. 30	무역의 날 '천만 불 수출탑' 수상
1995. 3. 31	상호 변경 '(주)퍼시스'
1996. 12. 24	기업 공개(주식 상장)
1997. 3. 19	상공의 날 '모범 상공인' 국무총리 표창
1998. 3. 03	조세의 날 재정경제부장관상 표창 수상
1998. 4. 13	경제정의기업상 수상-기타 제조 부문(한겨레신문사,
	경실련 공동주최)
1998. 12. 20	KAID 대상 수상(한국산업디자이너협회)
1999. 5. 01	'근로자의 날' 노동부장관 표창
1999. 6. 16	안성 공장 ISO 인증
2000. 12. 01	SOHO용 가구 'INDIVI' 시리즈 한국 산업디자인상 수상
2001. 4. 19	경실련 주최 제10회 경제정의기업상 대상 수상
2001. 7. 20	신제품 VCM GD 산업자원부 장관상(우수상) 수상
2001. 12. 18	대한민국 디자인 경영 최우수상 국무총리상 수상(산자부,
	디자인진흥원 주최)

그러나 기업의 성장과 발전은 사무 기기와 업무 수행 형태에도 변화를 가져왔다. 사무 기기는 타자기에서 컴퓨터로 바뀌었으며, 쾌적한 근무 환경을 통한 근로 생활의 질을 높이고자 하는 노력이 적극적으로 이루어졌다.

기업의 경영 이념은 기업이 지향해야 할 바를 제시하는 중요한 가치 기준이다. 퍼시스는 매우 간결하면서도 명쾌한 경영 철학을 제시하고 있다.

"바로 알고 바로 살며 서로 도와 하나 되자"

퍼시스는 "바로 알자"는 말의 의미를 경영 현장에서 적극적으로 실천하고 있다. 많은 기업들이 기업의 성장과 함께 위험을 최소화하기 위한 목적으로, 그리고 돈이 되는 사업이라면 핵심 역량을 갖추지 못한 분야라 할지라도 전혀 다른 업종에 진출하는 것을 흔히 볼 수 있다. 퍼시스는 현재의 사업 영역에서 전문성을 높이는 업종 전문화를 추구하고 있다. 이것이 "바로 알자"라는 경영 철학을 실천하고 있는 것으로 평가할 수 있다. 기업의 성장과 국가 발전은 정직과 신뢰에서 비롯된다는 신념을 가지고 정도 경영을 실천하고 있다. "바로 알자"는 경영 철학은 가구연구소 설립(1989년)으로 이어진다. 가구연구소의 설립은 사무용 가구에 대한 퍼시스의 역량을 향상시킬 수 있는 계기를 만들었다. 기업의 가장 기본적인 역할은 고객에게 우수한 제품을 공급하는 것이다. 퍼시스 역시 고객에게 최상의 사무용 가구를 공급하는 것을 사명으로 하고 있으며, 이를 위해 업종 전문화를 포기하지 않고 있다.

퍼시스는 하나됨을 강조하고 있다. 기업은 수많은 이해 관계자 집단을 가지며, 이들과의 원만한 관계가 기업의 성장 발전에 큰 밑거름이 된다. 퍼시스는 이를 위해 주주에 대한 높은 배당과 종업원을 위한 종업원 지주제 실시, 협력 업체의 공개 모집 등을 통해 신뢰를 구축해 오고 있다. 따라서 퍼시스는 '사용자', '노동자'라는 용어 자체가 없을 정도로 기업주는 개인의 재산 증식보다는 회사의 실속 있는 발전을 위해 적절한 재투자에 힘쓰고, 사원들은 회사를 믿고 자신의 일에 최선을 다하는 문화가 형성되어 발전하고 있다. 퍼시스의 하나됨은 고객을 향한 마음에서 더욱 확실하게 실현되고 있다. 고객이 제품을 주문하고 직접 받기까지 D+3일(규격품의 경우)의 납기를 준수하고 있다. 또한 고객이 부르기 전에 직접 찾아가는 BS(Before-Service)제도를 실시하고 있다. 이러한 대고객 서비스를 향상시키기 위해 국내 업계 최대 단위의 생산 능력, 물류 시스템 및 대리점의 인력과 장비 등 인적, 물적 투자에 적극적이다.

이와 같은 경영 철학은 맨 앞에서 언급한 창업자 손동창 회장의 생각에서 철학을 엿볼 수 있는데, 사무실은 생활 터전이요, 일은 곧 삶이라는 주장이 매우 인상깊다. 이러한 경영 철학은 일을 긍정적으로 바라보는 시각을 내포하고 있다. 일을 즐거운 것으로 받아들이고 열심히 한 결과 그 보상을 받을 수 있다는 것이다.

(2) 사업 영역과 현황

퍼시스는 설립 이래 지금까지 오직 한 우물을 판다는 신념으로 업종 전문화를 실천하고 있는 사무용 가구 분야의 대표적인 회사이다. 퍼시스는 설립 당시부터 사무 가구에 시스템의 개념을 도입하여 효율성을 높인 것으로 평가된다.

1983년 3월 설립된 퍼시스는 사무 가구 전문 기업으로서 경기도 안성시 공도면에 소재한 공장에서 목재 및 철재를 사용한 복합 사무 가구를 생산 판매하고 있다. 퍼시스는 국내뿐 아니라 일본, 호주 등의 선진국과 중

남미 및 아시아 일대에 자체 브랜드를 통하여 사무 가구를 수출하고 있다.

2001년 12월 현재 사무직 212명(남자 167명), 생산직 26명(남자 22명)의 인력들이 약 1,300여억 원의 매출액과 140여억 원의 당기 순이익을 실현하는 견실한 중견 기업으로 성장해 오고 있다.

주요 제품과 상품은 책상류, 서랍류, 캐비닛, 테이블, 행잉류, 파티션, 의자류 등으로 내수와 수출을 90%:10%의 비중으로 유지하고 있다. 대표적인 제품 개발 노력의 결과로 '유로테크 시리즈'를 들 수 있다. 시스템 가구라는 개념이 국내에 전무했던 1986년에 출시된 '유로테크 시리즈'는 노동집약적인 가구 생산에 효율성을 강조하여 생산성을 높였고, 제품을 부품으로 생산 · 포장하여 현장에서 조립 · 설치하는 넉다운(knock-

<표 2> 최근 3개년간 주요 경영 실적

(단위: 천)

계정 과목	제19기(2001)	제18기(2000)	제17기(1999)
매출액	130,359,384	153,583,675	109,715,662
매출원가	95,899,720	118,872,548	82,534,895
매출 총이익	34,459,663	34,711,127	27,180,766
판매비와 일반관리비	20,643,997	16,176,303	13,570,500
영업 이익	13,815,665	18,534,823	13,610,265
영업외 수익	7,117,194	10,322,751	5,950,420
영업외 비용	968,348	784,983	3,813,475
경상 이익	19,964,511	28,072,591	15,747,210
특별 이익	−	−	1,501,641
특별 손실	−	−	−
법인세차감전 순이익	19,964,511	28,072,591	17,248,852
법인세 비용	5,898,892	8,518,867	5,658,407
당기순 이익	14,065,619	19,553,724	11,590,445

자료원 : (주)퍼시스 제19기(2001) 영업 보고서

down) 시스템을 최초로 적용하여 물류 비용을 과거의 1/5 수준으로 절감하는 물류 혁신을 이룩하는 성과를 올렸다.

1993년에는 '탑라인 시리즈'를 출시하였다. 이 제품은 회사의 매출액 성장률이 감소하는 시기에 적절하게 출시되어 회사의 지속적인 성장을 가능케 한 제품으로 평가된다.

2001년에는 경기 침체로 인하여 매출이 2000년에 비하여 15% 이상 감소하였다. 2001년 매출 감소의 주원인을 분석해 보면, 2000년에 매출 비율의 적지 않은 부분을 차지했던 벤처 기업의 쇠퇴와 대기업 및 중견 기업들의 불황에 따른 비용 절감으로 인한 수요 감소를 들 수 있다.

그러나 2000년 한 해를 제외하면 2001년의 매출은 1999년에 비하여 18% 이상 증가한 것이며, 2001년 한해 심한 경기 침체에도 예년의 수준 이상의 매출을 달성할 수 있었던 것은 창사 이래 꾸준한 연구 개발과 지속적인 영업망 구축에 힘쓴 결과로 분석된다. 외형 감소에 따라 수익 시현액이 축소되었으나 무차입 경영으로 재무 안정성을 기반으로 안정적인 수익을 창출하고 있다.

2001년 4/4분기부터 서서히 회복 기미를 보이고 있는 경기 동향에 맞추어 올 2002년에는 제품 개발과 영업 활동에 더욱 치중함은 물론이고 물류 및 A/S에도 보다 많은 투자를 할 계획이며, 국내 사무 가구 업계의 선두 기업으로서 외국 기업과의 경쟁에 결코 뒤지지 않을 것으로 예상된다.

2. 바른 기업을 키우는 경영 철학 : "바로 알고 서로 도와 하나 되자"

(1) 바로 알고 키운 기업 - 건전성과 연구 개발

1997년 12월 3일에 시작된 IMF 관리 체제는 우리에게 잊혀지지 않을 또 하나의 역사적인 날로 기록되었다. 6.25의 잿더미 속에서 국가를 재건해 온 이래 승승장구하던 한국 경제는 하루아침에 나락으로 떨어졌다. 그러나 더 이상의 시련은 없어야 한다. 전쟁 후 60년대와 70년대의 정부 주도 경제 정책 하에서 우리 나라 기업들은 국가 경제 발전과 국민의 경제적 지위 향상을 위해 불철주야로 노력해 왔다. 절대 빈곤 상태에서 벗어날 수 있었던 것은 위험을 무릅쓰고 새로움을 추구하는 기업가 정신과 부지런함과 높은 지적 수준에서 그 힘을 찾을 수 있다. 미국의 원조를 받아야 했던 나라에서 세계 평화를 함께 고민할 수 있는 수준으로 성장할 수

〈사진 1〉 퍼시스는 2002년도 산업자원부 주최 대한민국 디자인 및 브랜드 대상에서 대한민국 디자인경영 최우수상(국무총리상)을 수상하였다. 국내 최초로 지난 88년 가구 연구소를 설립한 바 있는 퍼시스는 회사 경영의 가장 중요 축으로 디자인을 강조하고 있다.

있었던 원동력은 건전하고 밝은 국민 의식과 함께 기업가 정신에서 찾을 수 있다. 국가를 위해 수많은 기업이 있었기에 가능했던 것이다.

(주)퍼시스는 건전한 경제 발전에 기여해 온 것으로 평가된다. 기업은 계속적인 혁신을 거듭해야 하고, 신제품 개발에 적극 앞장서야 한다. 퍼시스는 신제품 개발과 매출을 통한 기업 본연의 활동으로 이익 창출에 적극적이었고, 일부 기업들이 비업무용 부동산을 소유하여 기업의 부를 증가시키거나, 납세의 의무를 게을리 한 것과는 매우 대조적이다.

"IMF 체제라고 연구를 소홀히 해서는 안 된다. 우리만 겪고 있는 IMF 체제를 세계 경쟁 회사들이 모두 겪고 있다고 생각하면 큰 착각이다."

이 말은 손동창 회장이 1998년 신년사에서 남긴 말이다. 그의 말에서 연구 개발의 중요성을 매우 강하게 느낄 수 있다. 이 회사는 실제로 가구 업계 최초로 1989년 가구연구소를 설립하여, 인체 공학과 오피스 환경 등을 지속적으로 연구하여 독자적인 노하우를 축적하였다. 이러한 노력은 3건의 특허 등록, 41건의 실용 신안 등록, 84건의 의장 등록을 기록하고 있다.

퍼시스는 연구 개발과 디자인 경영의 중요성을 강조하는 회사로 유명하다. 광고 대신 연구 개발에 더 적극적인 투자를 한다. 해외 제휴선의 OEM 방식 요구도 제품이 가지는 강점에 의해 거부할 수 있었다.

퍼시스는 디자인 및 건축을 전공한 사람들이 모여서 창립한 사무 가구 전문 회사라는 특성을 갖는다. 최고 경영자를 포함한 경영진은 디자인의 중요성을 인식하고 창업 이후 현재까지 디자인 중심으로 기업을 성장할 수 있도록 조직을 구축하고 디자인 역량 강화를 위해 적극적으로 투자를 지속해 오고 있다.

 퍼시스는 디자인 분야를 강화하여 매우 높은 성과를 올린 바 있다. 1984년 한샘건축연구소와의 합병을 통해 본격적으로 사무 가구 디자인이 가능한 회사로의 기반을 구축하였다. PC가 대중화 되지 못한 1980년대 초반, 왕컴퓨터(Wang Computer)사로부터 PC 사용자를 위한 사무 가구의 제작 의뢰가 있었으며 이에 대응하였던 한샘건축연구소는 PC 책상을 중심으로 한 시스템 사무 가구를 본격적으로 연구하게 되었다. 사용자의 신체적인 특성과 사용하는 사무 기기의 종류, 사용 빈도의 연구를 통해 기존 사무 가구들이 고려하지 못했던 사용자 중심(User Oriented)의 제품 디자인이 가능하게 되었고, 제품 디자인에 있어서 고객과의 상담을 통해 얻어진 정보가 디자인에 반영되어야 한다는 중요한 원칙을 가지게 되었다.

 1988년 국내 최초로 가구연구소를 설립하였다. 인체 공학, 사무 환경 이론, 생산 공법, 소재 등에 대한 폭넓은 연구를 통해 개발된 제품은 업계의 표준 제품으로 여겨질 만큼 국내 사무 가구 디자인을 선도하는 제품으로 자리잡았다. 가구연구소의 설립과 함께 합리적인 디자인 프로세스에 대한 정립과 과학적인 디자인이 가능하게 되었고, 경영의 중심축이 디자인으로 자리잡을 수 있는 계기가 되었다.

 퍼시스가 사무 가구를 디자인하기에 앞서 고민했던 부분은 당시 열악했던 사무 환경 개선에 대한 부분이었다. 오피스가 단순 사무 노동의 공간이 아니라 즐겁게 일할 수 있는 쾌적하고 효율적인 공간으로 바뀔 수 있도록 선진국의 사무 환경에 대해서 연구하였고, 값싸고 품질 좋은 제품을 생산할 수 있는 생산 기술도 병행 연구하여 이러한 기업 사명이 달성될 수 있도록 회사의 모든 역량을 디자인에 집중하였다.

 서류 작업(Paper work) 위주의 업무에서 컴퓨터를 이용한 업무의 증가를 예견하고 컴퓨터 사용 환경에 가장 적합한 사무 가구를 연구하는 것에 대한 필요성을 느꼈다. 사무 환경 변화에 대응하는 사무 가구 개발을 통하여 보다 효율적인 사무 공간을 만들 수 있다는 신념과, 노동집약적인 가구 산업에서의 고부가가치의 가구 산업으로 성장할 수 있다는 판단을 가지고 제품 디자인에 노력하게 되었다.

사무 근로자가 하루 24시간 중 집을 제외한 장소에서 가장 오랜 시간을 보내는 곳이 사무실이며, 내근직 사원의 경우 대부분을 의자에 앉아서 근무하는 것이 일반적이다. 인체공학적이지 못한 제품 디자인은 무리한 몸자세를 만들어 장기간 근무시 쉽게 피로를 가져오고 신체 특정 부위에 이상을 가져오게 한다. 퍼시스는 '기술이 인간에게 봉사하는 사회' 라는 기업 이념을 바탕으로 인간을 위한 가장 좋은 가구를 디자인하여 보다 안전하고 건강하게 근무할 수 있는 환경을 만들자는 의지를 가지고 출발하였다.

퍼시스는 디자인 경영의 중요성을 알고 세계적인 제품을 개발하는 것이

〈사진 2〉 2001년 개관한 서울시 송파구 소재 쇼룸 전경. 쇼룸 내부는 사무 가구의 흐름은 한 눈에 알아볼 수 있도록 용도별·제품별 각종 가구가 전시되어 있으며, 고객 상담을 위한 프레젠테이션 룸과 고객 상담실이 별도로 마련되어 있다.

세계 일류 사무가구 회사가 되는 필수 조건이라고 판단하였다. 독창적인 제품 디자인과 브랜드를 가지고 해외 시장까지 진출하고자 하는 목표가 설정되었고 이를 달성하기 위해 디자인 조직에 대한 비전이 수립되었다.

창립 초기에서부터 주문자 상표 생산 방식(OEM)의 제품 생산은 지양하고 고유한 제품 디자인과 브랜드로 세계 시장을 두드릴 수 있는 제품 개발에 노력하였다. '좋은 제품이 가장 좋은 광고' 라는 인식하에 퍼시스다운 제품 개발을 통해 좋은 기업 이미지를 소비자에게 심어줄 수 있도록 하는 제품 디자인 전략이 필요하였다. 또한 좋은 제품을 만들지 못하면 선진국으로부터 시장을 위협받는 상황이 발생할 수 있다는 생각을 가지고 해외 제품에 대한 디자인 분석을 통해 제품의 나아갈 방향에 대해 연구하였다.

디자인 중심의 회사가 되기 위해서 디자인 부서에 대한 비전 구축을 통해 양질의 디자이너가 유입될 수 있도록 하는 정책 수립과 디자이너의 역량을 강화시켜 줄 수 있도록 가구연구소의 설립과 함께 회사의 투자 가능한 모든 자원을 디자인 부문에 결집시키게 되었다. 디자이너가 성장해야 회사가 성장할 수 있다는 사고로 디자인 마인드를 가질 수 있도록 교육하고 훈련하는 것에도 노력을 기울였다.

사내의 모든 사람은 제품 개발에 대한 아이디어가 있는 경우 개발 요청서라는 양식을 통해 제품 개발 제안을 할 수 있고, 심의를 통해 선정된 건에 대해서는 정규 제품 개발 프로세스를 통해 진행되게 한다. 이는 디자인 부서에 국한된 창조적 제품 개발 업무를 모든 부서로 확산시키고자 하는 것과 경직되기 쉬운 개발 프로세스에 유연성을 확보하고자 하는 것이다.

좋은 디자인이 나오기 위해서는 디자이너에 대한 투자와 활기찬 근무 분위기 조성이 중요하다고 판단하여 업적 평가에 의한 연봉제를 실시하고 소프트한 디자인 마인드를 위한 과외 활동, 근무 환경 개선 등의 노력을 하고 있다.

퍼시스는 1998년부터 개인 업적 평가 시스템에 의해 연봉제를 실시하고 있고, 결과 중심적인 자기 관리를 통해 개인 업무의 효율성을 높일 수 있도록 관리하고 있다. 또한 디자인 유연성을 기르고, 디자인 감성을 자극할 수 있는 활동의 필요성을 인식하고 업무 외에 창작 활동을 할 수 있는 프로그램을 개발하였다.

디자인은 자유로운 사고에서 출발한다. 조직의 분위기는 디자인에 직접적인 영향을 미치기 때문에 활기찬 근무 분위기를 조성하기 위해 자유 복장제 실시, 정기적인 체육 대회, 영화 감상회 등을 실시하여 일의 즐거움과 함께 조직 생활에서의 즐거움을 찾을 수 있도록 하고 있다. 이러한 분위기에서 만들어진 제품이 고객의 근무 환경을 즐겁게 해 줄 수 있다는 철학을 가지고 디자인 조직을 관리하고 있다.

퍼시스는 꾸준한 연구 개발과 디자인 경영의 추진으로 수많은 성과를 거둘 수 있었다. 1986년에 개발된 '유로테크 시리즈'는 1987년에 GD에 선정된 제품으로, 국내 최초로 사무 가구에 시스템 개념을 도입하고 적용하여 단품으로서의 '책상'에서 시스템으로서의 '워크스테이션'으로 사무 가구 개념을 변화시킴으로써 사무 가구의 다양한 레이아웃을 가능하게 하였다. 1992년 개발된 '탑라인 시리즈'는 컴퓨터를 주로 사용하는 새로운 사무 환경에 적합한 제품으로 기존의 무채색 마감에서 벗어나 자연 목재의 색상(Pastel Oak)으로 마감하여 친근한 느낌을 시각적으로 부여한 제품이다. 이외에도 1997년의 '퍼즐 시리즈', 2000년의 '인디비 시리즈', 2001년의 'MPS 시리즈' 등 많은 신제품을 개발할 수 있었다.

이상과 같은 연구 개발 노력이 사무 가구 업종에서 설립 이래 지금까지 업계 1위(47.52%, 2000년 말 기준)를 고수해 온 비결로 보여진다. 이러한 노력은 퍼시스의 각종 재무 비율에서도 확인할 수 있다. 예를 들어 부채 비율의 경우 산업 평균 463.12%(한국은행 2000년 말 기준)와 비교할 때 57.45%(1999년 말), 19.99%(2000년 말), 20.80%(2001년 말) 수준으로 매우 안전성이 높은 것으로 평가된다. 또한 차입금 의존도에서도 2001년 말 현재 0.00%를 유지하고 있기 때문에 영업 이익 대비 이자 보상 배율은 전혀 걱정할 바가 없을 정도이다.

승승장구하는 퍼시스임에도 불구하고 최근 3개년간의 성장성 비율에서

<표 3> 주요 재무 비율

(단위: %)

	1999년	2000년	2001년
유동비율	159.70	306.20	320.48
당좌비율	145.90	273.16	293.16
부채비율	57.45	19.99	20.80
차입금 의존도	–	0.00	0.00
영업이익대비 이자보상배율	–	∞	∞
매출액순이익률	10.56	12.73	10.79
총자본경상이익률	10.82	22.88	14.86
자기자본이익률	17.04	27.45	17.95
자기자본순이익률	12.54	19.12	12.65
총자본회전율	0.83	1.25	0.97
매출채권회전율	13.48	19.73	15.73
재고자산회전율	17.3	23.96	23.3
고정자산회전율	1.62	2.29	1.95
매출액증가율	43.03	39.98	−15.12
총자산증가율	24.63	−15.69	9.45
경상이익증가율	44.90	78.27	−28.88
당기순이익증가율	31.20	68.71	−28.06

는 그리 만족스럽지 못한 결과를 보여 주고 있다. 1999년과 2000년에 매우 높았던 매출액 증가율은 2001년에는 전년에 비해 -15.12%로 급락하였으며, 이러한 현상은 경상 이익 증가율(2000년 대비 2001년 -28.88%), 당기 순이익 증가율(2000년 대비 2001년 -28.06%)에서 급격한 감소로 나타났다. 회사측의 분석에 의하면 2001년에 벤처 업계의 침체로 인하여 회사의 매출이 급감한 것에서 기인한 것으로 보인다.

퍼시스는 해외 광고를 하지 않는 것을 고집한다. 외형보다는 내실 경영을 강조하며, 좋은 제품이 가장 좋은 광고라는 철학이 그 이유이다. "회사는 좋은 제품을 싸게 만드는 데만 모든 힘을 쏟고 있다. 그러면 바이어가 알아서 찾아와 물건을 사간다"라고 손 회장은 좋은 제품의 개발과 생산을 강조한다. 따라서 이 회사는 OEM(주문자 상표 부착 생산) 방식을 거부하고, 'FURSYS'라는 자체 브랜드만을 고집하였다. "사우디 아라비아의 리야드 하우스社나 홍콩의 호오도쿠 퍼니처社 등 대부분의 바이어들이 한국에 괜찮고 싼 물건이 있다는 소식을 전해 듣고 찾아와 거래를 트게 됐다. 이들은 퍼시스의 사무용 가구가 세계 최고 수준의 허먼밀러社 제품에 비해 품질은 조금 뒤지지만 가격은 절반이나 3분의 1 수준에 불과, 자기 돈으로 현지 신문이나 TV, 잡지 등에 광고를 해도 짭짤한 마진을 챙길 수 있다고 판단하고 있다는 것이다.(〈한국경제〉, 1994. 8. 13.)" 이러한 결과로 매년 약 1천만 달러 이상의 수출 실적을 기록하고 있다.

(2) 서로 도와 하나 되자 – 협력 업체와의 상호 보완 관계 유지

퍼시스는 안성 공장 준공 때 가구 업계 최초로 협력 업체를 공개 모집하여 연고성을 배제하고 공정한 경쟁을 유도하였다. 사무용 가구의 경쟁력

〈사진 3〉 일본 아달사와의 판매 계약 조인식

강화를 위해서는 부품 산업의 육성이 필요한 것으로 판단하고 협력 업체를 공개 모집하였다. 이 과정을 통하여 선정된 협력 업체엔 연구 개발과 생산 라인 설치 등에 과감한 자금 지원을 실시키로 하였다. 부품 업체의 공개 모집은 제품 생산에 필요한 부품이 1천여 종을 넘는데 이 중 상당 부분은 국내 부품 산업의 낙후로 독일, 오스트리아, 일본 등지에서 수입하고 있어 연고에 의존할 경우 경쟁력 향상에 걸림돌이 된다고 판단해서이다.

이와 같은 과정을 통해 해외 시장에서 경쟁력을 확보하는 노력은 우리나라 사무 가구 수출의 44%를 차지할 정도로 기여도가 높은 것으로 평가된다.

퍼시스는 1986년부터 해외 시장을 개척하면서 신뢰를 바탕으로 한 해외 제휴선을 확보한 것에 많은 의미를 부여하고 있다. 일본의 연구소와 병원에 사무용 가구를 수출하면서 시작된 해외 진출은 홍콩 대리점을 통해 26만 달러 수출 실적을 기록하면서 전환점을 마련하였다. 1992년에는 수출 실적이 500만 달러를 넘어섰고, 1994년에는 1,000만 달러 수출탑을 수상하기도 하였다. 1996년에는 1,700만 달러 수출 실적을 거둬 우리 나라 전체 사무용 가구 수출액의 43%를 차지하였다.

이처럼 높은 수출 신장률을 보인 배경에는 제품의 우수성과 함께 해외 제휴선과 확고한 신뢰 구축이 크게 기여한 것으로 평가된다. 퍼시스는 해외 대리점을 선정할 때 신중을 기하고 모든 점을 체크하지만 일단 대리점 관계를 맺으면 전폭적인 지원을 한다. 그래서 퍼시스는 해외 대리점 계약을 '결혼'에 비유하기도 한다. 따라서 대리점을 확정할 때 까다로운 테스트를 실시한다. 현지의 시장 정보를 얼마나 알고 있느냐는 기본이고 마케팅 능력도 인정받아야 파트너로서 합격할 수 있다.

첫번째 수출 파트너인 홍콩 대리점과의 거래가 대표적인 케이스. 지난 1986년 퍼시스의 수출 담당자들은 홍콩 시장을 가장 먼저 개척하기로 하고 홍콩행 비행기에 올랐다. 홍콩은 실질적으로 가장 가까우면서 시장이 개방돼 있어 수출 여건이 양호한 지역이었기 때문이다. 어렵게 한 디스트리뷰터(대리점) 희망자를 만났는데 현지 가구 시장에 대한 해박한 정보를 소유하고 있을 뿐만 아니라 마케팅에 대한 열의도 대단해 단번에 계약 아닌 계약을 체결했다고 한다. 정식으로 대리점 계약을 맺었지만 처음부터 신뢰 관계가 형성돼 계약서도 작성하지 않고 거래를 이어오고 있다. 이 바이어와는 지금까지 10년 간 계약서 없이 거래하면서 연간 수만 달러이던 거래 실적이 지금은 연간 180만 달러에 이른다고 한다.

현재 거래하고 있는 상당수의 대리점과도 계약서 없이 모든 거래가 마무리되고 있다. 퍼시스 마케팅 담당자들은 원래 물건을 판다고 생각하지 않는다. 항상 살아있는 사무 환경을 판매한다고 생각하고 무한 책임 의식을 느낀다. 따라서 해외 대리점이나 소비자로부터 클레임이나 애프터 서비스 요구가 들어오면 모든 수단과 방법을 동원하여 대책을 강구한다. 일례로 오래 전에 수출한 제품으로 현재는 생산되지 않는 제품의 열쇠를 해외 거래선이 요구하여 하루 종일 을지로 중고 제품 상가를 뒤져 공급한 적도 있다.

퍼시스는 통상 4주 이상 소요되는 다른 가구 업체보다 한발 앞선 시스템을 적용하고 있다. 납기 기한이 짧은 경우에 대비하여 표준화된 제품(부품 포함) 600~700가지는 항상 재고를 보유하여 시급한 오더일 경우 신용장을 받고 3일 이내에 출고가 되기도 한다. 또 과장급인 수출팀장을 중심으로 부서원들이 지역별로 책임을 지고 모든 업무를 처리할 정도로 권한이 대부분 실무자에게 위임되어 있어 바이어의 요구에 신속하게 대응할 수 있다.

퍼시스는 가격 전략 면에서도 상호 신뢰를 구축하고 있다. 거래 업체가 항상 적정 마진을 확보할 수 있도록 일정한 가격을 제시하여 가격에 대한 신뢰성을 높이고 있다. 현재 실버(은)를 브론즈(동)대 가격으로 판매하면서 해외 바이어의 구매욕을 북돋우고 있지만 장차 골드(금)를 실버 가격으로 판매하겠다며 높은 품질과 상대적으로 저렴한 가격을 우회적으로 부각시키고 있다.

퍼시스는 사무용 가구 수출의 선두 주자로 수출을 위해 품질과 가격은 기본이라고 생각하고, 바이어에게 신뢰를 확보하기 위해 '24시간 응답 체제'를 가동하고 있다. 해외 거래선이 판촉물을 요구하거나 아주 사소한 정보를 요청할 경우 24시간 내에 반드시 응답하고 있다. 팩스가 들어오면 새로 용지를 만들지 않고 그 용지를 활용하여 요구하는 내용을 곧바로 알려 주고 있다. 또 물량과 아이템이 다양해 까다로운 견적도 밤샘을 해서라도 반드시 하루 안에 알려 주고 있다. 아주 사소한 것이라도 곧바로 바이어에게 응답함으로써 바이어가 '마치 옆에 있는 듯한 느낌'을 갖도록 하자는 취지에서 시작한 것이다.

'선택'과 '집중', 최근 몇 년간 우리 나라에서 기업 경영의 전략적 의사 결정을 위한 화두로 인용되었던 말이다. 기업은 경쟁을 피할 수 없고, 경쟁에서 살아남기 위해서는 어느 기업보다도 우수한 제품과 서비스를 제공하여야 한다.

퍼시스의 또 다른 성공 비결은 주력 업종에 집중하여 '한 우물 경영'을 한 데서 찾을 수 있다. 많은 기업들이 사업 다각화를 통하여 사업 영역 확대와 위험의 분산 효과를 통하여 수익 창출을 기대하는 반면, 퍼시스는 이와 같은 문어발식 경영 또는 선단식 경영의 유혹을 과감히 떨쳐 버리고 집중화를 통한 전문화의 길을 고집하고 있다. 소위 '재벌'에 해당하는 많은 기업들이 어려움에 직면하게 되었던 원인을 지나친 사업 다각화로 인한 전문성의 부족에서 찾는 것이 일반적이다.

"우리의 목표는 세계 일류의 사무용 가구 업체가 되는 것이며, 국내 사무용 가구 시장이 아닌 세계의 사무용 가구 시장으로의 진출이다."

"사업이 잘 돼서 돈이 많이 들어왔고, 돈에 무리하게 욕심을 부리지 않은 것이 도움이 됐다. 퍼시스는 국내 1위가 아니라 세계 일류를 목표로 하고 있어 다른 사업에 눈을 돌릴 여유가 없다."

회사가 나아갈 방향에 대한 최고 경영자의 의지는 확고하며 그 실천 방법으로 '선택'과 '집중'을 강조하고 있는 것을 볼 수 있다. '사무용 가구 전문 기업'으로서 오직 한 우물만을 파는 기업 경영을 통하여 세계 최고

〈사진 4〉 1997년 18,000평의 대지에 건립된 안성센터 전경. 안성센터는 노동 집약적인 산업에서 벗어나, 종합 산업화로 도약하기 위한 전 생산 공정의 자동화 설비 구축으로 제품 품질의 균일성과 생산성을 배가하고 있으며 환경 설비에도 투자를 집중하여 환경 보호에 앞장서고 있다.

의 사무용 가구 회사로 키우려는 비전을 실천해 가고 있다.

퍼시스는 해외 시장 진출을 통하여 세계 최고의 사무용 가구 회사의 비전을 실현하기 위하여 국내 최초로 사무용 가구를 수출하는 성과를 거둔다. 가구의 특성상 드는 많은 물류 비용과 노동집약적 생산으로 인한 문제를 해소하기 위해 넉다운 시스템(Knock-Down system)을 최초로 적용하였다. 넉다운 시스템은 제품을 부품으로 생산, 포장하여 현장에서 조립, 설치하는 작업 방식을 의미한다. 이를 통해 물류 비용을 과거의 1/5 수준으로 절감하는 혁신을 이룩하였다. 이러한 성과에 기여한 것이 '유로테크 시리즈'로 이것만으로 100만 달러 수출탑을 수상한 바 있으며, 경쟁 회사와 어깨를 나란히 할 정도로 급성장하는 계기가 되었다.

퍼시스는 수출에서 1국 1거래선을 원칙으로 하여 해외 바이어와의 신뢰 구축을 강조한다. 수출을 늘리기 위해서는 해외 거래선과의 신뢰 관계를 중요하게 생각한다. 대부분의 주문이 대량으로 이루어지는 데다 반제품으로 운송되어 현지 조립을 거쳐야 하는 까닭에 바이어에 대한 신뢰는 기본이다. 따라서 퍼시스는 바이어와 손을 잡는 데는 최대한 신중을 기하지만 일단 관계를 맺으면 철저하게 신뢰하고 지원한다. 이 같은 원칙에 따라 현재 수출이 진행중인 33개국에는 반드시 '1국 1에이전트'만 두고 있다. 에이전트가 있는 국가에서 다른 바이어가 거래를 하기 위해 내한하면 정중하게 거절하고 다른 사무용 가구 업체를 안내한다. 더욱이 제품의 인지도 상승으로 인해 (주)퍼시스의 수출액이 증가하는 시점부터는 거래 제의를 거절해야 하는 사례가 늘고 있다. 다음의 경우도 퍼시스가 "1국 1에이전트" 원칙을 통한 거래선과의 신뢰를 유지하는 일면을 보여 준다.

1996년 9월 한국종합전시장에서 열린 '서울 국제 뉴오피스 종합전'에 전시장을 개설하자 몇몇 바이어가 찾아왔으나 대부분 이미 에이전트를 두고 있는 국가의 바이어였으므로 다른 회사에 소개해 준 적이 있다. 그 이후에는 서울 본사로 찾아오는 바이어들도 적지 않아 골머리를 앓기도 했다. 이미 에이전트가 있는 상황에서 상담에 응할 수도 없었기 때문이다.

또 다른 사례는 지난 1991년 걸프전 당시 퍼시스의 제품을 가득 실은 배가 쿠웨이트로 향하던 중 이라크의 침공으로 쿠웨이트가 점령당하는 사태가 발생한다. 이미 수출 대금을 받은 상태였기 때문에 쿠웨이트 바이어에게 물건을 전달하는 것이 시급한 문제는 아니었음에도 불구하고, 신의를 지키기 위해 배를 제3국으로 회항시킨 후 별도의 창고 비용까지 부담해 가며 바이어를 수소문하여 결국 물건을 납품하였다. 사우디 아라비아 또한 전시 상황이었던 관계로 수출입은행측에서는 선적을 하지 않는 것이 좋다며 말렸으나 거래처와의 약속을 어길 수 없다는 생각에 또 한 번 강행군을 했고, 다행히 문제없이 물품을 전달할 수 있었다. 퍼시스는 바이어에게서 눈물어린 감사와 함께 대규모 프로젝트를 선물로 받았다. 믿음

(信)의 중요성을 다시 한 번 느끼게 한 계기가 되었다.

퍼시스는 주문자 상표 부착 방식(OEM 방식)을 거부하고 자사 고유 상표로 수출하는 것을 고집한다. 사업 타당성이 있는 제품에 대해서는 적극적인 투자를 게을리 하지 않으면서 제품의 우수한 품질로 인정받고자 한다. 한번은 일본 무역 업체가 OEM을 전제 조건으로 대규모 주문을 제의했으나 단호하게 거절하였다. 이를 통해 'KOREA'와 'FURSYS'를 세계에 알리고 싶은 것이다.

"비록 조금 늦고 힘이 들어도 언젠가는 반드시 세계 정상의 자랑스런 우리 상표를 만들어야 하며, 그렇게 하는 것이 장기적으로 회사와 국가에 도움이 되는 길이다."

원칙 있는 경영의 결실은 퍼시스의 해외 거래처를 50여 개국으로 넓혔으며, 현재 연간 2,700만 달러의 수출 실적을 기록하고 있다.

(3) 투명한 회사 퍼시스

퍼시스는 연구 개발로 이룬 높은 기술 수준과 생산성, "투명 경영" "투명 경리"로 표현되는 정직 관리 제도, 견실한 재무 구조와 무리 없는 경영 등으로 깨끗한 회사로 정평이 나 있고, 직원들도 이에 대한 자부심이 대단하다. 모든 거래는 철저하게 원칙을 지키며 상호 신뢰를 바탕으로 협력 업체와의 관계가 지속되고 있다.

퍼시스는 여러 관계사가 있음에도 불구하고 관계사에 대한 지급 보증을 지양함과 동시에 경영의 투명성을 확보하기 위한 적극적 노력을 기울인

〈사진 5〉 대리점 사장단 간담회

다. 관계사를 포함하여 철저하게 무차입 경영을 실천에 옮기고 있고, 구조 조정을 통해 부채 비율을 최소화하여 2001년 현재 20% 수준을 유지하고 있다.

협력 업체에 의한 로비 관행을 과감하게 개선하여 로비를 거부하는 회사로 알려지면서 정직과 신뢰에 기반을 둔 기업 문화를 확립하게 되었다. 이러한 역사는 창업자가 겪었던 이해하기 어려웠던 거래 질서로 거슬러 올라간다.

창업자가 하루는 필요한 부품을 구입하기 위해 부품이 있는 곳을 찾아 나섰다. 부품을 어렵게 찾은 후 계산을 하는 과정에서 가게 주인은 만 원짜리를 8천 원에 주는 대신에 영수증을 만 원에 끊겠다고 제의를 하였다. 창업자는 그럴 바에 8천 원에 물건을 팔고 영수증도 8천 원으로 끊어 달라고 요청하였다. 그러나 주인은 이러한 요청을 거절한 채 20%를 할인해 주고 영수증을 만 원짜리로 끊었던 것이다. 창업자는 이러한 과정에서 거래로 인한 비리가 많이 발생할 수 있음을 느끼고 철저한 관리를 하기에 이른다. 그 결과 퍼시스는 깨끗한 회사임을 자부할 수 있게 되었다.

이러한 분위기가 정착되어 조직 내부에서는 부정한 거래가 있을 수 없는 문화를 형성하게 되었다. 협력 업체로부터 약간의 사례를 받은 책임자가 회사의 원칙을 어겼다는 이유로 퇴직을 하기에 이른 사건이 있었다. 부정과 비리가 개입할 수 있는 경우에는 아무리 작고 사소한 일이라 하더라도 과감한 결단을 단행해 왔다.

(4) 주주와 종업원 만족

퍼시스는 하나됨을 강조한다. 퍼시스는 기업, 주주, 종업원, 소비자가 하나 되어야 성공할 수 있다는 신념을 실천하기 위해 노력해 오고 있다. 퍼시스는 기업 가치의 극대화를 위해서는 주주의 적극적 관심이 필요하다고 보고, 주주의 부를 극대화하기 위한 방법을 고배당 정책에서 보여주었다. 그 결과 1996년과 1997년에는 현금 배당율 상위 기업에 포함되기도 하였다.

주주뿐만 아니라 종업원에게도 항상 관심을 기울인다. '사용자', '노동

<표 3> 실적 배당율 상위 5개 기업

순위	1996년 실적 배당		1997년 실적 배당	
	기업명	현금 배당율	기업명	현금 배당율
1	한국카본	64.64	미래산업	65.00
2	퍼시스	50.00	한국카프로락탐	50.00
3	한국카프로락탐	40.00	조흥화학산업	50.00
4	한라공조	33.38	퍼시스	30.00
5	디아이	30.00	신도리코	30.00

자'라는 용어 자체가 없을 정도로 기업주는 개인의 재산 증식보다는 회사의 실속 있는 발전을 위해 적절한 재투자에 힘쓰고, 사원들은 그러한 회사를 믿고 자신의 일에 최선을 다하는 신뢰 관계가 형성되어 있다. 상장하기 전 성과급으로 내부자에게 주식을 소유하게 했던 것과 상장 후 우리 사주 조합에 개인 지분 3%를 액면가(5,000원)로 희사할 정도로 신뢰 관계가 형성되어 있는 상황에서 퍼시스와 노사 문제란 말이 어울리지 않는다. 10년 근속 사원에게 승용차 포상, 각종 여가 시설을 운영하여 여가 선용 및 자기 계발을 적극 유도하고 있고, 근로 복지 기금을 적립하여 사원 주택 기금, 장학 금융 지원을 해오고 있다.

3. 퍼시스의 희망찬 미래를 위하여

퍼시스는 정직과 신뢰를 기본으로 정도 경영, 투명 경영으로 표현될 수 있는 원칙 중심의 기업 경영을 실천하고 있고, 기술이 인간에 봉사하는 사회가 되어야 함을 강조하고 있다. 방만한 사업 다각화를 지양하고, 전문화를 통한 경쟁력 확보를 위하여 사무 가구라는 경쟁력 있는 한 분야에 집중하고 있으며, 외형의 성장이 아니라 실질적인 회사의 내재 가치 극대화를 위하여 최선의 노력을 기울이고 있다.

좋은 제품이 가장 좋은 광고라는 생각으로 항상 제품의 품질 향상에 주력하고 있고, 국내뿐 아니라 세계 시장에서도 경쟁력을 갖출 수 있도록 연구 개발에 지속적인 투자를 아끼지 않고 있다. 우수산업디자인(GD)상품 선정, 상공의 날 국무총리 표창 수상, 우수산업디자인(GD) 통산부장관상 수상, 한국산업디자인(KAID) 대상 수상, 우수산업디자인성공(SD) 선정 등의 다양한 표창 경력에서도 연구 개발 노력과 그 성과를 알 수 있다.

퍼시스는 기업 활동의 건전성 측면과 공정성 측면에서 매우 우수한 것으로 평가된다. '92년 기업 신용 평가 이후 6년 연속으로 최고 등급인 A1 평가, 비업무용 부동산의 부재, 성실 납세로 조세의 날 대통령 표창(1994. 3), 국세청 표창(1991. 3)을 받은 것 등은 투명한 경영을 위한 노력의 결과이다. 또한 거래 업체와의 관계에서 철저하게 투명성을 강조하고 있으며, 그 실천 방법으로 협력 업체의 공개 모집과 협력 업체의 로비를 철저하게 배척하고 사내 관계자의 청렴성을 요구하는 등의 윤리 의식을 엿볼 수 있다.

부채 비율이 매우 낮고(약 20% 수준), 대주주 지분을 우리 사주 조합에 액면가(5,000원)로 제공함으로써 우리 사주 지분이 6% 수준에 이르는 등 종업원들의 주인 의식 고취를 위한 적극적인 노력을 기울여 왔다. 그 결과 퍼시스는 '노동자'와 '사용자'라는 대립적 용어보다 서로가 한가족이라는 상호 신뢰가 매우 뿌리깊은 것으로 평가된다.

경실련이 주관하는 '경제정의기업상'을 기준으로 퍼시스의 성과를 살펴보면 다음과 같다. '건전성' 항목과 관련하여 전문 경영인의 외부 영입, 사외 이사제 도입, 92년 기업 신용 평가 이후 6년 연속 최고등급(A1) 평가, 비업무용 부동산의 부재, 성실 납세자로 인정되어 조세의 날에 대통령 표창 등을 수상하였다. 협력 업체와의 관계는 연고성을 배제할 목적으로 공개 모집을 실시하고 공정한 선정을 하는 등 건전한 기업 풍토에 앞장서고 있다. 협력 업체의 결제 대금에 대해서는 200만 원 이하는 현금 지급을 실시하고 있으며, 자금 결제시 구매 카드 제도 도입, 일정 조건을 충족하는 협력사에 대해서는 지원금 지급 및 기술 지원 등으로 매우 긍정적인 협력 업체와의 상호 신뢰를 구축해 오고 있다. 또한 '위험성', '관계사 출자', '관계사 채무 보증' 지표에서 상당히 높은 점수를 받는 등 관계사를 포함하여 외부 차입금이 전혀 없는 '무차입 경영'을 실현하면서 건실한 재무 구조를 유지하고 있다.

퍼시스의 건전성은 타 회사의 수준과 비교하면 매우 월등한 수준으로 평가되고, 바람직한 전형으로 제시할 수 있을 것이다. '관계사 출자 및 채무 보증', '차입 의존도' 등을 완전히 배제한 것은 창업자의 철저한 경영 원칙에서 비롯되었다. 그러나 현재 소유 구조가 창업자 중심으로 약 56.13% 분포(손동창 24.14%, 조창걸 17.22%, 김영철 14.77%)하고 있어서 지속적인 지배 구조 완화 노력이 요망되며, 전문 경영인의 영입과 사외 이사제 도입에 의한 긍정적 효과를 최대한 활용하는 노력이 요망된다.

'소비자 보호' 항목을 보면, '소비자 피해 구제' 지표에서 상당히 높은 점수를 받은 것은 판매 후 A/S 방문 조치뿐 아니라 B/S(Before Service) 활동도 진행하여 납품 후 제품의 사용 상태 및 고객의 만족도를 높이기 위해 노력한 결과이다. 또한 고객의 불만족 사항은 가능한 모든 채널을 통하여 접수하고 해결하여 고객 감동을 실현하고자 노력하고 있다. 이와 더불어 기업의 이익은 사회에 배분해야 한다는 일념으로 '96년 말 기업 공개를 하였고, 문화 출판 사업을 정례화하고 있으며, 1997년에는 세계 연극제, 한국 여성 경제인 박람회, 불우 이웃 돕기 행사 등에의 협찬 등을 통하여 기업의 사회적 책임을 실천하고 있다.

'종업원 만족도'와 관련하여 13억 8천만 원의 복지 기금을 마련하여 학자금 및 주택 자금 지원, 사우회 활동 보조, 기숙사 제공, 정기 종합 건강 진단 등의 복리 후생 제도를 운영하고 있다. 노사간에 기업 운영과 노사 문제를 협의하여 창사 이래 단 한 건의 노동 쟁의가 없는 신뢰 관계 속에서 기업을 운영하는 등 '종업원 만족도' 항목에서도 높은 점수를 받았다.

사무 가구 분야의 전문 기업으로 성장해 온 퍼시스는 우리 나라의 경제 발전에 많은 기여를 한 것으로 평가된다. 1989년 과학기술처 인가를 받은 '가구연구소'를 업계 최초로 설립하여 인체 공학 및 오피스 환경 등을 지속적으로 연구하여 독자적인 노하우를 축적하고 있고, 현재는 새로운 사무 환경에 맞는 새로운 개념의 디자인과 소재 등을 개발하고 있다. 퍼시스는 국내외의 수많은 유혹에도 불구하고 OEM 수출을 과감하게 거부하고, 자체 개발한 상표를 앞세워 당당히 해외에 진출하였으며 성공을 거둔 것으로 평가된다. 그 결과 2001년 현재 매출 1,300억 원, 당기 순이익 140억 원(매출 이익률 10.79%)의 성과를 거두었으며, 낮은 부채 비율(20.80%)과 전혀 없는 차입금은 회사의 건전성과 견실한 재무 구조를 여실히 입증하고 있다.

퍼시스는 매우 탄탄한 재무 구조를 유지하고 있다. 안정성과 수익성 측면에서 산업 평균과 비교할 때 월등한 수준임을 알 수 있다. 그러나 2001년의 벤처 업계 침체로 인한 매출 격감(2000년 대비 -15.12%)은 당기 순이익의 격감(2000년 대비 -28.06%)으로 이어졌다는 것이 회사의 분석이다. 따라서 현재 90%(국내 시장): 10%(해외 시장) 수준으로 유지하고 있는 매출 구조를 보다 확대하여 지속적인 성장을 추구할 수 있는 해외 시장의 적극적 개척이 필요할 것으로 판단된다.

건전한 기업 문화와 원칙 중심의 경영이 한데 어우러져 끊임없이 성장 발선하는 퍼시스의 희망찬 미래를 기대해 본다.

제9장

인간을 따뜻하게 하는 에너토피아를 꿈꾸는 기업

(주)경동보일러

정해봉(에코경영컨설팅 대표이사)

삼가, 고 동암 손도익 명예회장님의 영전에 깊이 머리 숙입니다.

　(중략)

　회장님은 쌀 한 톨, 동전 한 닢이 아쉽던 50년대부터 연탄 사업을 시작으로, 우리 나라 석탄 산업계의 큰 획을 그으셨고, 유일한 에너지 부존 자원을 효과적으로 활용할 수 있는 길을 열면서 국민 생활의 편리와 산업 부흥의 원동력이 되셨습니다. 또한 에너지의 효율 관리와 에너지 다변화 정책이라는 국가 시책을 온 몸으로 수용하여 각종 미래지향적인 에너지 기기와 에너지원의 보급을 통해 이 나라 산업 동맥의 흐름에 윤활유가 될 수 있는 발전적 대안을 산업 현장으로 이끈 주체이셨습니다.

　그 결과는 오늘날 아무도 예측하지 못했던 산업 발전의 기폭제가 되어 우리 나라 에너지원의 변천사를 한몸에 안은 역사의 산증인이자 에너지 산업 분야의 전설적 존재가 되셨습니다. 뿐만 아니라 장작과 벌목으로 대변되던 낙후된 가정의 난방 문화로부터 각종 난방 기기를 보편화시키면서 국민 모두가 문명의 이기와 편리한 생활을 보장받을 수 있는 주택 환경 개선에 전환점을 마련해 주셨습니다.

　이것은 단순히 문화 생활의 영위 차원뿐만 아니라 갈수록 피폐해지는 산림을 보호하면서도 이 나라 산림 녹화 사업이 유례 없는 성공을 통해 오늘날의 푸른 산천으로 바뀔 수 있는 계기가 되기도 했습니다.

　　　　－고 동암 손도익 경동보일러 명예회장 영결식(2001년 10월 27일) 추도사

1. 경영 철학과 사업 현황

(1) 창업 정신 및 회사 연혁

주식회사 경동보일러는 지금 이 순간에도 창업자인 고 손도익 회장의 회사 설립 의지가 담긴 경영 철학과 정신을 비교적 성실하게 계승, 발전시키고자 하는 실천적 의지를 통해 기업의 존재 가치를 새삼 확인해 가고 있다.

고 손도익 회장은 1979년 6월 주식회사 경도기계를 설립할 당시 '윤리와 도덕의 숭상', '전 사원의 공존 공영', '기업을 통한 사회 봉사' 라는 세 가지의 창업 정신을 제시하였다.

먼저 '윤리와 도덕의 숭상' 이라 함은 기업도 엄격한 의미에서 하나의 거대한 생명체이자 사회적 존재이며, 사회를 존재의 틀로 하는 인격체라는 의미로, 기업이 사회적 활동을 원활히 수행하고 수반하기 위한 최소한의 덕목과 의무와 책임을 필요로 한다는 '도덕 경영' 을 강조한 것이다.

다음으로 '전 사원의 공존 공영' 이라 함은 기업과 그 기업을 구성하는 조직원 개개인은 계약 관계에서부터 출발하지만 일단 기업의 구성원이 되고 나면 기업과 조직원이 하나라는 의미로, 기업을 구성하는 가장 핵심적인 요소는 사람, 즉 조직원이며 조직원의 사회 활동 무대 역시 기업이라는 '복지 경영' 을 강조한 것이다.

마지막으로 '기업을 통한 사회 봉사' 라 함은 기업과 사회와의 관계는 인간 관계 이상의 중요한 가치를 가진다는 의미로, 기업이 어떤 형태로든지 사회 발전에 적극적인 기여를 통해 소속된 사회의 역량 강화를 위한 의무를 지녀야 한다는 '봉사 경영' 을 강조한 것이라 하겠다.

이와 같은 고 손도익 회장의 창업 정신이자 현재의 경영 이념이기도 한 이 세 가지 덕목은 창업 이래 23년 동안 보일러 산업의 외길만을 고집하며 걸어 온 기업의 발자취 속에 고스란히 담겨 있으며, 그 실천 과정을 통해 비로소 국민으로부터 사랑받는 기업으로 성장할 수 있는 밑거름이 되었다고 하겠다.

경동보일러의 일련의 성장 과정을 살펴보면 기반 조성기(1979~1988), 도약기(1989~1992), 안정화기(1993~1996), 성장기(1997~현재)의 크게 4단계로 구분해 볼 수 있다. 기반 조성기는 1979부터 1988년까지로 내수를 바탕으로 매출을 형성하고 회사의 기본적인 기능들을 하나하나 갖추고, 경동보일러가 본격적으로 하나의 완전한 인격체로서의 틀을 갖추어 가는 시기를 의미한다. 도약기는 1989부터 1992년까지로 이 시점에서는 보일러의 핵심 부품인 열 교환기를 최초로 유럽으로 수출(1989년)하면서 다음 단계로의 진입을 위한 도약을 하는 시기라 할 수 있다. 안정화기는 1993부터 1996년까지로 이 단계에서는 경동보일러가 국내 시장에서 주식을 공개(1993년)하면서 안정적으로 국내의 영업 활동을 펼치는 시기를 의미하며, 또한 다음 단계에서의 본격적인 해외 진출을 위한 기반을 조성해 가는 단계라고 하겠다. 이 시기는 중국 진출이 처음으로 이루어지고 (1993년) 수출이 확대되는 시점이다. 그리고 마지막으로 성장기는 1997부터 현재까지의 시기로, 이 시기에는 꾸준한 기술 개발과 첨단 기술이 적용된 보일러를 국내외 시장에 공급함으로써 〈기술 경동〉이라는 기업 이미지를 고객들에게 확실히 각인시킬 만큼 브랜드 가치가 높아졌으며, 2001년도부터 국내 부문 시장 점유율을 1위로 끌어올리면서 명실공히 시장을 선도하는 기업으로 자리매김하게 되었다. 뿐만 아니라 그 동안 구축된 국내에서의 역량과 해외 진출을 위한 기존의 구축된 토대를 바탕으로 본격적으로 해외 사업을 진행하는 시기이다. 이 시기에서는 중국의 현지 법인이 본격적으로 영업 활동을 수행하고 수출 일천만 불을 달성한(1996년) 이후에, 그 동안 국내 중심의 영업 활동을 전 세계를 중심으로 확장하는 시기라고 하겠다. 이와 같은 시기의 구분은 경동보일러의 성장 과정을 이해하는 데 어느 정도 시각을 제시해 준다.

1979년 창립된 경동보일러는 23년 동안 고객 만족을 실현하기 위하여 꾸준한 기술 개발, 경영 합리화, 공익 사업 등을 추진하여 왔다. 경동보일러의 주요 회사 연혁을 요약하면 〈표 1〉과 같다.

<표 1> 경동보일러 회사 연혁

1979.	6.	경동기계㈜ 설립 1982년
1979.	10.	KS 표시허가 승인(기름 보일러)
1991.	3.	㈜경동보일러로 상호 변경 KS 표시 허가 승인(가스 보일러)
1992.	6.	일본 다쿠마사와 기술 제휴(흡수식 냉온수기)
1992.	12.	제12회 한국방송공사 주최 한국방송광고대상 수상
1993.	8.	국내 주식 시장에 기업 공개
	9.	중국 현지 법인(연변경동보일러유한공사) 설립
		부설 에너지기술연구소(과기처 정식 인가) 설립
1995.	8.	품질 경영 100선 기업 선정
1995.	11.	㈜카테크 설립
1995.	12.	ISO 9001 품질 인증 획득
1996.	6.	송탄 공장 준공
1996.	11.	가스 안전 유공 포상 국무총리상 수상
		일천만 불 수출탑 수상(대통령상)
1997.	9.	품질 경쟁력 100대 기업 선정
1997.	10.	중국 안전 품질 인증(SQL) 획득
1997.	11.	전국품질경영대회 개선 사례 부문 최우수상 수상
1997.	12.	러시아 품질 인증 GOST 획득
1998.	5.	국산 신기술 인증 KT 마크 획득(콘덴싱 보일러 제조 기술)

		북경법인 경동보일러유한공사 준공
		사회 봉사 우수 기업(A/S) 인증 획득
		유럽 연합의 〈CE 인증 마크〉 획득
1998.	11.	전국품질경영대회 품질경영상 수상
		전국품질경영대회 우수품질분임조상 수상
		에너지위너 및 에너지기술상 수상 (소비자 문제를 연구하는
		시민모임) 에너지 절약 유공 기업 대통령 표창
		사무환경대상 대상 수상
1999.	4.	환경 마크 획득(콘덴싱 250KC 모델)
1999.	8.	품질 경쟁력 우수 50대 기업 선정
1999.	11.	콘덴싱 가스 보일러 에너지 혁신 대상 수상
		전기 온수기 KS 인증 획득
1999.	12.	환경경영시스템 ISO 14001 인증 획득
		전국품질경영대회 소비자만족우수기업상 수상
		브라질 품질 인증(INMETRO,COMGAS) 획득
2000.	1.	콘덴싱 가스 보일러 업계 최초 고효율 에너지 기자재 인증 획득
		(가정용 가스 보일러 1호)
2000.	5.	콘덴싱 가스 보일러 KS 인증
		경제정의기업상 수상(경실련 · 한겨레신문사 공동주최)
		카자흐스탄에 투자 합작 법인 SATURN cjsc 설립
2000.	6.	2000년 대한민국 마케팅 대상 수상(한국능률협회)
2000.	6.	제3공장 설립(송탄 산업단지)
2000.	11.	국가품질경영대회 우수 분임조상 대통령상 수상
2000.	12.	2000년 대한민국 에너지 대상 수상
		2000년 디자인 파워 1위 기업 선정
		조달청 물자 사랑 우수 사례 국무총리 표창
2001.	3.	환경운동연합 기업 회원 가입
2001.	4.	빙축열 에어컨 시장 진출
2001.	11.	스테인리스 기름 보일러 에너지위너상 수상
2002.	1.	업계 최초 미국 수출(콘덴싱 가스 보일러)
2002.	2.	경제정의기업상 수상(경실련 · 한겨레신문사 · 문화방송 공동주최)
2002.	3.	대한민국 가스산업대상 경영 부문 대상 수상

⑵ 경영 활동의 건전성 및 공정성

기업도 엄격한 의미에서 하나의 생명체이자 사회적 존재이다. 따라서 사회적 활동을 원활히 수행하기 위한 최소한의 덕목과 의무와 책임을 필요로 한다. 이러한 관점에서 기업 본연의 도덕성과 사회로부터 요구되는 윤리성은 그 어떤 창조적 정신보다도 중요한 본분이라고 할 수 있다.

주식회사 경동보일러는 보일러 업계 최초로 지난 1993년 주식 시장에 기업을 공개함으로써 기업 경영의 투명성 제고를 위한 기반을 조성했고, 창립 이래 23년 동안 전문 경영인 체제 유지를 통해 전문 업체의 본분과 역량을 강화하는 데 주력해 왔다. 현재 주주 지분은 우리 사주를 포함한 지분율 1% 미만의 소액 주주가 전체의 33% 이상이며, 부단한 내실 경영과 무차입 경영을 통해 부채 비율 65%의 탄탄한 재무 구조를 유지함으로써 악성 채무 등과는 무관한 자본 조달과 유동성 확보가 가능하다. 이를 근거로 매년 기술 개발 및 설비 투자에 매출액 대비 5%를 상회하는 투자 지출이 이루어지고 있으며, 매년 10개 품목 내외의 신제품 개발과 총 100여 건의 특허를 보유하고 있다.

이 과정에는 기업의 기본적인 덕목으로 간주되는 공정 거래상의 규정 준수와 상거래 관행에서 빚어질 수도 있는 어떠한 불합리한 요소도 해당 사항이 없는 공정성을 유지하고 있으며, 조세의 날 표창과 국가품질경영상 수상 등 기업 공신력을 평가할 수 있는 많은 실적을 지니고 있다.

또한 200여 협력 업체와의 상생을 위해 원활한 자금 회전과 지원 등에 각별한 배려를 하고 있으며, 품질 완성도를 높이는 과정에서 협력 업체와의 기술 공유 및 산학연 공동의 연구 활동에도 많은 성과를 얻고 있다.

(3) 사업 현황

주식회사 경동보일러에서는 1979년 창립 이후 평택과 송탄의 3개 공장에서 난방 기기, 냉방 기기, 냉난방 겸용기기, 공조 기기, 실내 온도 조절기 등의 에너지 관련 기기를 생산하고 있다. 이렇게 생산된 제품들은 분당 사무소, 서울 지점, 경인 지점, 중부 지점, 부산 지점, 대구 지점, 광주 지점, 원주 지점 등의 권역별 직영 지점망을 거쳐 전국 300여 대리점을 통해 고객에게 판매되고 있다. 전국에 12개의 서비스 센터와 287개의 대리점이 있고, 전국적으로 약 1천여 명의 A/S 요원을 보유하여 고객의 만족을 100% 충족시키기 위하여 최선을 다하고 있다.

한편, 주식회사 경동보일러의 인력 현황을 살펴보면 전체 인력의 약 47%가 사무직이고, 약 10%는 기술직, 그리고 생산직은 약 43%를 차지하고 있다. 특히 생산직을 제외하고 보면 전체 인력 중 약 18%가 기술직으로 기술직에 대한 인력의 구성비가 대단히 높은 것으로 나타나고 있다. 이는 경동보일러가 기술 개발에 대해 어느 정도를 투자하고 있는지를 보여주는 단적인 예라 하겠다.

또한 주식회사 경동보일러는 생산, 유통 및 서비스망의 구축과 동시에 에너지 절약 및 환경 친화적 제품 개발을 통해 국내 시장뿐만 아니라 국제 경쟁력도 확보하였다. 1989년부터 보일러의 핵심 부품인 열 교환기를 유럽에 수출하면서 해외 시장 개척에 박차를 가해 중국 북경에 현지 법인을 설립했는데, 현재 중국 내수 1위 업체 자리를 고수하고 있다.

그 결과 업계 최초로 96년 1천만 불 수출의 탑을 수상했으며, 연 2천만 불 내외의 수출을 목표로 하고 있다. 해외 시장 개척에 더욱 박차를 가하기 위해 거대 시장인 미국과 기술 선진국 유럽을 비롯한 중국, 러시아, 남미, 북미 등 세계 전역을 대상으로 시장 진출이 이루어지고 있고, 나라별 품질 인증을 획득해 세계 시장을 무대로 고객 창출에 박차를 가하고 있다. 이와 같은 활동을 통한 최근 사업 실적은 〈표 2〉와 같다.

한편, 주식회사 경동보일러의 앞으로의 사업 방향과 관련해서는 2001년 3월 주주총회에서 밝힌 박천곤 대표이사의 말을 살펴보면 어느 정도 짐작해 볼 수 있다.

〈표 2〉 2001년 경영 실적

(단위 : 원)

자 산	
유동자산	86,746,770,733
당좌자산	71,395,304,514
재고자산	15,351,466,219
고정자산	46,408,343,790
투자자산	26,013,357,285
유형자산	19,977,172,038
무형자산	417,814,467
이연자산	–
자산총계	133,155,114,523

부 채	
유동부채	46,668,006,403
고정부채	5,281,424,400
이연부채	–
부채총계	52,149,430,803

자 본	
자본금	11,520,000,000
자본잉여금	19,129,781,905
자본준비금	16,211,181,757
재평가적립금	2,918,600,148
이익잉여금	50,993,476,943
자본조정	▲637,575,128
자본총계	81,005,683,720

매출액	179,571,704,187
영업이익	16,856,651,124
경상이익	15,546,262,917
당기순이익	10,888,158,138

"가스 보일러의 경우, 전체 시장 규모에서 전년 대비 약 12% 정도의 성장세를 기록했으나, 특히 저희 경동보일러가 보여 준 약진은 매우 의미 있는 일이었습니다. 콘덴싱 보일러 등의 제품 경쟁력과 적극적인 영업 활동에 힘입어 전년 대비 40% 이상 성장함으로써 업계에서 가장 큰 성과를 거두게 된 것입니다. 따라서 경쟁사 간의 시장 점유율에도 큰 변화를 일으켜, 당사 점유율이 2000년도 21%에서 2001년도에는 약 26.5%로 무려 5.5%를 수직 상승시키는 큰 폭의 지각 변동이 있었습니다.

기름 보일러 역시 날로 쇠퇴해 가고 있는 시장 상황에도 불구하고 당사의 주력 모델인 스테인리스 보일러 차별화 전략을 통해 전년 대비 3% 이상의 성장세를 유지함으로써, 점유율을 높이면서도 당사의 위치를 더욱 확고히 할 수 있었다고 보여집니다. 수출 부분에 있어서도 무엇보다 기술 종주국인 유럽 시장에 핵심 부품 수출이 크게 신장했으며, 일본에도 새로운 제휴를 맺으면서 시장 진출의 발판을 마련하게 되었습니다. 특히 미국 시장에 업계 최초로 상륙함으로써 앞으로 세계 시장 개척에 새로운 전기를 마련하게 되었습니다. 저희 경동보일러는 이러한 결과에 만족하지 않고 올 2002년에도 더욱 열심히 노력할 것을 약속드리며, 무엇보다 품질 경쟁력과 원가 경쟁력 확보를 통해 시장 경쟁력을 더욱 높여갈 것입니다. 이미 미국 시장 진출은 지난해 콘덴싱 보일러 1,200여 대를 비롯해 1백만 불 상당의 수출이 이루어짐으로써 본격적인 진출 채비를 모두 갖추었습니다. 이상의 주력 사업과는 별개로 사업 다각화를 위한 장기적 계획의 일환인 전자 회사 설립을 추진하게 될 것입니다. 이는 전자 제품 제조업을 독립, 전문화함으로써 기존 보일러에 사용되고 있는 각종 전자 부품의 품질 완성도를 높여, 궁극적으로 품질 경쟁력과 원가 경쟁력을 극대화 시키게 될 것입니다."

여기에서 암시하듯 경동보일러의 미래의 사업 방향은 크게 제품 측면과 삽입 품질 경쟁력 확보를 위한 영업 측면에서 파악해 볼 수 있는데, 먼저 제품 측면에서는 최신의 콘덴싱 가스 보일러를 통한 고급화 전략과 품질 경쟁력 확보를 위한 빙축열 에어컨 시장 진출이라는 관련 사업 다각화 전략으로 요약할 수 있고, 영업 측면에서는 수출 등 해외 매출의 비중을 확대하는 국제화 전략을 채택할 것으로 보인다. 이를 통해 주식회사 경동보일러는 관련 산업에서 세계적인 기업으로 발돋움하고자 하는 것이다.

2. 경동보일러의 경영 특징과 성과

(1) 경동보일러의 고객 만족 정신 구현

고객 보호 활동

주식회사 경동보일러의 고객 보호 활동은 사회적 책임을 다하는 기업 정신과 함께 '한 번 판매한 제품은 끝까지 책임진다'는 기업 윤리 차원에서 기업의 모든 역량을 고객 보호 활동으로 집약해 가고 있다. 경동보일러의 고객 헌장을 살펴보면 아래와 같이 밝히고 있다.

"고객은 늘 희망과 미래의 상징이다. 고객으로부터 사랑받지 못하는 회사는 그 존재의 의미가 없다. 고객은 늘 우리에게 기쁨과 희망을 주면서 미래를 가능케 한다. …(중략)… 또한 우리와 직접적인 인연을 맺고 있는 주주, 협력 업체, 대리점, 설비 업체뿐만 아니라 우리 나라 국민 모두를 비롯해 국경을 초월한 지구촌 전체를 포함한다. …(중략)… 궁극적으로 우리

〈사진 1〉 경동보일러의 긴급수해복구봉사단의 활동 모습. 경동보일러는 매년 50여 대 이상의 보일러를 지역 사회 불우 이웃과 생활 보호 대상 가정, 재가 장애인 가정, 장애인 단체, 재활원, 양로원 등에 난방용으로 기증하고 있으며, 사후 관리까지도 책임지고 있다.

는 '더 많은 고객에게 편리함과 따뜻함, 그리고 쾌적한 생활 환경을 제공함으로써 고객의 평가에 따라 대가를 받는 회사' 라는 사실을 새롭게 인식하고 실천해 가야만 한다."

이상에서 보는 것처럼 경동보일러는 자신들의 제품을 사는 최종 소비자뿐만 아니라 자신들과 관련된 모든 이해 당사자를 고객으로 파악하고 이들 모두로부터 평가받는 회사로 인식하고 있다.

위와 같은 인식의 바탕 위에 경동보일러는 모든 고객에게 최상의 서비스를 제공하기 위해, 고객이 사용상 불편을 느끼거나 품질상의 어떠한 하자도 끝까지 책임질 수 있는 고객 관리 시스템을 구축하여 시행하고 있으며, 사용상의 불편 해소를 위한 사후 관리 및 교육, 계도 등에 연간 70억 원 이상의 고객 보호 활동 비용을 투자하고 있다.

그 결과로 사후관리우수기업 인증과 소비자만족 우수기업상을 수상할 수 있었다. 또한 전국 300개 대리점 및 1,000여 전문 서비스 인력을 통해 고객의 건강과 직결되는 동절기 사후 관리에 만전을 기하고 있고, 이와 별도로 하절기 3개월 간의 전국 순회 무상 사전 점검 서비스 활동을 전개해 보일러의 안전 관리 및 동절기 하자 발생 요인을 제거하면서도 고객들의 불편을 최소화할 수 있도록 만전을 기하고 있다.

창의 도전

주식회사 경동보일러는 고객 만족을 위한 창의력 있는 사고로 신기술, 신제품을 개발하고 신시장을 개척함으로써, 어려운 여건을 극복할 수 있는 도전 정신과 진취적 기상을 진작시키는 기업이다.

경동보일러는 이러한 목표의 달성을 위해 끊임없이 신제품 개발과 해외 시장 개척에 각고의 노력을 보이고 있다. 앞서 본 2001년 3월 주총에서의 박천곤 대표이사의 미래의 사업 방향 연설에서도 이는 명확히 표명되고 있다.

먼저 경동보일러는 신기술 개발을 위해서 매년 기술 개발 및 설비 투자에 매출액 대비 5%를 상회하는 투자 지출을 시행하고 전체 인력의 약 10%를 기술직으로 구성하고 있다. 이를 바탕으로 매년 10개 품목 내외의 신제품 개발과 총 100여 건의 특허를 보유하고 있다. 다음으로 신시장 개척을 위해서는 해외 수출과 현지 법인을 통한 두 가지 전략이 병행되고 있는데, 먼저 1989년 유럽으로의 부품을 가지고 시작된 해외 수출의 경우는 2002년에는 콘덴싱 가스 보일러라는 최신 제품을 가지고 미국 시장에 국내 최초로 성공적으로 진출하는 등 지역과 제품이 모두 전 세계로 확대되고 있다. 또한 1993년에 처음으로 중국에 설치한 해외 법인도 이제는 카

〈사진 2〉 콘덴싱 가스보일러 국내 최초 미국 시장 진출을 위해 컨테이너가 출발하고 있다.

자흐스탄, 러시아 등으로 확대되고 있다. 특히, 중국 내에서 현지 법인이 이 부문에서 부동의 1위를 고수하고 있는 것은 경이적인 일이라 아니할 수 없다.

이처럼 주식회사 경동보일러는 신기술에 지속적인 투자를 통해 끊임없이 신제품을 개발해 내고 새로운 시장을 지속적으로 개척함으로써 창의와 도전 정신을 실천하고 있다.

인재 계발

기업을 구성하는 가장 핵심적인 요소는 사람, 즉 조직원이며 조직원 역시 사회 활동의 주체는 기업이라는 실체적 공간이다. 경동보일러는 공유 가치와 공존 공영 정신이 궁극적으로 기업과 개인의 존재 및 사회적 가치를 극대화시키는 과정이라고 확신한다. 이는 이미 창업주 고 손도익 회장의 창업 정신, '전 사원의 공존 공영'이라는 메시지에도 명시되어 있다.

주식회사 경동보일러가 추구하는 고객 만족 활동의 한 축은 내부 고객, 즉 사원에게 있다. 사원들의 공유 가치 확대를 위해 다양한 복리 후생 제도가 시행되고 있는데, 근로 복지 기금 제도가 그 대표적인 경우이다. 현재 9억 5천만 원을 출자하여 사원들의 재형과 생활 안정을 위해 활용되고 있으며, 자녀 학자금 지원, 동호회 활동 지원, 기숙사 운영 등 공동체 의식 형성을 위한 각종 혜택과 함께 사원 가족들을 위한 어버이 효도 관광과 사원 자녀 초청 일일 에너지 절약, 환경 캠프를 운영하고 있는 등 다양한 복지 행사가 시기별로 마련되어 있다.

이와 함께 사원들의 자기 개발을 위해 1인당 연 2회 이상의 외부 교육 수강을 선택할 수 있는 기회가 부여되며, 별도의 노동 조합 없이 노사 협의회 운영을 통해 노사간의 화합을 이루어 가고 있는 대표적인 기업으로 평가받고 있다.

(2) 기업의 사회 봉사

주식회사 경동보일러는 창업 시점부터 "기업을 통한 사회 봉사"를 주요 경영 이념으로 삼고 있다.

경동보일러는 일찍이 기업과 사회와의 관계는 인간 관계 이상의 중요한 가치를 시니고 있다고 보고, 기업은 어떤 형태로든지 사회 발전에 적극적 기여를 통해 소속된 사회의 역량 강화를 위한 책무를 지닌다고 인식하고 있다. 이는 기업 스스로가 대내외적 여건을 이상적으로 전개함으로써 기업 활동을 통한 사회적 역할 분담과 관계 정립이 가능하다는 것과, 기업의 시민권 획득 차원에서 심혈을 기울여야 할 문제이다라고 인식하는 것이다.

경동보일러는 "기업을 통한 사회 봉사"라는 대명제를 실천하기 위해 창사 이래 지속적으로 환경, 공익, 문화 사업의 측면에서 각종 역할을 담당하고 있다.

환경 사업

경동보일러는 종합 에너지 기기 전문 회사로서 환경 오염을 최소화하는 경영에 대해 일찌감치 관심을 기울여 왔다. 그 결과로 환경 관련 국제 인증인 'ISO 14000'을 오래 전에 획득했고, 환경 오염과 에너지 소비를 줄이기 위해 연구 개발 분야에 집중 투자함으로써 고효율 에너지 기기들을 속속 만들어 내고 있다. 이러한 환경 경영 활동 외에도 당사는 지역 사회 기여 차원에서 많은 환경 사업들을 펼치고 있으며 환경 마크 획득, 환경 기금 조성 등 환경에 기여한 노력을 인정받고 있으며, 대외 NGO들의 활동 지원을 위해 환경운동연합과 녹색연합의 기업 회원으로 가입되어 있다.

지원 사업의 일환으로 2001년 4월 개관한 우리 나라의 환경 관련 대표적 NGO인 환경운동연합의 환경센터에 건립 기금 1천만 원을 기탁하고, 보일러 전량을 지원함으로써 몸소 참여하는 실천 사업 외에 환경 관련 지원 사업에도 적극적으로 참여하고 있다. 시민환경정보센터, 환경교육센터, 공익환경법률센터, 시민환경연구소 등이 자리잡아 있고, 생태 정원을 포함해 에너지 자립형, 자원 순환형으로 건축된 자연 친화적 건물 건립을 도와 환경센터가 아시아 환경 운동의 메카로 자리잡을 수 있도록 기여하고 있다.

또한 경동보일러는 현 손연호 회장의 사재 출연을 통해 설립된 환경 관련 재단법인 '늘푸른'을 통해 환경 관련 연구와 인재 발굴 등에 많은 투자와 지원을 아끼지 않고 있다. 실제로 '늘푸른'은 2000년 11월에 '제 1회

〈사진 3〉 2002년 에너지 대상 시상식. 또한 경동보일러는 2000년부터 여름 방학 기간을 이용해 사원 자녀들을 회사로 초청하여 공장 등을 견학하고, 에너지 절약과 환경 보호 등을 테마로 관련 단체나 기관 및 해당 시설 방문을 통해 지식을 함양할 수 있는 과학 캠프를 열고 있다.

녹색환경도시 설계공모전'을 개최하여 조경, 건축 관련 전국 대학 및 대학원에 재학 중인 인재들을 발굴하는 데에 큰 몫을 수행하였다. 손연호 회장의 사재 출연뿐만 아니라 경동보일러는 자사의 순수한 판매 수익금으로 마련된 환경 기금 또한 '늘푸른'에 전달되어 동량들의 장학금으로 쓰일 수 있노록 병행하고 있다.

특히 대표적인 환경 친화적 보일러인 콘덴싱 보일러의 판매 수익금 일부를 환경 기금으로 조성해서 환경단체에 분기별로 기탁하고 있으며, 2002년 6월까지 조성된 기금 총액은 4천 5백여만 원에 이른다.

이처럼 경동보일러는 기업 차원뿐만 아니라 개인의 차원에서도 환경과 관련된 책임 있고 일관된 자세로 꾸준히 봉사 사업을 추진하고 있다.

공익 사업

경동보일러는 지난 1996년부터 '한국 사랑의 집짓기 운동연합회(국제 해비타트 한국 지부)'와 함께 공동 사회 사업을 전개하고 있다. 한국 해비타트가 주관하는 사랑의 집짓기 사업으로 매해 건축되는 사랑의 집에 보일러를 전량 지원해 주고 있다. 2001년의 경우 지미 카터 전 미국 대통령이 참여하는 '2001 지미 카터 특별 건축 사랑의 집짓기 프로젝트'에 동참해서 보일러 140대를 기증하였고, 2000년에는 영호남 지역 화합을 위해 전라도와 경상도의 접경 지역인 섬진강변에 위치한 사랑의 집 '평화를 여는 마을' 건축 사업에 34대의 보일러 지원을 비롯해 지금껏 280대의 보일러 기증을 통해 사랑의 집짓기 사업에 동참했다.

2002년에도 전국 4개 지역에서 건설되는 60여 채의 사랑의 집에 보일러의 전량 지원이 확정되었다.

또한 경동보일러는 매년 50여 대 이상의 보일러를 지역 사회 불우 이웃

〈사진 4〉 사랑의 집 고치기 사업 후원 장면. 경동보일러는 지난 96년부터 '한국 사랑의 집 짓기 운동연합회(국제 해비타트 한국지부)'와 함께 공동 사회 사업을 전개하면서 건축되는 사랑의 집에 보일러를 전량 지원하고 있다.

과 생활 보호 대상 가정, 재가 장애인 가정, 장애인 단체, 재활원, 양로원 등에 난방용으로 기증하고 있으며, 사후 관리까지도 책임지고 있다. 현금 지원보다 더 실질적이고 더 따뜻한 마음을 전달하면서 불우 이웃과 함께 하는 실천 사업을 전개하고 있는 것이다.

이외에도 경동보일러는 지역 사회에서 활동하고 있는 장학 사업 단체와의 연계를 통해 장학 기금을 기탁하고 있으며, 지난 2001년의 경우 평택·안성 지역 장학 사업 재단인 '평안 밀레니엄 장학재단'에 장학기금 2천만 원을 이미 기탁했다. 지역 사회와 함께하는 기업으로서의 책임을 다하고, 지역 인재 발굴과 양성에 기여하기 위한 작은 실천 사업이다. 뿐만 아니라 중국의 현지 법인이 있는 북경과 연변 지역의 유수의 대학에 인재 육성을 위한 장학금을 전달해 해외의 현지에서 받은 이익의 일부를 현지로 되돌려 주는 봉사 활동도 함께 전개하고 있다.

문화 사업

경동보일러는 문화 사업에도 많은 관심을 가지고 있는데, 문화 사업에 대한 지원은 주로 문화 예술 분야의 단체나 해당 행사에 행사비를 지원하는 형태로 진행되고 있다. 특히 경동보일러는 현지 법인이 있는 중국과 러시아 권역의 문화 예술 단체 공연 시에 많은 지원을 행하고 있는데, 볼쇼이 아이스 발레단 내한 공연, 상트 페테르부르그 교향악단 내한 공연 지원 등이 그 대표적인 경우라 할 수 있다.

또한 경동보일러는 국제간 문화 교류 행사에 대한 지원도 중점적으로 수행하고 있다. 대표적인 지원 행사로 한복 패션 디자이너 이영희 씨의 해외 한복 패션 쇼가 있다. 또한 연변 어린이 창작 동요제의 초석을 놓고, 전폭적인 지원과 함께 동포 어린이들을 초청해서 한국의 창작 동요제 참가를 독려하는 등의 행사 지원도 수행하였다. 이처럼 경동보일러는 자사가 진출한 현지와 한국 간의 문화 교류에 많은 기여를 하고 있다. 이외에도 국내의 각종 공연이나 행사에 대해 연중 5~6회의 지원 활동을 하고 있다.

한편, 경동보일러는 분당 사무소가 위치한 분당의 경동빌딩의 한 층 전체를 커뮤니케이션 홀로 꾸며 놓았다. 이는 지역 시민들이 행사 장소 등에 애로사항이 있을 시에 언제든지 강당을 개방하거나 기타 공간을 제공해서, 지역 시민들이 각종 문화 활동 공간으로 활용할 수 있도록 하기 위한 것이며, 이 홀에는 인터넷 카페가 운영되어 누구라도 인터넷 접속을 통해 정보를 수집할 수 있도록 하고 있다.

이상에서 살펴본 바와 같이 주식회사 경동보일러는 설립 이후 창업 이념 및 경영 이념으로 자리잡아온 "기업을 통한 사회 봉사"라는 개념을 실천하기 위해 환경, 공익, 문화 사업 등 다양한 측면에서 사회와의 커뮤니케이션을 증가시키고 있다.

(3) 제품 및 기술 개발 현황

주식회사 경동보일러는 1979년 설립 이래 오늘에 이르기까지 냉난방과 관련된 다양한 제품군을 거느리고 있다. 먼저 설립해인 1979년에는 기름 보일러 기술을 개발하여 KS 표시 허가 승인을 받았으며, 1991년에는 가스 보일러를 개발하였고, 이듬해인 1992년에는 흡수식 냉온수기를 일본의 다쿠마사와 기술 제휴를 통해 개발하였다. 그리고 드디어 1997년에는 보일러 부문에서의 축적된 기술 개발 능력을 바탕으로 당시로서는 최신 기술인 콘덴싱 가스 보일러 제조 기술을 개발하는 등 신기술 개발에 더욱 박차를 가하였다. 한편, 끊임없는 기술 개발 활동을 통해 보일러 부문에서 축적된 노하우를 기반으로 2001년에는 빙축열 에어컨 시장에 진출함으로써 난방 부문뿐만 아니라 냉방 부문의 시장에도 진출하는 성과를 나타냈다. 이와 같이 경동보일러는 그 동안 축적된 기술적 노하우를 가지고 끊임없이 신제품을 개발해 나갔다. 그리고 1990년대 중반 이후에는 보일러 산업 분야에서 기술 개발의 선도자로서의 역할을 수행하였다.

또한 주식회사 경동보일러는 신제품 개발뿐만 아니라, 기존 제품의 성능 개선을 통한 품질 향상, 제품의 환경 친화적 기능 강화 및 에너지 절약과 관련된 지속적인 연구를 통해 끊임없이 공정 기술 및 제품 기술을 향상시키면서 각 부문 제품 시장에서 최고의 품질을 이룩하는 성과를 보였다.

특히 주식회사 경동보일러는 지난 1987년 국내 최초의 '강제 급배기 방식'이라는 배기 방식 개선 보일러를 개발해 불완전 연소로 야기되는 오염 물질 배출을 가장 이상적으로 개선함으로써, 보일러의 안전성은 물론 국내 보일러의 기술 수준을 획기적으로 끌어올리는 역할을 수행하였다. 또한 에너지 절약 20%와 유해 폐가스 30% 감소 기술을 적용한 콘덴싱 보일러를 국내 최초로 개발·보급하여 KT 마크와 환경 마크를 획득하는 등 가정용 가스 보일러 품목 200개 전 모델이 에너지 효율 1등급 제품들로 구성되는 등 제품 및 기술 개발에 있어 동종 업계 최고를 자랑하고 있다.

경동보일러는 제품 기술뿐만 아니라 공정 기술 및 응용 기술에 있어서도 그간의 축적된 노하우를 기반으로 끊임없는 기술 혁신을 수행하였다.

주식회사 경동보일러의 주요 제품군을 제시하면 〈표 6〉과 같다.

(4) 해외 진출 및 품질 인증 현황

경동보일러는 가장 한국적인 난방 문화 선도를 통해 내수 시장 안정화와 국민들의 건전한 소비 활동을 도모해 왔으며, 지역 사회 고용 인력 창출과 지역 경제의 활성화에 핵심적 역할을 하고 있다. 이와 함께 경동보일러는 에너지 절약 및 환경 친화적 제품의 개발하는 등 적극적인 해외 진출 및 품질 인증 획득을 통해 외국 시장의 국내 진입을 막았을 뿐만 아니라 국제적인 경쟁력을 획득하는 성과를 이루었다.

해외 진출 및 수출 현황

주식회사 경동보일러의 수출 및 해외 진출은 기업이 안정기에 접어들었던 1989년으로 거슬러 올라간다. 당시 보일러의 핵심 부품인 열교환기를 유럽에 수출하면서 시작된 해외 진출은 1993년과 1995년에 중국의 연변과 북경에 2개의 현지 법인을 설립하면서 본격적인 발판을 마련하게 된다. 이러한 적극적인 해외 진출 노력은 1996년에 이르러서는 1천만 불 수출탑을 수상하는 전기를 마련하는데, 이는 관련 산업에는 그 동안 내수 품목으로만 여겨졌던 보일러도 당당한 수출 품목임을 각인시키는 계기가 되었고, 기업 내적으로는 난방 온돌 문화가 발달한 전통을 바탕으로 난방 산업에 있어 세계 정상의 자리에 오를 수 있다는 자신감을 심어 주는 계기가 되었다.

한편 중국 북경에 설립된 북경경동보일러유한공사는 1998년에는 50,000㎡의 최신 공장을 설립하고, 150여 개의 대리점 및 A/S 센터를 보유하는 등 그 영향력을 중국 각지로 넓히면서 현재 중국 내수 시장에서 1위 자리를 지켜나가고 있다.

이와 같은 경동보일러의 해외 진출 노력은 여기서 그치지 않고 지속적이고 끊임없이 이루어졌다. 2000년에는 새롭게 부상하는 거대한 난방기 시장인 러시아와 독립국가연합(C.I.S.) 지역을 겨냥하여, 카자흐스탄의 알

<표 6> 경동보일러의 주요 제품

제품명	특 징
콘덴싱형 가스 보일러	콘덴싱 가스 보일러는 이미 잘 알려진 대로 고효율 에너지 절약형 보일러를 대표하는 기술 집약형 기기이며, 국내에서는 경동보일러가 10여 년 전부터 최초로 제품을 생산·판매하고 있다. 콘덴싱 보일러는 버려지는 열을 흡수하여 사용할 수 있도록 설계되어 있는 최첨단의 보일러이며, 안전성과 편리성을 기본으로 설계되어 있다. 특히 에너지 절약, 환경 개선 및 안전성에 대한 경동 콘덴싱 보일러 특유의 기술은 그 우수성을 통해 국가와 사회와 가정 경제에 기대 이상의 기여도를 지닌 고부가가치 제품이자 이 시대 최고의 상품으로 자리잡아 가고 있다.
스테인리스 기름 보일러	고효율과는 거리가 먼 것으로 인식됐던 기름 보일러 부문에서 업계 최초로 에너지위너상을 수상한 경동 스테인리스 기름 보일러의 선호도가 식을 줄 모르고 있다. 기존의 보일러는 3층 이하의 건물에서만 설치가 가능했다. 그러나 고효율 스테인리스 3.5K 제품은 재료의 두께 및 구조를 변경해 11층까지의 건물에 설치 및 사용이 가능하다는 장점이 고객에게 어필한 결과로 나타났다. 연소실의 체적을 넓혀 효율 상승은 물론, 소음 감소 효과가 배가된 점도 고객들로부터 좋은 평가를 받고 있다.
축열식 전기 보일러	저렴한 심야 전기를 사용해 90℃ 정도의 온수를 만들어 축열조 안에 열을 저장해 두었다가 필요한 시간에 난방을 하는 보일러이다. 심야 전기를 사용하므로 유해 가스 중독이나 화재, 폭발 및 불완전 연소 등의 염려가 전혀 없어 연료 수급이 원활하지 않은 전원 지역을 중심으로 선호도가 꾸준히 높아지고 있다. 축열식 전기 보일러는 일반 전기 요금의 1/4 정도에 해당하는 값싼 전기를 사용하여 축열하며, 실내 온도 제어 및 반복 타이머에 의한 난방으로 연료비를 최소화시켜 가계 부담을 획기적으로 절감시킨 제품이다.

마타에 투자 합작 법인 BURAN BOILER를 설립하여 10,000m² 규모의 생산 공장을 본격 가동하고 전국에 걸쳐 50여 개의 판매 및 A/S 센터를 운영하고 있다. 또한 동년 12월에는 러시아 서부 사마라 시에 러시아 영업

소를 설치하는 등 현지의 경제 발전의 동반자로서 인정받으면서 책임 있는 기업으로 자리잡아 가고 있다.

또한 경동보일러는 우리 나라 업계 최초로 2002년 1월에 미국에 콘덴싱 보일러 약 2,000여 대를 수출하는 쾌거를 이룩하였고, 동시에 스테인리스 기름 보일러를 세계적 기업 TOTO사와 수출 계약을 맺어 일본으로 수출하는 등 수출 및 현지 법인 설립을 세계 전역으로 넓히면서 국제화에 박차를 가하고 있다.

품질 인증 현황

주식회사 경동보일러가 국제 시장에서 위와 같은 확고한 지위를 구축한 배경에는 먼저 경동보일러 연구 인력의 뛰어난 신제품 개발 능력과 지속적인 품질 관리 노력, 그리고 환경 친화적 제품을 만들려는 노력 등 제품 및 서비스 전반에 걸친 전사적인 노력이 있었기 때문에 가능한 것이었다.

1979년 최초로 국내에서 기름 보일러 기술을 개발하여 국가로부터 KT 표시 허가 승인을 얻었을 뿐만 아니라, 이후의 가스 보일러, 콘덴싱 보일러, 전기 온수기 개발 등 지속적인 신제품 개발 과정에서 KT 마크를 획득하는 성과를 이룩하였다.

주식회사 경동보일러는 신기술 개발에 대한 인증뿐만 아니라 품질 관리 및 환경 보호를 위한 기업 차원의 지속적인 노력을 경주하였다. 이러한 노력을 통해 1997년에는 품질 경쟁력 100대 기업으로 선정되었고, 불과 2년 뒤인 1999년에는 품질 경쟁력 50대 기업으로 선정되는 영광을 안기도 하였다. 이밖에도 보일러 산업에서 큰 비중을 차지하는 A/S 시스템의 우수성을 인정받은 A/S 우수 기업 인증(1998년), 전국품질경연대회에서의 품질경영상(1997년), 우수품질분임조상(2000년) 및 소비자만족우수기업상(1999년) 수상, 환경경영시스템 14001 획득(1999년), 스테인리스 기름 보일러 에너지위너상(2001년) 수상 등 보일러와 관련된 모든 부분에서 최고의 노력을 기울이는 기업으로서의 위상을 확립하였다.

한편, 이와 같은 품질 인증 노력은 비단 국내뿐만 아니라 해외 시장을 대상으로도 지속적으로 추진되었다. 먼저 1995년 12월 ISO 9001 품질 인증을 획득하는 것을 시발점으로, 1997년에는 중국 안전품질인증(SQL)과 러시아 품질인증(GOST)을 획득하였다. 또한 1998년 유럽연합의 CE 인증, 1999년 브라질 품질 인증(COMGAS, INMETRO)에 이어 터키(TSE)와 폴란드(UDT)에서도 경동보일러 제품에 대한 각종 품질 인증을 획득함으로써 세계 각국에 경동보일러 제품에 대한 품질 신뢰도를 강하게 심어주었다.

따라서 주식회사 경동보일러가 이룩한 뛰어난 국제적 위상은 경동보일러의 신기술 개발 능력뿐만 아니라 전사 차원에서 진행된 내수를 기반으

〈사진 5〉 국산 신기술 인정서 수여

로 한 적절한 수출 및 해외 진출 전략, 그리고 이에 따른 지속적인 전사 차원의 품질 관리 노력이 함께 어우러진 결과라 할 수 있다.

3. 경동보일러의 당면 과제

경동보일러의 당면 과제는 환경 경영과 그린 마케팅의 강화, 국내 시장의 안정적 발전과 국제 경쟁력 확보를 통한 세계 시장 다변화 등으로 압축될 수 있다. 환경 경영과 그린 마케팅은 경동보일러의 지속적 선결 과제이자, 소기의 목적 달성을 통한 결과물들이 이미 고객을 통해 시너지를 공유하고 있을 만큼 독자성을 확보하고 있다. 그렇다고 성과에 결코 만족해 하는 것은 아니며, 경동보일러의 모든 기술 역량을 더욱 결집시켜 궁극적으로 사회적 기여도를 넓혀가는 노력이 수반되고 있는 듯하다. 에너지 절약 제품의 개발과 보급이 곧 환경친화적 결과물이고, 이러한 제품의 보급률을 높임으로써 기업 본연의 역할을 사회적 책무로 이끌어 가겠다는 의지의 반영으로 믿고 있기 때문이다.

또한 국내 시장의 안정적 발전에 주도적 역할을 자임하고자 하는 것은 시장의 과당 경쟁 상황이 주는 폐해를 극복하고, 가격 위주의 경쟁과 같은 단편적이고 소모적인 경쟁 상황으로부터 기술과 품질을 통한 시장 경쟁의 선순환적 풍토를 새로운 패러다임으로 자리매김하고자 하는 의지가 담겨 있다. 그 결과가 고객들에게는 보일러 산업에 대한 신뢰도를 극대화시키고, 경쟁업체 간의 선의의 기술 경쟁을 통해 품질을 향상시킬 뿐만 아니라 국제 경쟁력 확보를 통한 세계 시장 개척에 업계 전체가 힘을 모을 수 있기 때문이다.

(1) 환경 친화형 경동보일러

1990년대 초반부터 전 세계적으로 지속 가능한 개발(Sustainable Development)을 성취하기 위해 경제 주체들이 변화하고 있다. 산업에서는 보다 환경 친화적인 경영을 위해 동분서주하고 있고, 소비 주체들도 점차 환경적으로 보다 나은 제품을 선호하는 녹색 소비 의식(Green Consumerism)을 보이고 있으며, 금융권에서도 환경적인 위험을 가지는 기업에 대해서는 투자나 대출을 회피하거나 그에 상응하는 조건을 제시하는 등 구체적인 조치들을 취하고 있다.

21세기 환경 경영

따라서 환경의 시대 21세기를 맞이하는 경동보일러의 당면 화두는 당연 "환경 경영"이다. 보일러 산업 자체가 가지는 환경적인 특성뿐만 아니라 21세기 사회에서 기업의 경제 사회적 가치를 좌우하는 환경 경영이야말로 경동보일러가 새롭게 도약하기 위한 가장 중요한 과제가 되는 것이다.

2000년대에 들어서면서 환경 경영은 에코 디자인을 통한 제품 혁신과 기업의 환경 경영 역량을 이해 관계자들과 의사 소통하는 방식으로 진행시키고 있다. 따라서 경동보일러는 환경 보호를 위한 환경 경영에서 벗어나 기업 가치 창출과 연결되는 환경 경영을 모색해야 할 것이다.

이를 위해 업계를 선도하는 다양한 환경 경영 활동이 필요하며, 제품의 환경성을 분석하고 개선시키는 전 과정 평가, 에코 디자인, 기업의 환경 성과나 위험을 이해 관계자들과 의사소통 시켜 줄 수 있는 환경 보고서, 제품의 환경적 우수성을 선진적인 방법으로 홍보할 수 있게 하는 환경 라벨링, 또한 환경 성과 평가와 환경 신용 관리 등 다양한 환경 경영 기법들의 도입이 요구된다.

이러한 여러 가지 환경 경영 기법의 도입을 통해 경동보일러의 기업 이미지를 한 차원 승격시키고, 동종 업계 내에서의 선두 자리를 재확인할 뿐만 아니라, 비용 절감, 경영 효율화, 기업 주식 가치의 제고 등을 달성하는 21세기 환경 친화형 기업으로 거듭날 수 있을 것이다.

그린 마케팅의 강화

그 동안 경동보일러는 업계 최고의 에너지 효율성을 토대로 기업과 제품의 환경 이미지를 굳혀 오고 있다. 업계의 선두 기업으로서 경동보일러의 고객에 대하여 한 차원 높은 마케팅 활동이 요구되며, 특히 녹색 소비자들을 위한 그린 마케팅 활동의 강화가 필요하다.

최근 국제 표준화 기구에서 국제 표준으로 개발중인 환경 성적 표지도 효과적인 그린 마케팅 대안이라 할 수 있다. 이것은 제품의 전 과정에 걸친 환경 영향을 정량적으로 분석하여 소비자에게 제공함으로써 소비자들로 하여금 제품에 대한 한 차원 높은 환경 품질을 경험하게 하는 환경 라벨링의 한 방법이다. 특히 우리 나라의 환경 성적 표지 제도는 전 세계를 선도하는 것으로 이의 준비와 인증을 통한 제품과 기업의 이미지 제고는 상당할 것으로 기대된다.

환경과 기업 가치

전 세계적으로 수천조 원의 투자 자금이 기업의 환경적 위험과 위험의 관리 능력, 미래 시장에서의 전략적 수익 기회 등에 근거하여 주식 시장에서 운용되고 있다. 특히 다우존스와 모건 스탠리의 경우 지난 5~6년간 환경적인 역량이 뛰어난 기업이 그렇지 않은 기업에 비해 더 높은 주식 가치 성장률을 보이고 있다는 것을 입증하고 환경을 포함시킨 새로운 경제 지표를 제시하고 있다. 특히 다우존스 지속 가능성 지수의 경우 전 세계 최초로 개발된 경제 지수로서 많은 투자 기관들이 이러한 지수에 의거하여 환경적으로 우월한 기업들에 투자를 하고 있다.

경동보일러에서도 이러한 환경 신용 평가에 대응할 필요가 있다. 기업의 적극적인 환경 IR 활동으로 환경을 고려한 직접적인 기업 가치 관리가 필요하다. 이러한 제반 환경 경영을 통해 21세기 경동보일러는 새로운 전기를 맞이할 수 있을 것이다.

(2) 기술을 통한 국제 경쟁력 확보

현재 국내 보일러 업계는 이미 오래 전부터 공급 과잉 상황에 접어들었다. 따라서 시장 경쟁은 원초적 경쟁 요소인 가격을 중심으로 과당 경쟁 상태에 있으며, 도시 가스 보급률이 높아짐에 따라 기름 보일러 시장의 점차적인 쇠퇴와 함께 가스 보일러 시장도 성숙기를 넘어서 있다. 치열한 경쟁을 통해 신규 수요보다는 교체 수요가 시장을 주도하고 있는 형편인 것이다.

다행히 최근 들어 시장은 소비자 의식이 높아지고 품질 위주의 고급화 성향이 조금씩 반응을 보이고 있고, 이 부문에서 경동보일러의 기여도는 상당한 것으로 평가받고 있다. 꾸준한 고품질 보일러 개발과 보급을 통해 업계의 기술 발전에 항상 신선한 충격과 기술 경쟁을 유도했고 그 결과 보일러에 대한 소비자 의식도 많은 변화를 가져왔다고 믿기 때문이다.

경동보일러는 이미 10년 전부터 유럽형 콘덴싱 가스 보일러를 개발해 에너지 절약과 환경 보호에 획기적 신기원이 될 수 있는 기술을 국내에 보급했고, 1998년에는 한국형 콘덴싱 보일러를 산학연 공동 연구로 개발, 보급했으며, 이 기술은 기존 보일러의 개념을 바꿀 만큼 획기적인 기술이라는 점에서 국산 신기술로 인정받기도 했다.

이러한 기술적 강점들이 국내 최초로 보일러 품목도 고효율 에너지 기자재 인증이라는 제도적 접근을 가능케 했고, 경쟁사마다 효율 경쟁을 유도해 에너지 소비 효율 등급제 시행을 앞당기는 한편, 에너지 절약 차원의 품질 패턴을 이끌어 가고 있다.

뿐만 아니라 미국 수출 등으로 이어지는 해외 시장 개척에도 품질 수준에 전혀 결격 사유가 없을 만큼 국제 경쟁력을 갖추어 가고 있다.

그러나 아직 세계 시장 개척은 많은 과제를 안고 있으며, 좀 더 첨단화된 기술 집약을 통해 무역 장벽을 넘어설 수 있는 고품질의 보일러 개발에 박차를 가하지 않으면 안 될 것이다. 국내 시장의 한계를 결국 해외 시장에서 극복하지 않으면 안 되기 때문이다. 경동보일러 역시 이 점을 간과하지 않고 국내 최고의 수출 브랜드로 자리잡아 가는 한편, 업계 차원에서 국내 경쟁력의 질을 높임으로써 국제 경쟁력을 갖추어 가는 일에 공동 보조를 맞추겠다는 의지를 보이고 있다. 세계 시장 개척과 국내 시장의 안정은 물론 해외 브랜드가 국내에 진출하는 길도 자연스럽게 차단할 수 있는 원원(win-win) 전략인 셈이다.

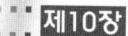
세계 IT 산업을 선도하는

삼성전자(주)

한홍렬(한양대학교 경제학 교수)

2002년 《비즈니스 위크》는 한국의 삼성전자를 컴퓨터와 주변 기기, 통신 서비스, 통신 장비, 반도체, 인터넷, 소프트웨어, IT 유통 등 밀레니엄 IT 산업에 주력하는 세계 100대 기업 중에서 1위로 선정하였다. 《비즈니스 위크》의 세계 IT 100대 기업 발표는 스탠드다푸어(Standard&Poor's)사의 국제적 데이터를 근거로 가장 최근의 매출 규모, 이익, 성장 속도, 주주 수익 등을 종합 산정 평가한 것이다. 세계 IT 100대 기업 중 삼성전자는 매출 규모 7위, 이익 7위, 주주 수익 5위 등 전반적인 지표에서 TOP 10에 랭크되어 있었으며, 지난해 삼성전자의 주력이었던 반도체 분야가 사상 최대의 불황이었음에도 높은 수익성을 유지한 것은 물론 정보 통신 등 새로운 성장 분야를 확보한 점 등이 크게 부각되었다.

　한편 100대 기업 중 지난 90년대를 주도하며 IT 호황기 거인들이었던 미국 기업 중 세계 최대 컴퓨터 회사 델(DELL)이 5위, 세계 최대 컴퓨터 솔루션 반도체 메이커 아이비엠(IBM)이 21위, 세계 최대 S/W 회사 마이크로소프트사(MicroSoft)가 27위, 세계 최대 반도체 메이커 인텔(Intel)이 56위, 모토롤라가 95위, 휴렛패커드(HP)가 99위에 랭크됐다. 이웃 일본의 간판 기업들은 캐논이 24위, 닌텐도가 47위, NTT 도코모가 62위, 샤프가 92위 등이며, 마쓰시다, NEC, 도시바, 소니 등 일본을 대표하는 기업들은 100위 안에 들지 못했다. 중화권 기업으로는 타이완의 노트북 컴퓨터회사 Quanta가 2위, 컴퓨터 부품회사 HONHAI PRECISION이 3위, 차이나모바일(홍콩)이 6위, EliteGroup 컴퓨터시스템이 8위, BENQ가 13위, 차이나 유니콤이 80위로 중국, 대만의 IT 성장성을 반영했다. 한국 IT 기업으로는 KT프리텔이 4위, SK텔레콤이 9위, LG텔레콤이 43위를 차지했지만 이동 통신 서비스 회사에 집중되었고, IT제조 수출 분야의 기업은 없었다.

1. 삼성전자의 성장 과정

삼성전자가 한국 경제에 대하여 갖는 의미는 복합적이다. 1969년 전자 산업에 진출한 이후, 삼성전자는 이제 세계 초일류 기업으로서 한국을 대표하는 브랜드의 지위를 구축하였다. 한편 IMF 이후 국내 유수의 대기업 집단이 심각한 경영 위기를 겪은 반면 삼성전자는 삼성이라는 한국 굴지의 재벌을 강화한 것도 사실이다. 일류 기업다운 사회적 책임을 담당하는 모습을 보이는가 하면 노조가 존재하지 않으면서도 별다른 노사 문제가 제기되지 않기도 하다. 삼성전자와 같이 거대한 기업을 단순하게 묘사한다는 것 자체가 어렵기도 하거니와 한국 경제의 발전 과정에 비추어볼 때 매우 복잡한 심사를 갖게 하는 것은 어쩔 수 없는 일일 것 같다.

본고의 목적은 삼성전자의 다양한 모습 중에서 경제 발전에 대한 기여와 사회 공헌 활동을 소개하는 것이다. 삼성전자는 경실련의 '경제정의기업상' 수상 심사 과정에서 항상 위 두 분야에 있어서 높은 평가를 받아 왔으며, 제2회 '경제정의기업상' 대상 수상시에는 경제 발전에 기여한 공로가 인정되었다. 즉, 삼성전자에 대한 다양한 견해의 존재 가능성에도 불구하고 시민단체인 경실련에서 경제 발전과 사회 봉사에 대한 기여를 인정한 것은 그 만큼 이 분야에 있어서 만큼은 이론의 여지가 없음을 의미한다. 따라서 이하의 논의는 이 두 가지 분야에 국한하여 삼성전자가 기여한 바를 평가하기로 한다.

삼성전자는 1969년 창업 이래 매우 많은 단계를 거쳐 오늘날의 일류 기업으로 성장하였다. 그러나 외부적인 시각에서 볼 때 삼성전자는 크게 창업기, 고도 성장기, 해외 사업 변신기 그리고 디지털 혁명 주도기 등으로

<표 1> 삼성전자의 성장: 주요 지표를 중심으로

(단위: 10억 원)

연 도	자 산	부 채	자 본 금
1969	0.8	0.3	0.48
1972	2.8	2.2	0.61
1975	23	19	3
1978	12	99	18
1981	291	236	35
1984	608	482	55
1987	1,137	915	69
1990	4,057	3,242	212
1993	6,659	5,032	305
1996	15,838	10,748	574
1998	20,776	13,806	743
2000	26,895	10,702	16,193
2001	27,919	8,446	19,474

구분할 수 있어 보인다.

창업기

삼성전자는 1969년 전자 산업에 진출하였다. 삼성그룹은 삼성전자를 세계 굴지의 종합 전자 회사로 키우기 위해 '전자 단지의 대형화, 공정의 수직 계열화, 기술 개발 능력의 조기 확보' 라는 3대 원칙을 수립하였고, 경기도 수원과 경남 울주군 가천에 대단위 공장 부지를 마련했다. 설립 초 창기 삼성산요전기와 삼성NEC의 지주회사로서 이들 회사의 설립과 공장 건설에 필요한 자금 조달에 주력했다. 삼성전자는 수원 단지에 자체 공장 건설에 착수해 1972년 1월 시판용 TV를 생산한 이후, 1978년 월 생산량

17만 대 돌파로 세계 1위의 흑백TV 생산 업체로 올라섰다. 1976년에는 국내 최초로 컬러 TV 생산에 성공하였고, 1974년 웨이퍼 가공 설비를 갖춘 한국 반도체를 설립함으로써 향후 한국의 반도체 산업 성장에 기초를 마련하였다.

고도 성장기

1981년부터 시작된 국내 컬러 TV 방송은 삼성전자의 성장에 좋은 계기가 되었다. 컬러 방송의 시작과 함께 컬러 TV의 국내 판매가 허용되었고, 삼성전자는 컬러 TV 판매에 총력을 기울임으로써 국내 시장에서 정상을 차지하였으며, 1986년에는 1,000만 대 생산고를 돌파하였다. 또한 1970년대 말에 새롭게 참여한 VCR과 전자 레인지 사업을 강화해 컬러 TV와 함께 수출 주력 사업으로 키워나갔다.

1980년 삼성은 KTC(한국전자통신)를 인수함으로써 종합 통신 기기 생산 회사로 발전할 수 있는 기틀을 마련하였으며, 이후 반도체 사업부를 흡수 합병하여 삼성반도체통신주식회사를 발족시켰다. 반도체와 통신의 결합으로 새롭게 탄생한 삼성반도체통신은 1983년 3월 대용량 메모리 반도체 투자 결정에 따라 경기도 기흥에 대단위 부지를 마련하고, 미국 마이크론사로부터 기술을 도입해 1983년 11월 세계에서 세 번째로 64K D램 메모리 반도체의 개발에 성공하는 쾌거를 이룩했다. 이어 기흥에 반도체 생산 라인을 건설하고 우리 나라를 세계 세 번째 VLSI 반도체 생산국가 반열에 올려 놓았다. 그 후 삼성반도체통신은 1984년 10월 256K D램을 개발한 데 이어 1986년 7월에는 1메가 D램을, 1988년 2월에는 4메가 D램을 개발해 내는 등 점차 선진국과의 기술 격차를 좁혀 나가며 1990년대의 반도체 신화를 위한 초석을 다져 나갔다. 삼성반도체통신은 메모리 반도체 사업과 함께 통신 산업을 강화해 광섬유 케이블과 광통신 시스템을 개발하여 '86 아시안 게임과 '88 서울 올림픽의 통신망을 구축하여 양 대회의 성공적 운영을 뒷받침하면서 광통신 분야의 선두 주자로 부상했다.

통합 삼성전자의 출범과 글로벌화

삼성전자와 삼성반도체통신를 통합한 통합 삼성전자는 가전 · 정보 통신 · 반도체 · 컴퓨터의 4대 부문 체제로 운영되면서 각 부문간의 시너지 효과를 통한 발전을 모색해 나갔다. 삼성전자의 정보 가전 사업은 컬러 TV가 1992년 6월 누계 생산 3,000만 대를 돌파하는 등 세계 정상권으로 발돋움했으며, 세계 2위로 부상한 VCR은 1989년과 1991년에 러시아에 VCR 공장 설비와 생산 부품, 기술을 수출함으로써 플랜트 수출이라는 새로운 수출 시장을 개척하는 개가를 올렸다.

1990년 8월 선진 업체와 거의 동시에 16메가 D램을 개발함으로써 기술 격차를 좁혔던 삼성전자는 1992년 11월 64메가 D램을 세계 최초로 개발하여 발표함으로써 메모리 반도체 사업을 세계 정상으로 이끌 수 있는 기반을 마련했다. 이와 함께 삼성전자는 생산의 세계화에 더욱 힘을 쏟아 동남아와 동구권 등에 8개의 해외 현지 법인을 설립하고 소비가 있는 곳에서 생산한다는 세계화 전략을 지속적으로 추진해 나갔다.

삼성전자는 1993년 10월과 1994년 10월에 내놓은 SH-700과 SH-770 셀룰러 휴대폰으로 국내 시장에서 철옹성을 구축하고 있던 세계적인 통신 기기 회사인 모토롤라를 물리치는 애니콜 신화를 창조했다. 이어 CDMA 휴대폰의 세계 최초 상용화와 함께 디지털 휴대폰 시장에서도 정상을 차지함으로써 세계적 통신 기기 회사로 성장할 수 있었다. 이와 함께 차세대 통신 시스템인 ATM 교환 기술을 개발했으며, CDMA 이동 통신

<사진 1> 삼성전자가 세계 최초로 개발에 성공한 4기가(Giga) 반도체의 모습. 삼성전자는 1998년 4G Dram의 전 생산 공정을 개발함으로써 세계 반도체 시장의 경쟁에서 앞서 나갈 뿐만 아니라 21세 정보 산업화를 주도하는 계기로 작용하였다.

시스템의 개발로 국내 시장을 석권했다.

삼성전자는 1994년 8월 256메가 D램을, 1996년 12월에는 1기가 D램을 세계 최초로 개발함으로써 D램 반도체의 3세대 연속 세계 최초 개발이라는 화려한 금자탑을 쌓았다. 이러한 기술 개발과 함께 1993년 6월 세계 최초로 8인치 웨이퍼 양산 라인을 완공함으로써 1993년에는 메모리 반도체 전체 시장에서 세계 정상에 올랐다. 이에 힘입어 1995년에는 2조 5,000억 원에 이르는 순익을 가져온 반도체 신화를 창소할 수 있었다. 삼성전자는 메모리에 비해 상대적으로 열세에 있던 시스템 LSI에 대한 투자를 강화해 MCU, 화상 처리 반도체, 미디어용 반도체, CDMA 통신용 반도체 등에서 많은 성과를 거뒀으며, 반도체 장비 국산화에도 힘을 쏟아 한국 DNS와 한국도와를 설립하기도 했다. 또한 제2의 반도체로 불리는 TFT-LCD사업에 투자를 집중해 차세대 주력 사업을 키워나갔다.

디지털 시대 주도기

21세기 디지털 시대를 맞아 삼성전자는 눈부신 경영 성과를 거두고 있다. 세계 최초로 디지털 TV를 양산했으며, 국내 최초로 완전 평면 TV를 개발하기도 했다. 고선명 디지털 VCR, 최고급 냉장고 지펠, 국민형 PC와 센스 시리즈 노트북 PC, TFT-LCD 모니터 등을 내놓았다. 애니콜 신화를 창조한 이동 통신 단말기는 세계 시장에서도 신화를 창조하고 있으며, 21세기 통신 시장을 주도하기 위해 IMT-2000과 GMPCS, 웹비디오폰 등 차세대 통신 단말기 개발에 앞장서고 있다. 세계 정상을 굳건히 지키고 있는 반도체는 4기가 D램 공정 기술의 세계 최초 개발과 메모리 반도체의 3세대 연속 세계 최초 양산이라는 화려한 발자취를 남겼으며, 시스템 LSI에서도 국내 최초의 CPU이자 세계 최고속 CPU인 알파칩을 생산하는 등 괄목할 성과를 거두고 있다. 또 TFT-LCD 시장에서는 오랜 아성을 구축해 온 일본 업체들을 물리치고 세계 정상에 올라섰다.

삼성전자는 지난 30년 동안 초고속 성장을 거듭해 마침내 세계적인 기업으로 등장했다. 이미 1980년대에 대부분 제품이 국내 시장에서 정상을 차지했으며, 이를 바탕으로 세계 시장에 도전해 많은 제품이 세계 정상에

〈사진 2〉 삼성전자의 TV는 세계 최고의 기술력을 자랑한다. 최근에는 최고의 반도체 기술, LCD기술, 디지털 디스플레이 기술을 바탕으로 앞으로 DLP, LCD, LCOS(Liquid Crystal On Silicon)등 신소재를 채용한 차세대 프로젝션 TV 개발에 더욱 주력하고 있다.

<표 2> 삼성전자 회사 연혁

창업기

1969. 1	삼성전자 공업주식회사 설립 (자본금 3억 3천만 원)
1969. 12	삼성 SANYO 전기 설립 (1977년 삼성전자에 합병)
1970. 1	삼성 NEC 설립
1972. 11	국판용 흑백TV 생산 개시
1974. 3	냉장고 및 세탁기 생산 개시
1976. 4	컬러 TV 자체 개발 성공

고도 성장기

1978. 5	흑백 TV 생산 400만 대 돌파(세계 1위 기록)
1978. 12	수출 1억 불 돌파
1980. 5	에어컨 생산 개시
1982. 1	칼러 TV 일본에 역수출
1982. 6	독일 현지 판매 법인 SEG 설립, 포르투갈 현지 생산 법인 SEP 준공

수출 주도 성장기

1984. 2	'삼성전자 주식회사' 로 상호 변경
1984. 11	영국 현지 판매 법인 SEUK 설립
1987. 12	미국 현지 생산 법인 SII 설립

해외 지향 변신기

1986. 7	1메가 D램 개발
1987. 9	호주 현지 판매 법인 SEAU 설립, 캐나다 현지 판매 법인 SECA 설립, 영국 현지 생산 법인 준공, 생산 개시
1988. 10	삼성·프랑스 합작 판매 회사 SEF 설립, 태국 현지 생산 법인 TSE 설립, 멕시코 현지 생산 법인 SAMEX 준공, 생산 개시
1989. 8	말레이시아 현지 법인 설립
1989. 12	반도체 매출 세계 13위 기록

디지털 기반 구축기

1990. 11	16메가 D램 개발
1991. 12	수출 40억 불 달성
1992. 7	중국 천진 VTR 합작 생산 법인 설립
1992. 8	이동 전화 시스템 개발
1992. 9	세계 최초 64메가 D램 개발
1992. 11	'수출 40억 불 탑' 수상(제조 업체 최초),
	세계 최첨단 250메가 HDD 개발
1993. 7	중국 전자 교환기 합작 공장 설립
1993. 10	16메가 플래시 메모리 개발, 샘플 출하

디지털 시대 주도기

1999. 3	256MD램 최초 양산 출하
1999. 6	무선 인터넷 서비스에 참여,
	CDMA 상용 시스템 미국 시장 최초 진출,
	세계 최고속 1기가 알파칩 개발, 세계 최초 1기가 반도체 상용 제품 개발
1999. 7	세계 최초 4M F램 개발
1999. 8	450MHz 초고속 4M S램 개발
1999. 9	2세대 램버스 D램 양산, 미 PCS사에 휴대폰 5억 불 수출
1999. 10	IMT-2000 세계 최초 시연회 성공,
	1기가 플래시 메모리 세계 최초 개발
1999. 12	중국 최초 CDMA 상용 장비 공급

자료: 삼성전자 homepage

올랐거나 정상 정복을 눈앞에 두고 있다. 컬러 TV는 세계 최고의 기술력을 자랑하며 세계 5위권에 올라 있으며, VCR은 세계 시장에서 2위를 달리고 있다. 전자 레인지 역시 10여 년 이상 세계 2위를 지키면서 정상 등극을 눈앞에 두고 있으며, 모니터는 12년째 세계 정상을 굳건히 지키고 있다.

이동 통신 단말기도 CDMA 휴대폰 시장에서 세계 정상을 질주하고 있으며, 메모리 반도체는 8년째 세계 정상을 지키고 있다. 또 TFT-LCD가 세계 정상에 올라 제2의 반도체 신화를 창조했으며, DVD와 CD롬 드라이브, HDD 등도 세계 정상권에 올라 있어 머지 않아 세계 정상에 오를 것으로 기대를 모으고 있다.

2. 삼성전자의 경제 발전 및 사회 공헌에 대한 평가

(1) 한국의 산업 구조 고도화에 있어서 삼성전자의 의미

삼성전자의 한국 경제 발전에 대한 기여를 어떻게 평가해야 할 것인가? 사실 기업의 성장 그 자체가 국가의 발전에 도움이 된다고 볼 수 있으나, 특정 기업의 기여를 논하기 위해서는 그 기업의 발전이 경제 성장에 갖는 긍정적 외부성이 얼마나 뚜렷한가에 대한 평가가 필요할 것이다. 국가의 경제 발전을 위해서는 수많은 요소가 있으나, 크게 양적인 요소와 질적인 요소로 구분할 수 있다. 양적 요소로는 경제의 성장에 필요한 물적 및 인적 자원을 들 수 있으며, 질적 요소로는 기술의 진보와 생산 요소를 효율적으로 동원 및 배분할 수 있는 제도적 구조적 요소 등을 들 수 있다. 따라서 한국의 경제 발전에 있어서 삼성전자의 기여를 논하기 위해서는 이 기업의 성장이 위의 요소에 어떠한 영향을 가져왔는지에 대한 평가에 입각해야 할 것이다.

이상과 같은 경제 성장을 위한 기본적 요소 이외에 중요하게 고려되어야 할 요소는 경제 성장을 위한 전략적 요소이다. 한국은 대표적인 대외지향적 성장 전략을 채택하여 성공한 케이스이다. 작은 규모의 경제로서 해외의 수요 기반에 의존하지 않을 수 없었다는 점에서 성공적인 수출 전략은 경제 성장을 위한 필수적 요소라 하지 않을 수 없다. 수출의 지속적 증대를 위해서는 끝없이 변화하는 국제적 분업 구조에서 경쟁력 있는 위치를 확보할 필요가 있다. 따라서 한국의 경제 구조가 세계의 분업 구조 변화에 얼마나 효과적으로 대응해 나가는가 하는 문제는 항상 풀어야 할 숙제라 할 것이다. 이와 같은 관점에서 삼성전자가 세계의 분업 구조 속에서 한국의 산업 구조를 얼마나 효과적으로 대응할 수 있도록 기여하였는지 여부를 살펴볼 필요가 있을 것이다. 삼성전자의 역사와 그 규모를 두고 볼 때, 세부적인 발전 과정을 일일이 다 살펴보고 평가하는 것은 거의 불가능한 일이며 지면이 허락하지도 않는다. 따라서 여기서는 삼성전자의 전반적인 발전 과정을 한국 경제와 연관하여 그 의미를 찾는 데 중점을 두고자 한다.

경제 발전의 기반 구축

앞에서 살펴 본 삼성전자의 연혁은 각 시대별로 첨단 산업으로 분류되는 사업에 대한 투자와 기술 개발에 주목하게 만든다. 한국의 경제 성장에 있어서 인적 자원보다 자본의 형성이 항상 과제였다. 경제 발전 단계에 비하여 비교적 풍부하고 잘 훈련된 인적 자원의 공급을 갖춘 반면에 자본 스톡의 수준은 매우 열악하였다. 자본의 형성은 투자를 통하여 이루어진다. 따라서 우리 나라는 경제 성장 초기에 외자의 유치를 통하여 부족한 투자 재원을 형성해 왔고, 이와 함께 기업의 투자 활동을 유인하는 정책을 적극적으로 취해 왔다. 자본의 형성에 있어서 삼성전자의 기여는 바로 삼성그룹이 삼성전자를 설립하였다는 사실에서 발견할 수 있을 것이다. 일본의 산요전기와 자본 및 기술 합작을 통하여 삼성산요전기를 설립하고 수원 단지를 비롯하여 각지에 생산 설비를 갖추어 향후 지속적으로 생산 체제를 갖추고 기술을 축적해 나간 것은 당시 한국 경제의 규모와 발전 단계에 비추어 볼 때 상당히 획기적인 투자 결정이라고 하여도 무리가 없을 것이다. 전자 산업에 대한 투자 결정은 향후 한국 경제의 전반적 성장에 따라 국내 수요의 기반이 확보됨으로써 추가 투자가 원활히 이루어질 수 있는 배경을 제공하였고, 부품의 국산화 및 양산 체제의 확립을 추구함으로써 전자 산업에 대한 투자가 매우 증가하는 결과를 가져왔다.

오늘날 삼성전자는 반도체 사업과 분리하여 생각할 수 없다. 반도체는 기술 혁신의 주기가 매우 빠르고 투자 규모가 워낙 크다는 점에서 신규 진출에는 막대한 위험이 수반되는 사업이다. 따라서 단기적인 수익성만을 고려한다면 반도체에 대한 투자 결정은 거의 불가능하다고 볼 수 있다. 삼성의 반도체 사업은 1974년 한국 반도체의 한국측 투자 지분을 인수한 데 기원을 두고 있다. 이후 본격적으로 반도체 산업에 삼성이 투자를 시작한 것은 1980년대 초 메모리 반도체 산업에 진출하면서부터이다. 지금은 삼성이 세계 반도체 산업의 선두주자이지만 투자 당시만 하더라도 가히 삼성그룹의 명운이 걸렸다고 할 수 있을 만큼 획기적인 의사 결정이라고 해야 할 것이다. 특히, 이미 성숙화 단계에 들어감으로써 경쟁이 가능했던 가전 산업과는 달리 반도체 산업은 미국과 일본이 세계 시장을 선도하고 있었고, 따라서 이러한 투자 결정은 가까운 장래에 이들 국가와 본격적인 경쟁을 전제로 한다는 점에서 무모하다는 비판마저 안팎에서 제기되었었다.

그러나 반도체에 대한 획기적 투자는 삼성전자는 물론 한국 경제의 전반적 산업 구조가 갖는 취약성을 극복하기 위해서는 어쩌면 운명적인 성격을 띠는 것이었다. 당시 한국의 산업 구조는 여전히 값싼 노동력에 기초한 저가 제품의 대량 수출에 의존하고 있었다. 이러한 산업 및 수출 구조는 대외 환경의 변화에 극심한 영향을 받을 뿐만 아니라 후발 개도국의 도전 및 주요 수출 시장에서의 보호주의에 의하여 추가적인 성장에 한계를 보이고 있었다. 따라서 한국 경제의 한 단계 도약이라는 목표는 차치하고 지금까지의 성장 궤적을 유지하기 위해서라도 산업 구조의 고도화를 추진할 필요가 있었다. 이와 같은 관점에서 볼 때, 삼성전자가 본격적인 메모리 반도체 사업에 대한 대규모 투자를 결정하고 시행한 것은 비록 삼성그룹의 전략적 결정이지만 결과적으로 한국 경제의 전반적 산업 구조 고도화에 결정적인 영향을 끼친 것으로 평가해야 할 것이다. 이러한 점에서 주위의 회의적 시각에도 불구하고 혁신적인 의사결정을 내린 고(故) 이병철 회장 등 삼성의 최고 경영자의 결단을 높이 사는 데 주저할 수 없게 한다.

이상의 평가는 삼성전자의 통신 산업 진출에도 동일하게 적용할 수 있을 것이다. 삼성전자와 삼성반도체통신은 1988년 통합을 통하여 투자 재원의 합리적 배분과 투자 효율의 증진을 도모한다. 이로써 삼성전자는 가전, 정보 통신, 반도체 그리고 컴퓨터의 4대 사업 구조로 운영되게 되었다. 1990년대 들어 삼성전자는 본격적으로 반도체 부문에 있어서 세계 시장의 선도자 그룹에 끼게 되었다. 이후, 삼성전자는 2002년 위 4대 부문을 통합하여 부문 간의 시너지 효과를 꾀하였고, 각 부문별로 성장을 지속하였으며, 정보 통신과 반도체에서의 성공에 관하여 다시 별도의 언급을 요하지 않을 정도가 되었다. 다만 삼성전자의 사례에서는 다음과 같은 세가지 측면에서 주목할 필요가 있다.

기술 개발
첫째, 기술 개발에 있어서의 기여이다. 대체로 경제 성장의 초기에는 자본 및 노동의 생산 요소 투입량에 의하여 좌우된다. 즉 산출량이 생산 요소 투입량의 증가 함수이므로 투입량의 증가는 산출량의 증가, 즉 경제 성장으로 이어지는 것이다. 한국의 경우에도 풍부한 노동력과 외자를 투입하여 상당한 경제 성장을 이루었다는 사실을 부인할 수 없을 것이다. 그러나 생산 요소의 투입량을 증대시키는 데에는 일정한 한계가 있을 수밖에 없으며, 따라서 경제가 발전함에 따라 생산성의 변화가 성장에 더욱 중요한 역할을 하는 것이 일반적이다. 생산성 증가 또는 기술의 진보를 가져오는 요인은 매우 다양하다. 예를 들어, 단순한 학습 효과에 의하여 기술 진보가 일어나는가 하면 인력 및 자본의 축적이 역할을 하거나 또한 직접적인 연구 개발에 대한 투자를 요하기도 한다. 그러나 기술개발은 무엇보다도 인적 및 물적 자본에 대한 투자와 연구 개발 투자의 종합적 결과이며, 이러한 투자가 효율적인 결과를 가져올 수 있도록 하는 제도적 환경과 지식이 뒷받침되어야 한다.

이러한 관점에서 볼 때, 삼성전자가 반도체와 정보 통신에 집중적인 투자와 성과를 이룬 것은 한국 경제의 기술적 자산의 축적과 그로 인한 파급 효과가 크다는 점에서 평가해야 할 필요가 있다. 즉 첨단 산업 분야에 대한 투자와 생산 그 자체는 전반적인 기술 수준을 향상시킨다는 긍정적인 측면이 있다. 나아가 삼성전자는 연구 개발 투자와 기술 인력의 확보를 위하여 노력하였는데, 예를 들면, 1987년에 미국과 일본에 연구 분소를 설치함으로써 신속한 첨단 기술 정보의 입수와 원활한 기술 이전을 도모하였다. 특히 1989년 이전에는 제품의 개발에 치중하였으나 차츰 기술 개발을 중요시하였다. 반도체의 경우, ULSI 연구소를 설립함으로써 당시 세계적으로 경쟁이 치열하던 16메가 및 256메가 D램의 개발이 가능하게 되었다.

수출 구조 선진화

둘째, 삼성전자의 수출 주도형 사업 형태가 갖는 의미이다. 앞에서 언급한 바와 같이 삼성의 반도체 산업 진출은 한국의 성장 단계에 있어서 중요한 획을 긋는 결정이었다. 신고전학파의 경제학적 관점에서 볼 때, 각국의 무역 구조는 비교 우위에 의하여 결정된다. 그리고 각자의 비교 우위에 입각하여 자유 무역을 할 때, 사회의 후생은 증가하는 것으로 본다. 전통적으로 각국의 비교 우위란 리카도의 생산 기술적 요인에서 찾기도 하고 자원의 부존 형태에 따라서 찾기도 한다. 그러나 이와 같은 전통적 이론은 비교 우위 구조의 변화에 대해서는 충분히 설명하지 못하고 있다. 한국의 예를 들면, 본격적으로 한국이 국제 무역에 참여하기 시작한 1960년대 후반에는 섬유 생산이 특화였고 또 섬유 수출이 성장을 이끌었다. 물론 지금도 섬유 수출은 한국의 주요 수출 업종의 지위를 차지하고 있다. 그러나 오늘날 한국의 수출 주종 품목을 꼽자면 자동차, 철강, 조선, 가전 제품, 반도체 등을 빼놓을 수 없다. 그러면 이와 같이 수출 주종 품목이 경공업 제품에서 중공업 내지 기술 집약적 제품으로 바뀐 것을 어떻게 설명할 것인가?

이 질문에 대한 답은 쉽고도 어렵다. 우리는 포항제철이 철강 산업에 어떻게 뛰어들게 되었으며, 현대중공업이 선박을 건조하여 어떻게 수출을 시작하게 되었는지 그 이야기를 잘 알고 있다. 마찬가지로 한국이 세계 시장에서 반도체 수출의 선도 국가 그룹에 속하게 된 이유를 이야기할 때, 삼성전자의 경영 스토리를 반드시 듣게 된다. 이처럼 우리는 한국의 무역 구조가 선진적으로 변화해 온 과정에 대하여 비교적 상세하고 정확한 배경을 이야기할 수 있다. 이와 동시에 우리가 겪는 어려움은 이론적 틀 안에서 이러한 이야기를 용해하는 작업이다. 즉 왜 이러한 일들이 한국의 기업들에 의하여 시도되었으며 또 성공하였는지는 전통적인 비교 우위 이론으로 설명이 힘들다는 사실이다. 이러한 예는 한국에만 존재하는 것은 아니다. 스위스가 왜 정밀 시계의 생산에 비교 우위를 갖고 있으며 또 미국은 여객기의 생산에 비교 우위를 갖는가도 동일한 맥락의 질문이다.

세계의 많은 국가들이 많은 제품에 대하여 비교 우위를 갖고 있지만 그러한 비교 우위의 원천에 대하여는 설명이 가능한 경우도 있고 또 불가능한 경우도 있다. 중요한 것은 현재 어떤 국가가 어떤 제품에 대하여 비교 우위를 갖는다는 사실 그 자체가 여타 국가의 경쟁을 제어하는 힘이 있다는 사실이다. 우리는 일반화할 수 없는 주요 제품별 비교 우위의 원천을 "역사적 우연"이라는 카테고리에 집어넣는다. 어떠한 이유에서 현재의 비교 우위 구조가 발생하였는지 알 수 없다 할지라도 우연히 갖추게 된 비교 우위 그 자체는 현재와 미래에서도 여전히 세계 시장에서 힘을 발휘할 것이다.

한국의 반도체 산업에서 비교 우위를 나타내는 것은 이론적으로 설명하기 매우 힘들며 이 역시 어떠한 역사적 우연에 의하여 비롯되었다. 그러나 우리는 그 '우연'이 어떠한 것인지 잘 알고 있다. 즉 한국의 삼성전자가 1980년대에 메모리 반도체에 대한 막대한 투자를 결정하였으며, 이러한 결정은 여타 기존의 경쟁 기업의 투자를 억제하는 결과를 가져왔고 이후 시장 조건이 유리하게 변하였을 때 삼성전자는 반도체의 막대한 수출을 통하여 세계 일류 반도체 생산 기업으로 부상하게 되었다는 사실이다. 이는 한국의 전반적 생산 기술이나 자원의 부존 형태와는 직접적인 관련성이 없다고 할 것이다. 그보다는 삼성이라는 기업의 반도체 산업에 대한 투자 결정이 사후적으로 한국의 무역 구조를 첨단 산업쪽으로 선진화하는 데 기여하였다고 해야 할 것이다.

물론 이러한 평가가 지나치게 편향적이라는 비판이 있을 수 있다. 예를 들어 한국의 반도체 산업이 성장하기 위해서는 삼성그룹의 독점적 지위를 활용하여 자본을 축적할 기회를 국민 경제가 제공하였으며 또한 정책적 제도적 환경도 긍정적인 역할을 하였을 것임에 틀림없다. 그럼에도 불구하고, 만약 한국의 산업 및 무역 구조가 기술 및 지식 집약적 산업을 중심으로 고도화 되어야 하고 반도체 산업에 대한 특화가 이러한 방향성과 일치한다고 인정한다면, 적어도 자본과 제도적 환경 요소를 이러한 방향으로 투입하고 또 성공적으로 발전시킨 삼성전자의 역할이 가장 컸다고 보아야 한다는 것이다.

한편 우리 나라의 경우, 수출이 경제 성장에 기여하는 비율이 매우 높다. 예를 들어 1999년 한국의 성장률이 10.7%에 달하였는데 이중 5.2%는 수출에 의한 것으로 전체 성장률의 절반 가까이를 담당하였다. 물론 해외 의존도가 지나치게 높은 것은 경제의 안정성 측면에서 반드시 바람직한 것만은 아니다. 경제가 발전할수록 내수의 역할이 점차 증대하는 것도 사실이다. 그러나 한국과 같이 해외 의존도가 높을 수밖에 없는 경제 구조를 가진 국가는 수출의 지속적인 증가를 통하여 경제 성장을 도모할 수밖에 없다. 삼성전자는 1980년대 이후 수출이 국내 판매를 능가하기 시작하였고, 오늘날 수출 규모는 내수의 2배 수준에 달하고 있다. 즉 삼성전자는 반도체 산업에 대한 투자를 결정하고 또 성공적으로 완수함으로써 한국 경제의 전반적 산업 고도화와 성장률의 확보에 기여하고 있다고 결론지을 수 있다.

한국의 브랜드 이미지 개선
삼성전자의 경제 발전에 대한 기여로서 마지막으로 들 수 있는 것은 삼성전자의 성공이 낳는 외부 효과이다. 삼성전자는 본격적인 성장 단계에서 글로벌 전략을 추진하였다. 삼성이 낳은 외부 효과 중에서 가장 중요한 것은 삼성 브랜드를 일류화 하는 데 성공함으로써 결국은 한국 브랜드의 가치를 동반 상승시키는 효과를 가져왔다는 것이다. 최근까지도 우리 나라의 주요 수출 기업들은 '코리아'라는 국가 브랜드가 갖는 '코리아 디스카운트' 때문에 굳이 국가를 내세우지 않는 것이 일반적이었다. 주요 대기업들은 세계 시장에서 자신의 제품 이미지 확립에 성과를 거두는 경우가 늘어났으나 미국과 유럽 등 주요 시장에서는 한국산 제품을 일본 제품으로 오해하는 경우가 일반적이었다. 이는 삼성도 예외가 아니었다.

그러나 삼성은 이제 '코리아'의 브랜드를 가지고 세계 초일류의 IT 기업으로 부상하였다. 최근 대한무역진흥공사의 조사에 의하면 한국 기업의 브랜드 인지도 면에서 삼성이 23%로 현대(20%), 대우(18%), LG(16%),

<표 3> 삼성전자의 영업 구조 관련 지표

연도	국판	수출	영업 이익
1969			−7
1972	1,669	168	140
1975	22,046	2,323	2,206
1978	110,308	48,742	18,824
1981	164,042	205,998	49,048
1984	587,830	763,817	86,392
1987	650,154	1,731,158	112,783
1990	1,866,247	2,645,471	425,988
1993	2,797,466	5,357,292	1,308,740
1996	6,082,161	9,792,383	1,446,849
1998	6,494,497	13,589,680	3,099,959
2001	2,746,000	6,361,000	7,435,000

기아(11%) 등 대기업 중에서도 가장 높게 나타났다. 디지털 산업이 갖는 첨단 및 고급 이미지가 코리아 브랜드로 연결될 경우, 과거 일본의 경우 소니가 일본의 전반적 수출에 미친 긍정적 효과를 삼성전자도 가져올 수 있을 것으로 예측할 수 있다. 물론 아직까지 그 효과를 실증적으로 파악하기란 매우 힘든 측면이다. 그러나 만일 삼성이 갖고 있는 일류 이미지가 'Made in Korea'의 가치를 증가시키게 된다면 이 역시 향후 한국의 수출 고도화 및 교역 조건의 개선에 매우 큰 역할을 하게 될 것이다.

(2) 정보화에 중점을 둔 사회 봉사 활동

기업의 사회 공헌 활동이 단순히 부차적 활동으로서 기부 또는 자선 활동에 그치는 것이 아니라 기업의 경영성과 향상에도 기여한다. 즉 기업의 사회 공헌 활동은 그 자체가 공동체의 일원으로서 가져야 할 책임일 뿐만 아니라 기업 이미지를 향상시키고 기업에 대한 우호적 환경을 조성하는 데 도움이 된다. 특히 한국의 대기업이 성장 과정에서 정경 유착에 크게 의존해 왔다는 사실은 대기업에 대한 부정적 사회 인식의 근본적인 이유이다. 따라서 대기업의 사회 공헌 활동은 기업 경영의 투명성 및 건전성 확보와 함께 기업 이미지를 개선할 수 있는 효과적인 수단이며 의무라는 사실을 인식할 필요가 있다.

특히 한국 사회의 전반적 민주화의 진전과 함께 그 동안 기업에 대한 큰 부담으로 작용해 온 소위 '준조세' 문제가 상당히 개선되었으므로 기업의 사회적 책무에 대하여 보다 적극적으로 부응해야 할 것이다. 한국의 기업가들이 외국 기업과 비교하여 사회적 존경을 받고 있지 못한 현상에 대하여 불평을 하는 경우가 많으나, 이는 한국의 사회 구성원들이 대기업의 성장 과정과 사회에 대한 기여에 대하여 매우 냉철한 판단을 하고 있는 것으로 겸허하게 받아들여야 할 것이다.

<표 4> 삼성그룹의 추진 방법별 집행 금액(2000년)

공익 사업	기부 협찬	봉사 활동 지원
380억 원 (23%)	1천 238억 원 (75%)	40억 원 (2%)

삼성전자의 사회 공헌 활동은 독립적인 측면과 삼성그룹 차원으로 나눌 수 있다. 삼성그룹 차원에서 보면 공익 사업, 기부 협찬 그리고 임직원 봉사 활동의 세 가지 형식으로 이루어지고 있는데, 그 주요 영역은 사회 복지, 문화 예술, 학술 교육, 환경 보전, 체육 진흥 그리고 국제 교류의 6개 분야로 구분된다. 2000년을 기준으로 삼성그룹은 총 1천 658억 원 규모의 사회 봉사 활동을 하였는데 이는 전년에 비하여 약 2배 증가한 것으로 발표되고 있다.

<표 5> 삼성 그룹의 사회 공헌 실적(2000년)

분야별 집행 금액					
사회복지	문화예술	학술교육	국제교류	환경보전 체육 진흥	봉사활동 지원
386억 원	198억 원	843억 원	111억 원	80억 원	40억 원
(23%)	(12%)	(51%)	(7%)	(5%)	(2%)

정보 격차 해소

그러나 그룹 차원의 사회 공헌이 비교적 체계적이고 대규모로 실시되고 있는 것과 동시에 삼성전자는 독립적으로 사회 봉사 활동을 비교적 활발하게 시행하고 있는 것으로 평가되었다. 특히 기업의 성격에 걸맞게 정보화 시대를 맞아 우리 사회의 균형 있는 발전을 위해 소외 계층 정보화 지원 사업에 주력하고 있는 점이 주목된다. 정보화 시대의 도래와 함께 사회 및 경제적으로 다양한 기회의 창출이라는 긍정적 측면이 부각되고 있지만 이와 동시에 소위 정보 격차(Digital Divide)라는 새로운 문제점이 제기되고 있기도 하다. 이러한 문제의 해결을 위하여 무엇보다도 정부의 정책적 접근이 필요하지만 대표적인 정보화 선도 기업이 정보 격차 문제에 착안한 것은 매우 긍정적인 평가를 받을 수 있을 것이다.

　　가장 대표적인 예로서 장애인 고용 촉진을 위해 1994년 장애인 전용 공장인 '무궁화전자'를 설립하여 운영하고 있다. 무궁화전자는 고용 촉진 제도의 시행 이후에도 여전히 고용에서 제외될 것으로 예상되는 중증 장애인들을 위한 고용 모델 개발과 이들의 일부에게 고용 기회를 제공하고자 설립되었는데, 4천1백65평의 부지에 총 2백34억 원을 투자해 건립되

〈사진 3〉 삼성전자는 장애인 자립과 고용 촉진을 목적으로 설립, 운영하고 있는 무궁화전자 전경. 1백여 명에 이르는 장애인을 위한 기숙사를 갖추고 있으며, 복도, 문, 램프 등의 시설 또한 장애인에게 불편함이 없도록 설계해 국내 최초의 장애인 전용 공장으로서의 역할을 다하고 있다.

어 1994년부터 본격적인 가동을 시작하였다. 또한 시각 장애인을 위한 컴퓨터 교육 등 장애인의 정보화 사업을 벌이고 있다. 1997년부터 시각 장애인의 컴퓨터 교육을 통한 직업 재활 및 사회 참여를 유도하기 위해 경기도 삼성맹인안내견학교 내에 '시각 장애인 컴퓨터 교실'을 설치, 운영하고 있다. 맹인 독서용 소프트웨어 '사운드피아'를 내장한 PC 6대와 스캐너, 점자 프린터 등을 갖추고 있는 컴퓨터 교실에서는 안내견을 사용하는 시각 장애인과 컴퓨터 교육을 원하는 시각 장애인을 대상으로 교육을 실시하고 있다. 또한 한국시각장애인복지재단과 함께 2001년 12월 1일 한국시각장애인복지관에서 시각 장애인만을 대상으로 하는 "제1회 시각 장애인 정보 검색 대회"를 개최하였다.

장애인을 대상으로 한 사회 활동으로는 법무부 전국소년원학생사회봉사단이 한국장애인정보화협회의 교육장을 직접 방문하여 장애인들에게 컴퓨터 교육을 실시하는 프로그램에 삼성전자는 컴퓨터 장비를 기증하고 있다. 또한 삼성전자는 1998년부터 어려운 환경에서도 꿋꿋이 학업에 정진하는 학생들에게 디딤돌이 되자는 취지 아래 임직원의 자발적인 모금으로 '디딤돌 장학 제도'를 운영하고 있다. 매년 정기적으로 장애 가정 대학생 10명을 선발하여 이들을 격려하고 장학금을 지급하고 있다. 마지막으로 "장애인 정보화 촉진 결의 대회"를 후원하는 등 각종 장애인 관련 행사에 비교적 활발한 후원 활동을 하고 있다.

이밖에도 신체적 장애로 인하여 정보 접근에 상당한 제약을 받음은 물론 자신의 잠재력을 개발할 기회가 상대적으로 적은 장애인들에게 컴퓨터의 보급과 교육을 통하여 자활과 자립을 돕고 있다. 한편, 1995년 삼성전자의 기술력으로 시각 장애인 전용 컴퓨터를 자체 개발해 기증한 바 있는 삼성전자는 시각 장애인 전용 컴퓨터가 아닌 일반 컴퓨터에서도 문서

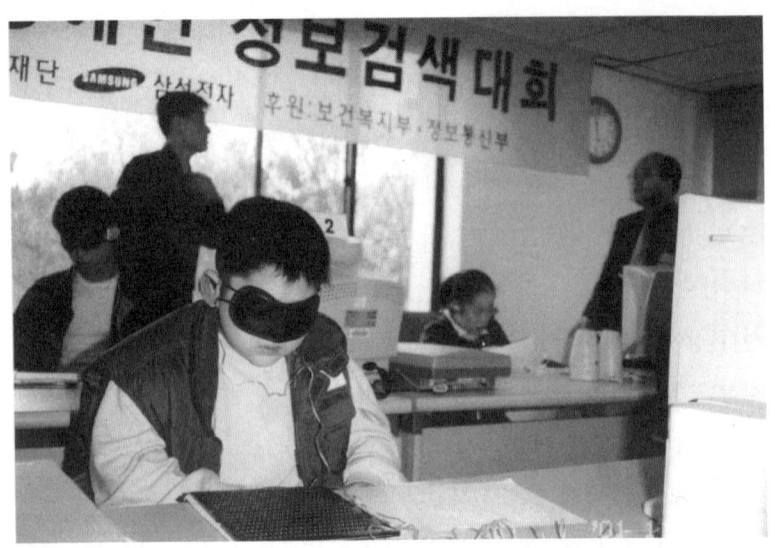

〈사진 4〉 2001년 삼성전자가 한국시각장애인복지재단과 함께 시각장애인만을 대상으로 "시각장애인 정보검색대회"를 개최하고 있는 장면. 이 대회는 시각장애인 간의 동등한 조건을 위해 안대를 착용한 후 모니터를 보지 않고 음성 프로그램의 도움을 받아 소리로만 인터넷 검색을 실시하였다.

를 들을 수 있게 해 주는 시각 장애인 독서용 S/W 『Soundopia 97』을 개발하여 전국의 시각 장애인 관련 단체와 개인에게 무료로 지급한 바 있다.

이른바 정보 격차의 문제는 단순히 장애자에 대한 지원 차원의 것이 아니라 근본적으로는 개방과 경쟁의 확대에 따른 소득 분배 구조의 개선 문제와 연결된다. 즉 디지털 시대에 있어서 정보를 가진 계층과 가지지 못한 계층은 대체로 기존의 소득 분배 구조와 일관성을 갖는다. 따라서 디지털 시대의 정보화 추세는 사회 구조의 부정적 측면을 더욱 악화시킬 가능성도 있다. 이러한 점에서 정보에 대한 접근을 더욱 용이하게 하는 인프라의 구축이 필요하다. 물론 민간 기업인 삼성전자가 이러한 접근을 취하기를 기대하기는 힘들다. 그러나 삼성전자는 나름대로 하드웨어 및 교육의 제공을 통하여 일정 부분 기여하고 있는 것으로 평가할 수 있다.

예를 들어, 2000년도 삼성전자는 정부에서 추진한 바 있는 소외 계층 정보화 교육 사업을 지원하기 위해 전국 250여 개 사회복지관에 팬티엄 PC 등 40억 원 상당의 컴퓨터 장비를 제공하였다. 이러한 사업은 PC 교육 등을 제대로 받을 수 없었던 저소득층 주민들에게 정보화 사회에 쉽게 적응할 수 있는 기회를 제공하는 것이며, 그 결과 삼성전자 사회 공헌의 대표적 분야라고 할 수 있는 장애인 지원, 정보화 지원 등의 성격을 강화하고 있다. 삼성전자는 고객 신(新) 권리 선언을 통해 발표한 '2백만 명 PC교육 실시' 약속을 이행하기 위해 지난 1995년부터 대도시를 중심으로 컴퓨터 교육장 43개에서 컴퓨터 무료 교육을 시작하였다. 2000년 7월 2백만 명 교육 달성을 수립하였으며, 2001년까지 총 2백3십1만3천 명이 컴퓨터 교육장을 통해 정보화 교육을 수료하였다. 2001년부터는 사이버 시대를 맞이하여 오프라인(off-line) 교육뿐만 아니라 온라인(on-line) 교육까지 확대하여 실시하고 있다.

기타 사회 봉사 활동

삼성전자는 기타 환경, 교육, 국제 등 다양한 분야에서도 사회 봉사 활동을 시행하고 있다. 예를 들어 환경 단체인 그린훼밀리운동연합과 21세기의 환경 사회를 주도할 어린이들을 대상으로 '환경 체험 교실'을 실시한 바 있다. 또한 야생동물, 천연기념물 보호 활동을 위해 1991년부터 '조류보호협회'를 지원하고 있다. 조류보호협회를 통해 조류자매학교 낙도 어린이 서울 초청, 겨울 철새 모이 주기, 탐조회, 천연 기념물 책받침 제작 및 전국의 초등학교 배포 등 다양한 활동을 지원하고 있다.

교육 분야에서는 1997년 1회 대회를 시작으로 해마다 창의력 올림피아

〈사진 5〉 삼성전자가 유네스코 한국위원회와 공동으로 조성하는 "삼성"유네스코 국제 불우 아동을 위한 교육 기금"은 총 10억 원 규모로, 불우한 환경에 처해 있는 국내·외 아동의 교육비 지원과 북한 학생들의 교과서 제작, 교육용 컴퓨터, 외국어 실습 기자재 비용으로 지원될 예정이다.

드를 개최해 왔는데, 2001년부터는 특허청과 공동 주최로 「전국 학생 창의력 올림피아드」로 명칭을 변경하여 실시하고 있다. 또한 학생 과학 탐구 올림픽 대회를 개최하고 있다. 초·중·고교 학생들의 과학에 대한 지적 흥미와 탐구 능력을 함양하기 위해 1993년부터 개최된 '학생 과학 탐구 올림픽 대회'의 경비를 전액 지원하고 있다.

국제 교류 분야에서는 1995년부터 '삼성 베트남 학술 교류 사업'을 실시하고 있는데 주요 내용으로는 장학 사업과 베트남 차세대 대표단 초청 사업, 학술 회의 지원 사업 등이 있다. 삼성전자는 코리안 소사이어티(Korea Society)를 지원하고 있다. 본 기관은 미국 내 사회학 교과서 편집자, 미술관·박물관 교육 담당자들을 대상으로 한국을 방문하고, 한국을 제대로 이해하는 가을 휄로십 프로그램(Fall Fellowship Program)을 매년 실시하고 있다. 삼성전자는 한국 알리기 사업의 일환으로 미주 본사를 통해 1995년부터 본 프로그램에 협조하고 있다. 마지막으로 삼성전자가 유네스코 한국위원회와 공동으로 북한 어린이를 포함한 국제 사회의 불우 아동을 위한 교육 기금을 조성하였다. 이를 위해 삼성전자는 2000년

10월 31일 유네스코 한국위원회에 6억 원의 교육 기금을 기부하였는데, 삼성전자가 유네스코 한국위원회와 공동으로 조성하는 '삼성-유네스코 국제 불우 아동을 위한 교육 기금'은 총 10억 원 규모로 불우한 환경에 처해 있는 국내·외 아동의 교육을 위해 사용될 예정이다.

3. 결어

이 글의 가장 큰 어려움은 누가 봐도 명약관화한 주제에 대해 글을 써야 한다는 것이었다. 삼성전자는 오늘날 한국의 대표 기업으로서 경제 성장에 가장 큰 기여를 하고 있고, 삼성전자의 주가가 한국의 증시 분위기를 좌우하고 있다. 그 이름에 걸맞게 사회 공헌 활동도 매우 다양하고 활발한 편이다. 본 사례집의 취지가 한국의 경제 발전 과정에서 긍정적인 기업의 전형을 찾고자 한다는 것이었고, 따라서 가능하면 다른 기업이 본받을 수 있는 모범적인 사례를 제공하자는 것이었다. 따라서 삼성전자의 발달사를 따라 한국 경제에 기여한 바를 평가하는 것이 본 작업의 취지에 따르는 일이었다. 그리고 본문에서 서술한 바와 같이 삼성전자는 한국 경제의 선진화에 매우 중요한 기여를 하였으며, 한국의 최고 기업에 걸맞은 사회봉사 활동을 벌이고 있는 것으로 결론 지을 수 있었다. 이제 삼성전자에 대하여 필자가 갖고 있는 몇 가지 소회를 부기함으로써 이 글을 마무리하고자 한다.

첫째, 삼성전자는 대단한 성공 사례이다. 그럼에도 불구하고 이러한 사례에 대한 소개가 과연 누구에게 실질적인 도움이 될 것인가 하는 의문이 생기지 않을 수 없다. 우선 그 어떠한 영역의 기업이라 할지라도 이러한 사례를 따르기가 쉽지 않아 보이며, 삼성전자와 견줄 수 있는 대기업들은 이 글이 도저히 따라갈 수 없는 연구와 분석을 이미 마쳐 놓았을 터이다.

삼성전자의 사례는 많은 사람이 쳐다보기는 하지만 쫓아가기가 힘들다는 점에서 오히려 현실감이 떨어진다고 할 수도 있다. 그렇지만 시민 단체의 입장에서 삼성전자가 한국을 대표하는 기업을 지도에 표시하듯 다루지 않을 수 없었다는 점을 말해 두어야 할 것 같다. 그리고 한국 경제의 발전을 위해서도 삼성전자가 이러한 위치를 계속 유지하였으면 하는 바람을 갖지 않을 수 없다.

둘째, 삼성전자의 성공은 무엇보다도 삼성전자를 탄생시킨 의사 결정 그 자체가 가장 중요한 요인이었다. 그런데 이러한 의사 결정은 삼성그룹과 떼어서는 생각할 수 없다. 안타깝게도 삼성전자와 같은 성공뿐만 아니라 삼성자동차와 같은 실패를 낳은 의사 결정도 있다. 외환 위기 이후 많은 구조 개선 작업이 이루어졌지만 향후에도 기업의 의사 결정이 시장에 의하여 철저하게 통제되는 시스템의 마련이 필요하며, 또 조성되고 있다. 삼성전자 또는 삼성그룹은 이에 대비해 나가야 할 것으로 본다.

셋째, 삼성전자가 다양한 사회 공헌 활동을 하고 있지만 이 역시 삼성그룹 차원의 활동과 구분하기 힘들어 삼성전자 고유의 기여를 정확하게 정리하기는 힘들었다. 그러나 삼성전자가 소외 계층의 정보 격차(Digital Divide) 문제 해소를 사회 공헌의 방향으로 설정한 것은 매우 적절하다고 본다. 그럼에도 불구하고 그 접근 방식에 있어서 단편적이고 행사 위주에 그치기보다는 소외 계층에 대한 체계적 교육 및 정보접근 지원을 위한 프로그램을 마련하고 실천해 나가야 할 것으로 보인다. 최근 삼성그룹이 5,000억 원의 출연을 통하여 인재를 육성한다는 획기적인 프로그램을 제시하면서 사회의 기대에 적극 부응하는 모습을 보인 것은 반가운 일이 아닐 수 없다. 다만 삼성전자가 이 계획의 실천 과정에서 '정보 소외' 문제에 보다 본격적으로 대처하는 모습을 보일 것을 기대한다.

부록

경제정의기업상 연도별 수상 기업 명단

제1회(1991년)

순위	기업명 *	순위	기업명	순위	기업명
1	한국유리공업	11	롯데칠성음료	21	호남식품
2	남한제지	12	롯데제과	22	동양맥주
3	미원식품	13	한독약품공업	23	현대강관
4	아남산업	14	신아화학공업	24	아남전기산업
5	해태전자	15	삼성전자	25	청화상공
6	동신제지	16	고려포리머	26	제일모직
7	태평양제약	17	쌍용정공	27	진로
8	내쇼날푸라스틱	18	한국화약	28	빙그레
9	대한모방	19	해태제과	29	남양유업
10	성문전자	20	동양화학공업	30	동신제약

*기업상 발표 당시의 기업명.

순위	기업명	순위	기업명
31	대영포장	41	삼천리
32	대한페인트잉크	42	삼보컴퓨터
33	남선알미늄	43	덕성화학공업
34	새한정기	44	선경인더스트리
35	한남화학	45	진영산업
36	조광피혁	46	대한화섬
37	동국종합전자	47	태성기공
38	새한전자	48	벽산
37	한국강관	49	진도
40	삼미기업	50	삼성전관

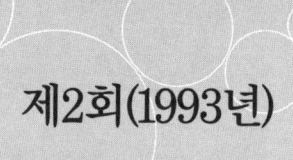

제2회(1993년)

순위	기업명	순위	기업명	순위	기업명
1	삼성전자	11	쌍용자동차	21	대우통신
2	럭키	12	한국유리공업	22	인켈
3	삼성전관	13	선경인더스트리	23	대웅제약
4	금성사	14	금성전선	24	쌍용중공업
5	대우전자	15	한양화학	25	롯데칠성음료
6	동양시멘트	16	오리온전기	26	현대자동차
7	만도기계	17	해태전자	27	기아자동차
8	제일합섬	18	한일시멘트공업	28	포항종합제철
9	대우중공업	19	동양나이론	29	삼성전기
10	태평양화학	20	일양약품	30	삼양사

순위	기업명	순위	기업명
31	빙그레	41	서통
32	유공	42	삼화왕관
33	금호	43	삼익공업
34	코오롱유화	44	동양기전
35	동아제약	45	아남산업
36	동양제과	46	연합철강공업
37	제일제당	47	동양화학공업
38	이수화학공업	48	코리아써키트
39	일동제약	49	고려화학
40	진로	50	한국타이어제조

제3회(1994년)

순위	기업명	순위	기업명	순위	기업명
1	포항종합제철	11	이건산업	21	대우통신
2	삼성전관	12	한국컴퓨터	22	태원물산
3	한솔제지	13	대한전선	23	럭키
4	대덕전자	14	이수화학	24	금호석유화학
5	한일시멘트	15	기아정기	25	대웅제약
6	극동전선	16	만도기계	26	청호컴퓨터
7	한양화학	17	쌍용양회	27	국제약품
8	금강	18	고려화학	28	삼성전자
9	대덕산업	19	제일엔지니어링	29	신흥
10	금호	20	오리온전기	30	한국쉘석유

순위	기업명	순위	기업명
31	나우정밀	41	국도화학
32	강원산업	42	중외제약
33	아남산업	43	동양맥주
34	한남화학	44	보령제약
35	대우전자부품	45	인천제철
36	한국전자부품	46	일진전기
37	제철화학	47	삼양사
38	성신양회	48	제일약품
39	대농	49	일신방직
40	삼성전기	50	부산파이프

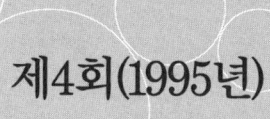

제4회(1995년)

순위	기업명	순위	기업명	순위	기업명
1	제일엔지니어링	11	이수화학공업	21	삼일제약
2	포항종합제철	12	녹십자	22	대덕산업
3	삼성전기	13	쌍용제지	23	아남산업
4	중외제약	14	쌍용양회	24	한국케이디케이
5	대웅제약	15	한일시멘트	25	한국유리공업
6	럭키	16	한솔제지	26	동신제지
7	한국티타늄공업	17	제일모직	27	대우중공업
8	삼성전관	18	삼양사	28	유한양행
9	인천제철	19	대덕전자	29	강원산업
10	선경인더스트리	20	한화	30	삼진제약

순위	기업명	순위	기업명
31	대한펄프	41	한국컴퓨터
32	금양	42	우진전자
33	금호·석유화학	43	대우전자부품
34	종근당	44	벽산
35	조흥화학	45	부산파이프
36	일양약품	46	코오롱유화
37	영창악기제조	47	현대금속
38	세진	48	포스코켐
39	한국타이어	49	삼화전자공업
40	한일약품	50	삼보컴퓨터

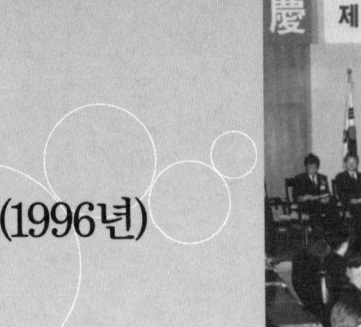

제5회(1996년)

순위	기업명	순위	기업명	순위	기업명
1	대덕전자	11	동아제약	21	쌍용양회공업
2	녹십자	12	중외제약	22	흥창물산
3	오리엔트시계	13	한일시멘트	23	삼성항공
4	신원	14	동양기전	24	호남식품
5	이수화학	15	한국타이어	25	기산
6	삼화전자	16	삼양사	26	한국컴퓨터
7	호남석유화학	17	제일모직	27	삼보컴퓨터
8	대륭정밀	18	대한중석	28	유한양행
9	세원	19	동일방직	29	동성화학
10	한국티타늄	20	경방	30	금양

순위	기업명	순위	기업명
31	나우정밀	41	대한제분
32	한국카프로락탐	42	삼성전자
33	평화산업	43	국제약품
34	삼진제약	44	한독약품
35	대웅제약	45	오리온전기
36	포항종합제철	46	웅진출판
37	삼성전관	47	고려아연
38	고려제강	48	강원산업
39	금강공업	49	한미약품
40	국도화학	50	만도기계

제6회(1997년)

순위	기업명	순위	기업명	순위	기업명
1	한일시멘트	11	신원	21	한일약품
2	포항종합제철	12	삼양중기	22	호남석유화학
3	포스코켐	13	삼성전관	23	대우전자
4	유한양행	14	대우통신	24	삼부토건
5	대륭정밀	15	금호석유화학	25	범양건영
6	오리엔트	16	쌍용양회공업	26	일동제약
7	중외제약	17	풀무원	27	대덕전자
8	평화산업	18	세원	28	강원산업
9	삼성전자	19	아남산업	29	맥슨전자
10	삼보컴퓨터	20	엘지화학	30	코오롱

순위	기업명	순위	기업명
31	제일합섬	41	일신방직
32	이수화학	42	고니정밀
33	삼성전기	43	제일모직
34	동양기전	44	동아건설
35	현대약품	45	오리온전기
36	충남방적	46	계양전기
37	두산백화	47	라미화장품
38	크라운제과	48	만도기계
39	제일엔지니어링	49	흥창물산
40	태평양	50	삼화전자

제7회(1998년)

순위	기업명	순위	기업명	순위	기업명
1	유한양행	11	신원	21	동아제약
2	동양물산기업	12	엘지정보통신	22	성미전자
3	삼성전관	13	일양약품	23	서흥캅셀
4	엘지전자/금성사	14	삼성전자	24	제일모직
5	퍼시스	15	뉴맥스	25	한국타이어
6	평화산업	16	동양기전	26	동부제강
7	태평양	17	포항제철	27	삼보컴퓨터
8	청호컴퓨터	18	삼환기업	28	삼화전기
9	덕성화학	19	중외제약	29	메디슨
10	고려제강	20	서통	30	대덕전자

순위	기업명	순위	기업명
31	오리온전기	41	남선알미늄
32	기아자동차	42	한솔텔레컴
33	한창	43	현대엘리베이터
34	건설화학	44	삼부토건
35	삼애실업	45	삼성전기
36	삼양사	46	한일건설
37	웅진출판	47	삼진제약
38	성문전자	48	이수화학
39	동아타이어	49	대경기계기술
40	동양철관	50	고려아연

제8회(1999년)

순위	기업명	순위	기업명	순위	기업명
1	한미약품공업	11	삼성전기	21	제일제당
2	금호석유화학	12	삼양제넥스	22	한국카프로락탐
3	대덕산업	13	한솔제지	23	일동제약
4	LG전자	14	쌍용양회공업	24	제일모직
5	삼성전관	15	덕성화학공업	25	흥창
6	태평양	16	삼성라디에터공업	26	동성화학
7	대덕전자	17	한솔화학	27	대우전자
8	태경산업	18	서흥캅셀	28	고니정밀
9	대한펄프	19	삼성항공산업	29	대경기계기술
10	동양시멘트	20	포항종합제철	30	웅진출판

순위	기업명	순위	기업명
31	대동	41	삼양사
32	삼화전기	42	한화
33	베니슨	43	태양금속공업
34	삼성전자	44	대동공업
35	동신제약	45	삼진제약
36	경동보일러	46	코리아써키트
37	제일엔지니어링	47	동아제약
38	성미전자	48	한솔텔레컴
39	농심	49	새한
40	대성전선	50	새한전자

제9회(2000년)

제 9 회 「경제정의企業賞」시상식
주최 : 경실련(사)경제정의연구소 / 한겨레 신문사
일시 : 2000년 5월 9일(화) 오전 10시 30분 장소 : 세종문화회관 컨벤션센터

순위	기업명	순위	기업명	순위	기업명
1	대덕전자	11	삼성전관	21	태평양물산
2	대덕산업	12	삼성전자	22	삼화전기
3	경동보일러	13	삼성전기	23	국제약품공업
4	한국유리공업	14	유한양행	24	제일약품
5	동화약품공업	15	고니정밀	25	한국카프로락탐
6	일양약품	16	엘지전자	26	오리온전기
7	동아제약	17	중외제약	27	대륭정밀
8	삼양사	18	녹십자	28	대림요업
9	포항종합제철	19	이수화학	29	비와이씨
10	한국고덴시	20	태평양제약	30	남해화학

순위	기업명	순위	기업명
31	세방전지	41	서통
32	대경기계기술	42	삼화전자공업
33	환인제약	43	동양화학공업
34	동양물산기업	44	한솔제지
35	삼양통상	45	한국대동전자공업
36	한미약품공업	46	평화산업
37	대림통상	47	계양전기
38	삼아알미늄	48	대동
39	부광약품공업	49	코리아데이타시스템스
40	케이엔씨	50	한솔화학

제10회(2001년)

순위	기업명	순위	기업명	순위	기업명
1	퍼시스	11	보령제약	21	녹십자
2	경동보일러	12	LG화학	22	대경기계기술
3	환인제약	13	중외제약	23	삼화전자공업
4	대웅제약	14	계양전기	24	유한양행
5	동아제약	15	비와이씨	25	일정실업
6	일성신약	16	국제약품공업	26	동방아그로
7	태평양	17	일양약품	27	청호컴퓨터
8	한국쉘석유	18	현대약품공업	28	평화산업
9	태평양제약	19	한라공조	29	근화제약
10	제일약품	20	신영와코루	30	한국카프로락탐

순위	기업명	순위	기업명
31	에스제이엠	41	한국유리공업
32	일신방직	42	부광약품공업
33	삼성전관	43	한국화인케미칼
34	성보화학	44	대덕산업
35	LG정보통신	45	광전자
36	성미전자	46	조흥화학공업
37	한올제약	47	삼진제약
38	하이트론씨스템	48	한미약품공업
39	한국대동전자공	49	흥창
40	삼성전자	50	조비

제11회(2002년)

순위	기업명	순위	기업명	순위	기업명
1	태평양	11	기라정보통신	21	태경산업
2	퍼시스	12	계양전기	22	삼미특수강
3	미래산업	13	비와이씨	23	일성신약
4	삼성전자	14	엔에스에프	24	세원중공업
5	한국쉘석유	15	대원제약	25	동아타이어공업
6	포항종합제철	16	환인제약	26	성보화학
7	비비안	17	삼양사	27	자화전자
8	대웅제약	18	웅진닷컴	28	한일시멘트공업
9	롯데칠성음료	19	경동보일러	29	화신
10	삼양제넥스	20	한국유리공업	30	삼화왕관

(평가모형 중 정량과 정성의 분리 평가로 인하여 30개사 최종 제시)

제12회(2003년)

제12회 「경제정의기업賞」 시상식

순위	기업명	순위	기업명	순위	기업명
1	태평양	11	동방아그로	21	웅진닷컴
2	삼성SDI	12	보령제약	22	동아타이어공업
3	유한양행	13	한일시멘트	23	샘표식품
4	환인제약	14	롯데칠성음료	24	영창악기제조
5	한국쉘석유	15	계양전기	25	세림제지
6	대웅제약	16	영보화학	26	삼아알미늄
7	동일고무벨트	17	삼영전자공업	27	유니온
8	퍼시스	18	비와이씨	28	화신
9	경인양행	19	남양유업	29	태평양종합산업
10	경동보일러	20	하이트맥주	30	삼성전자

제13회(2004년)

제13회 「경제정의기업賞」 시상

순위	기업명	순위	기업명	순위	기업명
1	대덕GDS	11	기아자동차	21	광동제약
2	삼성전자	12	롯데칠성음료	22	롯데제과
3	포스코	13	한일시멘트	23	삼성SDI
4	삼성전기	14	삼성중공업	24	한국타이어
5	쌍용자동차	15	한미약품	25	삼진제약
6	유한양행	16	세림제지	26	경동보일러
7	퍼시스	17	내쇼날플라스틱	27	에넥스
8	한국쉘석유	18	대창공업	28	현대자동차
9	제일모직	19	한국제지	29	일성신약
10	자화전자	20	대덕전자	30	현대하이스코